V&R

Das Alte Testament Deutsch

Neues Göttinger Bibelwerk

In Verbindung mit Walter Beyerlin, Walther Eichrodt, Karl Elliger,
Erhard Gerstenberger, Siegfried Hermann, H. W. Hertzberg,
Bernd Janowski, Jörg Jeremias, Christoph Levin, James A. Loader,
Diethelm Michel, Siegfried Mittmann, Hans-Peter Müller, Martin Noth,
Jürgen van Oorschot, Karl-Fr. Pohlmann, Norman W. Porteous, Gerhard von Rad,
Henning Graf Reventlow, Magne Sæbø, Ludwig Schmidt,
Werner H. Schmidt, Hans-Christoph Schmitt, Hermann Spieckermann,
Timo Veijola, Artur Weiser, Peter Welten, Claus Westermann,
A. S. van der Woude, Ernst Würthwein, Walther Zimmerli

herausgegeben von Otto Kaiser und Lothar Perlitt

Teilband 25/2

Die Propheten Haggai, Sacharja
und Maleachi

Göttingen · Vandenhoeck & Ruprecht · 1993

✓

Die Propheten Haggai, Sacharja und Maleachi

Übersetzt und erklärt

von

Henning Graf Reventlow

9., völlig neubearbeitete Auflage
(1. Auflage dieser Bearbeitung)

Göttingen · Vandenhoeck & Ruprecht · 1993

Die Deutsche Bibliothek – CIP-Einheitsaufnahme

Das *Alte Testament deutsch:* neues Göttinger Bibelwerk/in
Verbindung mit Walter Beyerlin ... hrsg. von Otto Kaiser und Lothar Perlitt. –
Göttingen: Vandenhoeck und Ruprecht.
Teilw. mit Nebent.: ATD. – Teilw. hrsg. von Artur Weiser
NE: Kaiser, Otto [Hrsg.]; Weiser, Artur [Hrsg.]; NT

Teilbd. 25,2. Reventlow, Henning Graf: Die Propheten Haggai, Sacharja und Maleachi. –
9., völlig neubearb. Aufl., (1. Aufl. dieser Bearb.). – 1993

Reventlow, Henning Graf:
Die Propheten Haggai, Sacharja und Maleachi/übers. und erkl. von Henning Graf Reventlow. –
9., völlig neubearb. Aufl., (1. Aufl. dieser Bearb.). –
Göttingen: Vandenhoeck und Ruprecht, 1993
(Das Alte Testament deutsch; Teilbd. 25,2)
ISBN 3-525-51238-4

© 1993 Vandenhoeck & Ruprecht, in Göttingen – Printed in Germany.
Das Werk einschließlich aller seiner Teile ist urheberrechtlich geschützt.
Jede Verwertung außerhalb der engen Grenzen
des Urheberrechtsgesetzes ist ohne Zustimmung des Verlages unzulässig und strafbar.
Das gilt insbesondere für Vervielfältigungen, Übersetzungen, Mikroverfilmungen
und die Einspeicherung und Verarbeitung in elektronischen Systemen.
Satz und Druck: Gulde-Druck, Tübingen

Inhalt

Abkürzungsverzeichnis VII

Haggai und Sacharja, Kap. 1–8

Einleitung 1
1. Die Zeit der beiden Propheten 1
2. Die wirtschaftlichen und gesellschaftlichen Verhältnisse ... 3

Der Prophet Haggai

Einleitung 5
1. Die Person Haggais 5
2. Das Buch Haggai 5
3. Die Sprache Haggais 6
4. Die Botschaft 7

1,1–15a: Aufruf zum Tempelbau 8
1,15b; 2,1–9: Der künftige Glanz des Tempels 18
2,10–19: Das unreine Volk 23
2,20–23: Verheißung an Serubbabel 28

Der Prophet Sacharja (1–8)

Einleitung 32
1. Die Person Sacharjas 32
2. Das Buch Sacharja 32
3. Die Sprache Sacharjas 33
4. Die Botschaft 34

I. Hauptabschnitt: Wortverkündigung 36
1,1–6: Die Antrittspredigt: Aufruf zur Umkehr 36

II. Hauptabschnitt: Der Zyklus der Nachtgesichte und ihre Begleitstücke ... 39
1,7. 8–15: Die Reiter zwischen den Myrten 39
1,16–17: Zwei Ergänzungen 43
2,1–4: Zweite Vision: Vier Hörner und vier Handwerker 45
2,5–9: Dritte Vision: Der Mann mit der Meßschnur 46
2,10–17: Weitere Heilswort 48
3,1–10: Die Entsündigung des Hohenpriesters Josua 51
4,1–6aα. 10b–14: Vierte Vision: Der Leuchter und die beiden Ölbäume .. 56

4,6aβ–10a: Zwei Worte an Serubbabel   60

5,1–4: Fünfte Vision: Die Fliegende Schriftrolle   63

5,5–11: Sechste Vision: Die Frau im Epha   65

6,1–8: Siebte Vision: Die Wagen   67

6,9–15: Die Krönungshandlung   70

III. Hauptabschnitt: Weitere Wortverkündigung   73

7: Die Fastenfrage   73

8,1–17: Eine Sammlung von Prophetenworten   78

Deuterosacharja (Sacharja 9–14)

Einleitung   86

1. Der Komplex Deuterosacharja   86
2. Sprache und Überlieferung im Deuterosacharjabuch   87
3. Zur Datierungsfrage   88
4. Zum Problem der Apokalyptik   88

9,1–8: Jahwes erweitertes Herrschaftsgebiet   89

9,9–10: Die Ankunft des Messias   94

9,11–17: Jahwes Eintreten für Israel   97

10,1–2: Nur Jahwe spendet Regen   100

10,3–12: Befreiungskampf und siegreiche Heimkehr der Diaspora   101

11,1–3: Bildrede: Das Ende aller Hybris   106

11,4–17: Auftrag zu Zeichenhandlungen: Die Rolle des Hirten   107

12,1–13,1: Rettung Jerusalems und Klage um den Durchbohrten   113

13,2–6: Das Ende des falschen Propheten   118

13,7–9: Die Läuterung des Restes   120

14,1–21: Jerusalem in der Endzeit   122

Maleachi

Einleitung   130

1. Zu Person und Zeit des Propheten   130
2. Buch und Redeformen des Propheten   131
3. Die Botschaft Maleachis   132

1,1: Überschrift zum Buche Maleachi   133

1,2–5: Jahwes Liebe für Israel – gegen Edom   133

1,6–2,9: An die Priester   137

2,10–16: Die Heirat mit der fremden Zweitfrau   145

2,17–3,5: Der Gott des Gerichts kommt!   150

3,6–12: Kehrt um zu mir, so kehre ich um zu euch!   154

3,13–21: Die Gerechten und die Gottlosen   156

3,22–24: Schlußworte   160

Abkürzungsverzeichnis

Textzeugen

MT	Massoretischer Text (hebräisch)
G	Septuaginta
A	Aquila (griechisch)
Σ	Symmachus (griechisch)
Θ	Theodotion (griechisch)
E	Quinta (griechisch)
S	Peschitta (syrisch)
T	Targum (aramäisch)
L	Vetus Latina (lateinisch)
V	Vulgata (lateinisch)
Vrs	Die Versionen (antiken Übersetzungen des Alten Testaments)

Zitierte Textausgaben

BHK	Biblia Hebraica, ed. R. Kittel, Stuttgart 1937³ (zahlreiche Neuauflagen)
BHS	Biblia Hebraica Stuttgartensia, ed. K. Elliger et W. Rudolph, Stuttgart 1977 (Neuauflagen)
Ziegler	Duodecim prophetae. Septuaginta. Vetus Testamentum Graece, auctoritate Soc. Litt. Gottingensis, ed. J. Ziegler. Vol. XIII. Göttingen 1984³

Kommentare zum Zwölfprophetenbuch (bzw. Hag-Mal)
(nur mit Verfassernamen zitiert)

AncB: C. L. Meyers/E. M. Meyers 1987; ATD: A. Weiser (1950) 1985⁸/ K. Elliger (1949) 1982⁸; BAT: H. Frey (1941) 1963⁵; BK: H. W. Wolff, Haggai 1986; R. Hanhart, Sacharja 1990 ff.; BOT: D. Deden 1953; CAT: S. Amsler/A. Lacocque/R. Vuilleumier 1981; CBC: R. Mason 1977; COT: L. Koole, Haggai 1967; EB: F. Nötscher (1948) 1957²; EtB: A. van Hoonacker 1908; EzAT: O. Procksch (1916) 1929²; HAT: Th. H. Robinson/ F. Horst (1938) 1964³; HK:W. Nowack 1922³; HSAT: H. Junker 1938; HSAT(K): K. Marti 1923⁴; ICC: H. Mitchell/J. M. P. Smith 1912=1961; ITC: C. Stuhlmueller 1988; Int:E. Achtemeier 1986; KAT: E. Sellin (1922) 1929/30²/³; W. Rudolph 1976; KeH: F. Hitzig/E. Steiner 1981⁴; KHC: K. Marti 1904; KK: C. von Orelli 1908³; LeDiv:G. Gaide 1968 (Sach 9–14); NEB:A. Deissler 1988; NIC: P. A. Verhoef 1987; OTL: D. Petersen 1984/5; Prediking OT: A. van der Woude 1982–4; SAT: M. Haller 1925²; SBi: Th. Chary 1969; Study Guide Commentary: Isbell, Malachi 1980; TBC: D. R. Jones 1962; WBC: R. L. Smith 1984; WSB: G. Maier 1985; ZBK: R. Brunner, Sacharja 1960; ohne Reihe: J. Wellhausen, Die kleinen Propheten (1892)1963⁴; B. Duhm, Die zwölf

Propheten, in den Versmaßen der Urschrift übersetzt, 1910; ders., Anmerkungen zu den zwölf Propheten: ZAW 31 (1911), 1–43. 81–110. 161–204 (auch separat); M. Unger, Zechariah. Grand Rapids 1963; G. Fohrer, Die Propheten des Alten Testaments. Bd. 5. Die Propheten des ausgehenden 6. und des 5. Jahrhunderts. Bd. 6. Die Propheten seit dem 4. Jahrhundert. Gütersloh 1976.

Abgekürzt zitierte Literatur

Ackroyd, Exile	P. R. Ackroyd, Exile and Restoration(OTL). Philadelphia/London 1968
Avigad	N. Avigad, Bullae and Seals from a Post exilic Judean Archive (Qedem 4). Jerusalem 1976
Beuken	W. A. M. Beuken, Haggai-Sacharja 1–8. Studien zur Überlieferungsgeschichte der frühnachexilischen Prophetie (SSN 10). Assen 1967
Beyse	K.-M. Beyse, Serubbabel und die Königserwartungen der Propheten Haggai und Sacharja (AzTh I,48).Berlin 1971/ Stuttgart 1972
Bič, Nachtgesichte	M. Bič, Die Nachtgesichte des Sacharja(BSt 42). Neukirchen-Vluyn 1964
Bič, Sacharja	M. Bič, Das Buch Sacharja. Berlin 1962
Bosshard/Kratz	E. Bosshard/R. G. Kratz, Maleachi im Zwölfprophetenbuch: BN 52 (1990) 27–46
O'Brien	J. M. O'Brien, Priest and Levite in Malachi (SBLDS 121), Atlanta, Ga. 1990
BrSynt	C. Brockelmann, Hebräische Syntax. Neukirchen-Vluyn 1956
Bulmerincq	A. von Bulmerincq, Der Prophet Maleachi. Dorpat Bd. I, 1926, Bd. II, 1932
Busink	Th. A. Busink, Der Tempel von Jerusalem von Salomo bis Herodes. Bd. II. Leiden 1980
Coggins	R. J. Coggins, Haggai, Zechariah, Malachi (Old Testament Guides). Sheffield 1987
Galling	K. Galling, Studien zur Geschichte Israels im persischen Zeitalter. Tübingen 1964
Gese	H. Gese, Vom Sinai zum Zion. Alttestamentliche Beiträge zur biblischen Theologie (BevTh 64), München 1974, 1984[2]
Glazier-McDonald	B. Glazier-McDonald, Malachi: The Divine Messenger (SBLCS 98). Atlanta, Ga. 1987
Hanson	P. D. Hanson, The Dawn of Apocalyptic. Philadelphia 1975
Jepsen	A. Jepsen, Kleine Beiträge zum Zwölfprophetenbuch II: ZAW 57 (1939), 242–255; III:ZAW 61 (1945–48), 95–114.
C. Jeremias	C. Jeremias, Die Nachtgesichte des Sacharja (FRLANT 117).Göttingen 1977
J. Jeremias	J. Jeremias, Theophanie (WMANT 10). Neukirchen-Vluyn 1977[2]

Keel	O. Keel, Jahwe-Visionen und Siegelkunst (SBS 84/5). Stuttgart 1977
Koch	K. Koch, Haggais unreines Volk: ZAW 79 (1967) 52–66 = ders., Spuren des hebräischen Denkens. Beiträge zur alttestamentlichen Theologie (Ges. Aufsätze Bd. 1). Neukirchen-Vluyn 1991, 206–219
Lescow	T. Lescow, Dialogische Strukturen in den Streitreden des Buches Maleachi: ZAW 102 (1990) 194–212
Lipinski	E. Lipinski, Recherches sur le livre de Zacharie: VT 20 (1970) 25–55
Lutz	H.-M. Lutz, Jahwe, Jerusalem und die Völker. Zur Vorgeschichte von Sach 12,1–8 und 14,1–5 (WMANT 27). Neukirchen-Vluyn 1968
Mason, prophets	R. Mason, The prophets of the restoration: Israel's Prophetic Traditions. FS P. Ackroyd. Cambridge u. a. 1982, 137–154
May	H. G. May, „This people" and „This nation" in Haggai: VT 18 (1968). 190–197
Niditch	S. Niditch, The Symbolic Vision in Biblical Tradition (HSM 30). Chico, Ca. 1980
Otzen	B. Otzen, Studien über Deuterosacharja (AThD VI). Copenhagen 1964
Petersen, Prophecy	D. L. Petersen, Late Israelite Prophecy (SBLCS 23). Missoula, Mont. 1977
Petitjean	A. Petitjean, Les oracles du Proto-Zacharie. Un programme de restauration pour la communauté juive après l'exil (EtB). Paris/Louvain 1969
Pfeiffer	E. Pfeiffer, Die Disputationsworte im Buche Maleachi (Ein Beitrag zur formgeschichtlichen Struktur): EvTh 19 (1959) 546–568
Plöger	O. Plöger, Theokratie und Eschatologie (WMANT 2). Neukirchen-Vluyn 1962²
Redditt	P. L. Redditt, Israel's Shepherds: Hope and Pessimism in Zechariah 9–14: CBQ 51 (1981) 631–642
Renker	A. Renker, Die Tora bei Maleachi (FThSt 112). Freiburg i. Br. 1979
Rignell	L. G. Rignell, Die Nachtgesichte des Sacharja. Eine exegetische Studie. Lund 1950
Rothstein, Juden	J. W. Rothstein, Juden und Samaritaner (BWAT 3). Leipzig 1908
Rothstein, Nachtgesichte	J. W. Rothstein, Die Nachtgesichte des Sacharja (BWAT 8) Leipzig 1910
Sæbø	M. Sæbø, Sacharja 9–14. Untersuchungen von Text und Form (WMANT 34). Neukirchen-Vluyn 1969
Schöttler	H. G. Schöttler, Gott inmitten seines Volkes. Die Neuordnung des Gottesvolkes nach Sach 1–6 (TThSt 43). Trier 1987
Seybold	K. Seybold, Bilder zum Tempelbau. Die Visionen des Propheten Sacharja (SBS 70). Stuttgart 1974

Stade	B. Stade, Deuterozacharja: ZAW 1 (1881) 1–96; 2(1882) 151–172. 275–309
Strauß	H. Strauß, Messianisch ohne Messias. Zur Überlieferungsgeschichte und Interpretation der sogenannten messianischen Texte im Alten Testament (EHS. T 232). Frankfurt a. M./Bern u. a. 1984
Torrey	C. C. Torrey, The Prophet Malachi: JBL 17 (1898) 1–15
Uffenheimer	B. Uffenheimer, The Vision of Zechariah. From Prophecy to Apocalyptic (Ivrith). Jerusalem 1961
Utzschneider, Künder	H. Utzschneider, Künder oder Schreiber? Eine These zum Problem der „Schriftprophetie" auf Grund von Maleachi 1,6–2,9 (BEAT 19). Frankfurt a. M./Bern 1989
Wallis	G. Wallis, Wesen und Struktur der Botschaft Maleachis: Das ferne und das nahe Wort. FS L. Rost (BZAW 105). Berlin 1967, 229–237
Westermann	C. Westermann, Prophetische Heilsworte im Alten Testament (FRLANT 145). Göttingen 1987
Willi-Plein	I. Willi-Plein, Prophetie am Ende. Untersuchungen zu Sach 9–14 (BBB 42). Köln 1974
van der Woude,Serubbabel	A. S. van der Woude, Serubbabel und die messianischen Erwartungen des Propheten Sacharja: ZAW 100 (1988), Supplement, 138–156
Zanghi	R. J. Zanghi, Gods Program for Israel in Zechariahs Night Visions. Th. Diss. Dallas Theological Seminary 1986. Ann Arbor, Mich. University Microfilms (Xerox)

Vgl. außerdem die Literaturhinweise zu den Einzelabschnitten und bei A. Meinhold, Art. Maleachi/Maleachibuch: TRE 22 (1992) 6–11.

Abkürzungen

nach S. Schwertner, Internationales Abkürzungsverzeichnis für Theologie und Grenzgebiete. Berlin/New York 1992[2].

Ergänzungen:

Akk	Akkusativ
aram	aramäisch
bab	babylonisch
CBOTS	Coniectanea Biblica Old Testament Series. Lund
chr;ChrG	chronistisch; Chronistisches Geschichtswerk
erg.	ergänze
fem.	femininum
Ges.-B.	W. Gesenius, Hebräisches und aramäisches Wörterbuch über das Alte Testament, bearb. von F. Buhl, Berlin/Göttingen, Heidelberg 1915/17 = 1962
Ges. St.	Gesammelte Studien
G-K[28]	W. Gesenius, Hebräische Grammatik völlig umgearbeitet von E. Kautzsch. Leipzig 1909[28]= Hildesheim 1962= Darmstadt 1985

HAL	Hebräisches und aramäisches Lexikon zum Alten Testament (KBL³), neu bearbeitet von W. Baumgartner und J. J. Stamm. Leiden 1967 ff.
hebr	hebräisch
Hg.	Herausgegeber
imp.	Imperativ
impf.	Imperfekt
inf.	Infinitiv (abs. = absolutus; constr. = constructus)
Int	Interpretation, Atlanta, Ga.
JNSL	Journal of Northwest Semitic Languages, Stellenbosch
K	Ketib (hebräischer Konsonantentext)
KK	Kurzgefaßter Kommentar zum Alten Testament, München
L.(l.)	Lies
Lit.	Literatur
mas.	masoretisch (rabbinische Punktierung und Kommentierung)
masc.	Maskulinum
Nom	Nominativ
part.	Partizip
perf.	Perfekt
plur.	Plural
PP	Personalpronomen
praep.	Präposition
Q	Q°re (Lesevorschlag der Masoreten)
1Q (usw.)	Schriften aus Qumran
SBLDS	Society of Biblical Literature Dissertation Series, Missoula, Mont./Atlanta, Ga.
SBLMS	Society of Biblical Literature Monograph Series, Missoula, Mont./Atlanta, Ga.
sg.	Singular
str.	streiche
Subj.	Subjekt
suff.	Suffix
s. v.	sub voce (unter dem Stichwort)
ThB	Theologische Bücherei, München
V	Vulgata (lateinische Bibelübersetzung des Hieronymus)
VuF	Verkündigung und Forschung, München
WBC	Word Biblical Commentary, Waxo, Texas
WSB	Wuppertaler Studienbibel, Wuppertal

Haggai und Sacharja, Kap. 1–8

Einleitung

1. Die Zeit der beiden Propheten

Im Jahre 587/6 v. Chr. hatte Nebukadnezar II von Babylonien Juda und Jerusalem erobert; dabei wurden Palast und Tempel sowie ein großer Teil der Stadt in Trümmer gelegt. Die Oberschicht wurde nach Babylonien ins Exil geführt; nur die einfache Bevölkerung blieb im Lande zurück. Doch wurde im Unterschied zum ehemaligen Nordreich keine fremde Bevölkerungsschicht ins Land gebracht. Die Begnadigung des exilierten Königs Jojachin (561) ließ erste zage Restitutionshoffnungen aufkeimen. Eine Wende trat jedoch erst durch die Machtübernahme des Perserkönigs Kyros' II 539 in Babylonien ein. Der persischen Religionspolitik, sich die Loyalität der unterworfenen Völker durch die Freigabe und Restitution der lokalen Kulte zu sichern, entspricht das von Kyros bereits 538 erlassene Edikt (Esr 6,3–5), wonach der Tempel in Jerusalem wiederaufgebaut und die von Nebukadnezar geraubten Tempelgeräte zurückgebracht werden sollten. Der damit beauftragte Statthalter Scheschbazzar (vgl. Esr 5,14–16) hatte aus unbekannten Gründen – vermutlich lag es an der trostlosen wirtschaftlichen Lage der im Lande verbliebenen Bevölkerung – damit jedoch keinen erkennbaren Erfolg. Jedenfalls lag der Tempel beim Auftreten Haggais noch in Trümmern (Hag 1,4. 9).

Nach dem Tode des Kyros (530) hatte dessen Sohn Kambyses bis 525 in mehreren Feldzügen auch noch Ägypten erobert; in dieser Zeit könnten weitere Rückkehrer nach Juda gekommen sein. Kambyses starb plötzlich im Juli 522, ohne einen Sohn zu hinterlassen. Ein entfernter Verwandter aus einer Nebenlinie der Achämeniden, Darius I, beanspruchte den Thron, mußte sich aber gegen einen Usurpator Gaumata (der sich als den von Kambyses ermordeten Kyrossohn Bardiya ausgab) und zahlreiche Aufstände in vielen Provinzen des Reiches durchsetzen. Gegen Ende 521 hatte er das gesamte Riesenreich unter Kontrolle.

Der gesamte Westteil des Imperiums scheint von den Wirren unberührt geblieben zu sein. Hier hatten die Perser die Provinzeinteilung des neubabylonischen Reiches unverändert übernommen. Den Persern eigentümlich war die Einteilung in Satrapien. Eine Neugliederung des Reiches in insgesamt zwanzig Satrapien (Großprovinzen) wurde durch Darius I vorgenommen. Innerhalb der

Satrapie „Jenseits des Euphrat" bildete Juda anscheinend eine selbständige Provinz. Den Posten des Statthalters besetzten die Perser, ihrer generellen Politik entsprechend, mit einheimischen Persönlichkeiten. Wahrscheinlich war bereits Scheschbazzar ein Mitglied des davidischen Königshauses; Serubbabel war auf jeden Fall Davidide.

 Die Bücher Haggai und Sach 1–8 weisen ein durchgehendes chronologisches Rahmenwerk auf, das eine genaue Datierung des Auftretens der beiden Propheten ermöglicht. Obwohl die Daten redaktionell sind, ist ihre Zuverlässigkeit allgemein anerkannt. Sie reichen vom 2. Jahr, 6. Monat, 1. Tag des Königs Darius (Hag 1,1), d. h. dem 29. August 520, bis zum 4. Jahr, 9. Monat, 4. Tag (Sach 7,1), dem 7. Dezember 518. Das erste Datum bei Sacharja ist der 8. Monat des 2. Jahres (eine Tagesangabe fehlt; Sach 1,1), d. h. Oktober/November 520. Bei Haggai wird als letztes Datum der 24. Tag des 9. Monats des 2. Jahres erwähnt (Hag 2,20; vgl. 2,10), der 18. Dezember 520. Kurze Zeit haben demnach beide Propheten gleichzeitig gewirkt, wobei sich das Wirken Haggais auf ein knappes halbes Jahr beschränkt. In der Hauptsache haben beide auch die gleichen Anliegen; dennoch lassen sich bei genauerem Vergleich auch Unterschiede in ihrer Botschaft erkennen.

Äußerlich war die Lage im Perserreich während des Auftretens der beiden Propheten ruhig; Darius hatte bereits alle Aufstände niedergeschlagen. Dennoch zitterte die Erregung aus diesen welterschütternden Ereignissen noch nach. Obwohl man in Juda erstmals wieder größere innere Eigenständigkeit errungen hatte, war die frühere Selbständigkeit unter den Davididen nicht vergessen. Daß ein ganz neues Handeln Gottes bevorstehe, war die Botschaft Haggais und Sacharjas. Konkret knüpfte sich einerseits ihre Erwartung an den Wiederaufbau des Tempels, der tatsächlich im Jahre 515 eingeweiht werden konnte (vgl. Esr 6,14). Enttäuscht wurden dagegen offensichtlich ihre Hoffnungen auf eine Restauration der Davididen auf dem Thron von Juda in Person des Statthalters Serubbabel. Diese allein auf alte Verheißungen gestützte Utopie widersprach der gesamten weltpolitischen Lage. Auch ein Vasallenkönigtum hätte nicht in das persische Herrschaftssystem gepaßt. Im Sacharjabuch kann man Ansätze erkennen, die Erwartung durch mindestens teilweise Übertragung auf den Hohenpriester den Realitäten anzupassen. Gerade hier muß allerdings vieles im Dunkeln bleiben.

Bei der Rekonstruktion der Ereignisse in den Jahren 520–18 sind wir fast ganz auf die Hinweise in den Büchern Haggai/Sacharja selbst angewiesen. Die große Behistun-Inschrift, die über die Anfänge Darius' berichtet, erwähnt den westlichen Bereich nicht, geschweige das kleine Juda. Doch hat ein archäologischer Zufallsfund (vgl. Avigad) einen Teil der biblischen Angaben bestätigt. Sie fügen sich jedoch auch sonst gut in den allgemeinen Rahmen.

Lit.: Zur Geschichte des Perserreichs: T. C. Young, The consolidation of the empire and its limits of growth under Darius and Xerxes, in: The Cambridge Ancient History, second edition. Volume IV. Cambridge 1988. Part I, The Persian Empire, 53–111. Zur Lage Judas: I. Eph'al, Syria-Palestine under Achaemenid rule, dortselbst 139–164.

E. Stern, The Persian Empire and the Political and Social History of Palestine in the Persian Period, in: The Cambridge History of Judaism, ed. W. D. Davies/ L. Finkelstein. Cambridge 1984, 70–87; P. Frei, Zentralgewalt und Lokalautonomie im Achämenidenreich, in: ders./K. Koch, Reichsidee und Reichsorganisation im Perserreich. OBO 55, 1984, 7–43. Galling. Behistun-Inschrift: TUAT I, 419–50. Kyros-Zylinder: dortselbst 407–10. Zu den davidischen Statthaltern von Juda: N. Avigad, Bullae and Seals from a Postexilic Judean Archiv. Qedem 4. Monographs of the Hebrew University Institute of Archeology, Jerusalem 1976 (kritisch u. a. S. E. McEvenue, The Political Structure in Judah from Cyrus to Nehemiah: CBQ 43 (1981) 353–364; Petersen, 25–27); H. G. M. Williamson, The Governors of Judah under the Persians: TynB 39 (1988) 59–82. Vgl. auch O. Margalith, The political background of Zerubbabel's mission and the Samaritan schism: VT 41 (1991) 312–323.

2. Die wirtschaftlichen und gesellschaftlichen Verhältnisse

Die sozio-ökonomische Lage in Juda in frühnachexilischer Zeit war teilweise noch von den Folgen der seit Jahrhundertbeginn eingetretenen politischen Umwälzungen geprägt, teilweise bereitete sie schon den Übergang zu sich ankündigenden neuen gesellschaftlichen und wirtschaftlichen Entwicklungen vor. Durch die Deportationen von 597 und 586 war die landbesitzende und die führenden Positionen in Verwaltung, Handel und Gewerbe bis hin zu Handwerkern einnehmende Oberschicht aus dem Lande weggeführt worden. Die ländliche Unterschicht (Pächter, Beisassen) hatte den verlassenen Grundbesitz übernommen und betrachtete ihn jetzt als ihr Eigentum. Auf der ohnehin begrenzten und wenig ertragreichen Ackerfläche von Restjuda waren die Ernteerträge durch die Aufteilung früher größerer Betriebe weiter zurückgegangen. Die Rückkehr ehemaliger Landeigentümer unter den Exulanten seit Kambyses mußte zu Besitzkonflikten führen. Einstige Handelszentren, wie vor allem Jerusalem, waren weitgehend zerstört. Die wirtschaftlichen Strukturen, vor allem in der Landwirtschaft, wurden zudem durch das persische Steuersystem bestimmt: Da die Abgaben in Silber zu entrichten waren, wurde eine Ablösung der früheren Subsistenzwirtschaft durch eine Barerträge erwirtschaftende Spezialisierung, vor allem zum Anbau von Oliven und Wein hin, erzwungen. Da die Perser die Erträge horteten und kaum etwas in die Provinzen zurückfloß, ergab sich eine mit den Jahren immer weiter zunehmende Verarmung.

Andererseits bereitete sich in dieser Periode eine neue Sozialstruktur in Juda vor. Nach Verlust der staatlichen Unabhängigkeit und der Monarchie bildete sich auch hier die im Perserreich weitverbreitete Sozialform der „Bürger-Tempel-Gemeinde" heraus, in der sich die Gemeinschaft um den Tempel und seine Priesterschaft herum verwaltungsmäßig und wirtschaftlich organisierte. Für ihre Entstehung hatte das Eintreten der Propheten Haggai und Sacharja für den Tempelbau eine konstitutive Bedeutung. An die Stelle der früheren Sippen trat das „Vaterhaus" (bêt 'ābôt) mit oft 600 männlichen Mitgliedern, unterteilt in Familien. Die zurückgekehrten Exulanten übernahmen dabei die führenden Positionen, aber auch die im Lande Gebliebenen wurden integriert. Andererseits blieb Juda jedoch, wenn auch in Abhängigkeit vom persischen Reich, eine eigene politische Größe. Dies wurde vor allem durch die Provinzstruktur mit einem eigenen Gouverneur, zudem einem Einheimischen, ermöglicht. Die Zugehörigkeit zum jüdischen Volke stand nach wie vor durch Geburt fest. Proselyten gab es in dieser Periode noch nicht.

Zur einschlägigen Lit. vgl. die Sammelbesprechung von W. Schottroff, Zur Sozialgeschichte Israels in der Perserzeit: VuF 27 (1982) 46–68. Außerdem: E. Stern, Material Culture of the Land of the Bible in the Persian Period 538–332 B.C. Warminster/ Jerusalem 1982; F. Crüsemann, Israel in der Perserzeit. Eine Skizze in Auseinandersetzung mit Max Weber, in: W. Schluchter, Hg., Max Webers Sicht des antiken Christentums. Frankfurt a. M. 1985, 205–232.

Der Prophet Haggai

Einleitung

1. Die Person Haggais

Von Haggai kennen wir weder Herkunft noch Vatersnamen. Vermutungen, daß er zu der im Land verbliebenen Bevölkerung gehörte, lassen sich nicht belegen. In Esra 5,1; 6,14 wird er zusammen mit Sacharja genannt. Der Name wird meist von *chag* „Fest" abgeleitet: „Mein Festgeborener".

2. Das Buch Haggai

Es ist offensichtlich, daß das Buch Haggai in seiner vorliegenden Form nicht von dem Propheten selbst stammt. Ein äußeres Rahmenwerk, das eine Reihe von genauen Daten nach den Regierungsjahren des Königs Darius I enthält (1,1; 1,15a; 1,15b; 2,10; 2,20), spricht von Haggai in 3. Person und berichtet von dem durch (1,1; 1,3; 2,1) oder an (2,10; 2,20) ihn ergangenen Jahwewort. Wie andere Prophetenbücher ist also auch das Haggaibuch in seiner Endgestalt das Werk von Redaktoren. Da in Haggai (und Sach 1–8) die Einweihung des Tempels nicht mehr erwähnt wird, dürfte das Buch jedoch noch vor diesem Datum abgeschlossen worden sein. So steht es der Verkündigung des Propheten noch recht nahe. Die Daten werden allgemein für zutreffend gehalten. Eine Gesamtüberschrift mit den sonst üblichen Angaben über familiäre oder örtliche Herkunft des Propheten fehlt. Durch die Rahmung ergeben sich vier Abschnitte (1,1–15a; 1,15b+ 2,1–9; 2,10–19; 2,20–23), die aber in sich nicht einheitlich sind. Sie enthalten einen Kern von ursprünglich mündlich vorgetragenen Prophetenworten (1,2. 4–11; 2,3–9; 2,14; 2,21b–23), die mit Berichten über Anlaß und evtl. Reaktion der Hörer[1] verbunden worden sind. Das unterscheidet Haggai von fast allen anderen Prophetenbüchern (ähnlich Am 7,10–17; vgl. auch Jer 26; 36; 37–41). Auch dies dürfte bereits das Werk einer ersten Redaktion sein, wohl von Schülern des Propheten. Daß Haggai persönlich bei der Redaktion mitgewirkt habe, er müßte dann von sich selbst in 3. Person geredet haben, ist weniger wahrscheinlich.

---

[1] Beuken; Wolff: „Auftrittsskizzen". Seiner Ansicht, daß diese erst redaktionell aus kurzen Sprüchen zusammengesetzt seien, folge ich allerdings nicht.

Zwischen der Endredaktion, auf die der chronologische Rahmen zurückgeht, und der Gestaltung der Auftrittsskizzen sind auch inhaltliche Unterschiede zu erkennen. Nach 1,1 ergeht das Jahwewort durch Haggai an den Statthalter Serubbabel und den Hohenpriester Josua; entsprechend berichtet 1,12 a und 1,14 von einer positiven Reaktion dieser beiden. Zusätzlich ist hier noch von dem „gesamten Rest des Volkes" die Rede. In der Auftrittsskizze 2. 4–11. 12 b. 13 a redet Haggai aber offensichtlich allein das Volk an, um dessen Verhalten es geht. Ähnlich ist das Verhältnis zwischen 2,1 f. und 2,3–9. In 2,4 wird zwar auch Serubbabel angesprochen, aber ohne Patronym und Titelangabe, wie sie der chronologische Rahmen regelmäßig bringt, und auch ohne Erwähnung des Hohenpriesters; zugleich aber „das ganze Volk". 2,20–23 ist ein speziell an Serubbabel gerichtetes Wort, der deshalb in V. 21 als Wortempfänger genannt und in V. 23 persönlich angeredet wird. 2,10 und 2,20 (die zudem eng aufeinander bezogen sind) sind anders gestaltet: Es handelt sich um Wortereignisformeln mit Haggai als Empfänger des Wortes ('el), und die Verbindung zum folgenden Text ist wesentlich enger. So liegt die Auskunft nahe, daß es sich um die ursprünglichen Einleitungsformeln von Auftrittsszenen handelt; lediglich die Daten und in 2,20 der Statthaltertitel sind anscheinend auf der letzten Redaktionsstufe hinzugefügt worden[2]. In 1,3 ist von der Endredaktion eine Einleitungsformel mitten in eine Auftrittsskizze hineingestellt worden.

Schließlich gibt es noch einige späte Textergänzungen.

3. Die Sprache Haggais

Umstritten ist, ob die Sprache Haggais in der ursprünglichen Form seiner Prophetenworte als Poesie oder Prosa angesehen werden muß. Von den beiden jüngsten hebräischen Textausgaben druckt BHK den gesamten Text als Prosa, BHS die entsprechenden Verse als Poesie. Von den in einfacher Prosa gehaltenen Rahmenerzählungen heben sich die Haggaiworte deutlich ab; es handelt sich jedenfalls um eine gehobene Form der Sprache. Auch greift Haggai häufig auf bereits sprachlich gebundene Traditionen zurück. Diese sind vielfach an ihrer poetischen Form zu erkennen.

Obwohl die Haggaiworte eine mehrfache Redaktion durchlaufen haben, läßt sich eine Reihe von typisch prophetischen Redegattungen entdecken. Haggai eigentümlich und ähnlich nur noch bei Maleachi zu finden ist der Dialogstil, in dem er seine Hörer in der 2. Person anredet, ihre Gedanken aufnimmt (1,4 vgl. 1,2; 1,9; 2,3; 2,16), sich mit Imperativen (1,5. 7; 2,15. 18 a; mehrere in 1,8 a; 2,4 a) und Fragen (1,4. 9; 2,16 a. 19 a; dreimal in 2,3) an sie wendet. Scheltworte (wie 1,4; 2,14) und Mahnworte (wie 1,5–6. 7–8 a; 2,4) erinnern an Redeformen vorexilischer Propheten. Die veränderte Situation macht sich aber u. a. darin bemerkbar, daß nicht mehr künftiges Gericht als Folge der aufgezeigten Schuld

---

[2] Vgl. auch R. A. Mason, The Purpose of the „Editorial Framework" of the Book of Haggai: VT 27 (1977), 413–421. Dessen Schlußfolgerungen sind aber teilweise spekulativ.

angekündigt, sondern auf bereits eingetretene Folgen zurückverwiesen wird (1,6. 9.11; vgl., mit etwas anderer Akzentuierung, Am 4,6–10). Ein starkes Übergewicht aber gewinnt die Heilsankündigung (1,8b; 2,6–9; 2,19; 2,21–23), auch in der klassischen Form des (priesterlichen) Heilsorakels (2,13b; 2,4b. 5b), sogar als Begründung eines Mahnworts (1,8b; 2,4b). Doch sind dies alles nur Stilelemente längerer Reden.

Trotz der redaktionellen Rahmung ist die Lebendigkeit der ursprünglichen Verkündigung des Propheten noch gut erkennbar und der Eindruck nachzuempfinden, den sie auf ihre Hörer gemacht hat.

4. Die Botschaft

Das Urteil über die Bedeutung der Prophetie Haggais hat vielfach unter dem Vergleich mit den vorexilischen Propheten und der häufig negativen Wertung der für Haggai charakteristischen kultischen Denkweise gelitten.[3] Haggai drängt vor allem darauf, daß der noch wüst liegende Tempel wiederaufgebaut würde. Seine Kritik richtet sich gegen die Judäer, die statt für das Haus Gottes nur für ihre eigenen Häuser sorgen (1,4. 9). Weil ohne das Heiligtum, in dem allein Heiligkeit (Reinheit) wirksam wird, das Volk und all sein Tun unrein ist (2,14), liegt auch kein Segen auf diesem Tun. Der Beitrag bleibt aus oder ist dürftig, da Jahwe die traditionellen Plagen schickt (1,6. 9–11; 2,16. 19a). Für den Fall, daß die Arbeit am Tempel aufgenommen wird, kündigt Haggai die Anwesenheit Gottes (1,8b; 2,4b. 5b), und als der Aufruf zum Tempelbau Erfolg hat, seinen Segen an (2,19b). |

Für das Judentum war der Wiederaufbau des Heiligtums in dieser kritischen Periode des Übergangs eine Existenzfrage. Anfänge des Synagogen-Wortgottesdienstes ohne kultische Sühnung und Opfer hatte es wohl schon im babylonischen Exil gegeben, aber erst 70 n. Chr. mußte das Judentum ganz ohne Tempel auskommen, ohne daß der Anspruch auf einen solchen jemals aufgegeben worden wäre. Lange Zeit blieb der Tempel religiöser und weltlicher Mittelpunkt für alle Juden in Juda und in der weitausgebreiteten Diaspora zwischen Babylonien und Ägypten. Seine Wiedererrichtung war nach altorientalischer Sicht auch für die politische Existenz eines Gemeinwesens konstitutiv.[4]

Haggai kennt auch eine Zukunftserwartung; sie ist, wie in der Prophetie üblich, Naherwartung. In 2,6–9 ist die Ansage der baldigen Theophanie mit der Verheißung überströmenden Reichtums für den Tempel verknüpft. In 2,21–23 verbinden sich Theophaniemotive mit solchen des heiligen Krieges und der Erwählungszusage an Serubbabel. Von Apokalyptik sollte man nicht sprechen, da alle dafür charakteristischen Aspekte fehlen.

---

[3] Vgl. z.B. Hanson, bes. 247.

[4] Vgl. bes. J.M. Lundquist, The Legitimizing Role of the Temple in the Origins of the State, in: SBL Seminar Papers 21, hg. K.M. Richards, Chico, Calif. 1982.

Haggai war auch nicht der Begründer eines exklusiven Judentums gegenüber Heiden und Samiritanern, wie es Rothstein (Juden, 5–41) einst mit breiter Zustimmung behauptet hatte (vgl. u. zu 2,10–14). Überhaupt ist die Kontinuität seiner Botschaft im Verhältnis zu den vorexilischen Traditionen Juda-Jerusalems (Jahweglaube, Tempel und Davidshaus) mindestens ebenso deutlich wie der durch die veränderten Umstände bedingte Wechsel.

1,1–15 a: Aufruf zum Tempelbau

1 **Im Jahre zwei des Königs Darius, im sechsten Monat, am ersten Tage des Monats geschah das Wort Jahwes durch Haggai, den Propheten[5], an Serubbabel, den Sohn Schealtiels, den Statthalter von Juda, und an Josua, den Sohn Jozadaks, den Hohenpriester, also:** 2 **So sprach Jahwe der Heerscharen: Dieses Volk spricht: „(Noch) nicht ist gekommen[6] die Zeit, die Zeit, daß das Haus Jahwes gebaut werde."** 3 **Da erging das Wort Jahwes durch Haggai, den Propheten, also:**
   4 **Ist etwa für euch[7] die Zeit da,**
        in euren getäfelten Häusern zu wohnen,
        und dieses Haus ist in Trümmern?
   5 **Und nun, so sprach Jahwe der Heerscharen: Richtet eure Gedanken auf euer Ergehen!**
   6 **Ihr säet viel,**
        aber bringt wenig ein.
     Ihr eßt,
        aber werdet nicht satt[8];
     ihr trinkt,
        aber werdet nicht trunken[9],
     ihr kleidet euch,
        aber niemandem[10] wird warm.
Und wer sich als Lohnarbeiter verdingt, empfängt Lohn in einen löchrigen Beutel.
7 **So sprach Jahwe der Heerscharen: Richtet eure Gedanken auf euer Ergehen!** 8 **Steigt hinauf ins Gebirge, bringt Holz und baut das Haus! Daran will ich Wohlgefallen haben und mich verherrlichen, hat Jahwe gesprochen.**
   9 **Ihr erwartet viel**

---

[5] G ergänzt: also, sprich.
[6] Lies: *bâ'* (perf.).
[7] Verstärkung durch absolutes PP.
[8] Inf. fem.
[9] Inf. fem.
[10] praep mit unbestimmtem Suffix.

und siehe, (es wurde[11]) zu wenig,
und brachtet ihr's nach Hause,
so blies ich darein.
Weswegen? Ausspruch Jahwes der Heerscharen: Wegen meines Hauses, das
in Trümmern liegt, ihr jedoch rennt jeder für sein eigenes Haus.
10 Darum,
um euretwillen hält der Himmel seinen Tau[12] zurück,
und die Erde hält zurück ihren Ertrag.
11 Ich rief die Dürre über das Land und über die Berge, über das Korn und
den Wein und das Öl und über das, was der Boden hervorbringt, über
Menschen und Vieh und alles Werk der Hände. 12 Da hörte Serubbabel,
der Sohn Schaltiels, und Josua, der Sohn Jozadaks, der Hohepriester, und
der ganze Rest des Volkes auf die Stimme Jahwes, ihres Gottes, nämlich[13]
gemäß den Worten Haggais, des Propheten, so wie Jahwe, ihr Gott, ihn
gesandt hatte. Und das Volk fürchtete sich vor Jahwe. 13 Da sprach Haggai, der Bote Jahwes, im Auftrag Jahwes zum Volke also: „Ich bin mit euch",
Spruch Jahwes. 14 Da erweckte Jahwe den Geist Serubbabels, des Sohnes
Schaltiels, des Statthalters von Juda, und den Geist Josuas, des Sohnes
Jozadaks, des Hohenpriesters, und den Geist des ganzen Restes des Volkes,
und sie kamen und gingen ans Werk am Hause Jahwes der Heerscharen,
ihres Gottes,
15 am 24. Tage des 6. Monats.

Lit.: O.H. Steck, Zu Haggai 1,2–11: ZAW 83(1971) 355–379; J.W. Whedbee, A Que-
stion-Answer Schema in Haggai 1: The Form and Function of Hagg 1:9–11, in: Biblical
and Near Eastern Studies. FS W.S. La Sor, 1978, 184–194.

Das Anfangskapitel des Haggai-Buches bringt die erste, von der Endredaktion gerahmte Auftrittsskizze Haggais. Eine Buchüberschrift fehlt. Der „chro-
nistische" Rahmen[14] besteht aus V. 1. 12a. 14–15a. Ein innerer Rahmen wird
erkennbar in V. 3 (teilweise von der Endredaktion überarbeitet). 12b. 13a. Da
V. 2 schon zu der Auftrittsskizze gehört haben muß (V. 4 bietet die direkte
Antwort Haggais darauf), ist vermutlich die ursprüngliche Einleitungsformel
für die Auftrittsskizze fortgefallen oder von der Endredaktion erheblich über-
beitet worden. Ursprüngliche Worte Haggais bieten V. 4–11 und 13a. Für das
Verständnis des mittleren Wortabschnittes gibt es zwei Möglichkeiten: Entweder handelt es sich um ursprünglich kurze Einzelsprüche, die erst von den
Redaktoren der Auftrittsskizze zu einer längeren Rede zusammengestellt worden sind (Beuken, Wolff u.a.), oder um ein von vornherein zusammenhängen-
des Diskussionswort (Steck, van der Woude). Für die zweite Auffassung
spricht, daß die folgenden Auftritte ähnlich strukturiert sind (Koch) und sich ein

---

[11] Hebräisch entbehrlich.
[12] Vgl. die Auslegung.
[13] Erläuternde Hinzufügung, vgl. G-K[28], § 154.
[14] Der Begriff wird hier gebraucht, weil dieser Rahmen die Datierungen enthält.

sorgfältig aufgebauter Gedankenablauf zeigt. Gliederungsmomente sind das
„und nun" am Anfang von V. 5 und die Botenspruchformel am Anfang von V. 7,
schließlich das „deshalb" am Anfang von V. 10, so daß sich die vier Abschnitte
V. 2. 4; 5–6. 7–9. 10–11 ergeben. Auch V. 9–11 sind dazuzunehmen und sind
kein unabhängiges Wort (gegen Koch, Steck), sondern bilden mit V. 2–6 einen
Rahmen um die zentrale Mahnung und Verheißung in V. 7–8 (Whedbee). Ältere
Umstellungsvorschläge (Sellin: V. 9–11 hinter V. 6; Horst: V. 7 hinter V. 8) sind
überflüssig. Auch V. 7b wiederholt bewußt V. 5b (und ist nicht zu streichen,
gegen Elliger u. a.). Gegenüber der Überlieferung der älteren Prophetenbücher
(wie Am, Hos), in der die kurze Worteinheit die Grundlage bildet, haben wir
also eine veränderte Traditionsform vor uns. Sofern noch Elemente älterer
Gattungen (wie des Mahnworts, der Verheißung usw.) erkennbar sind, sind sie
in einen weitergehenden Zusammenhang eingeschmolzen. Für die Gestaltung
der Gesamtrede könnte Haggai selbst verantwortlich sein. Vielleicht hat er sie
bereits persönlich schriftlich aufgezeichnet, da sie eine *literarische* Struktur
aufweist. V. 2 mit seinem Bezug auf V. 4 dürfte schon zu dieser Ebene gehören.
Die erste Redaktion, vermutlich durch unmittelbare Schüler Haggais, hat offenbar lediglich kurze Ein- und Überleitungsformeln hinzugefügt und am Schluß
(V. 12b–13a) über die Reaktion der Hörer (des Volkes) auf die Rede sowie über
die darauf erfolgte Antwort Jahwes referiert.

a) 1,1: Einleitung der Endredaktion zum ersten Auftritt Haggais

Mit einer Datumsangabe leitet die Endredaktion das Buch Haggai ein. Umgerechnet in unsere Zeitrechnung[15] kommen wir auf den 29. August 520.[16] Das
Datum gilt als zuverlässig. Es stimmt auch mit der V. 11 erwähnten Dürre
überein: Haggais Auftritt fällt in die Zeit nach der Ernte, die dürftig ausfiel
(V. 6a. 9a). Ähnliche Daten finden sich nur noch Sacharja 1,17; 7,1 (s. u. z. St.)
und bei Ezechiel. Wie dort fast regelmäßig ist auch hier damit die sog. Wortereignisformel verbunden („Das Wort Jahwes geschah"). Weiter fällt auf, daß
nach der in 1,1. 3; 2,1 gebrauchten Formulierung „zu Händen von Haggai" der
ausdrücklich mit der Berufsbezeichnung eingeführte Prophet (noch 1,3. 12; 2,1.
10; vgl. Esr 5,1; 6,14) nur als Mittler des Wortes erscheint (anders 2,10. 20). Über
die Herkunft Haggais hören wir nichts. Daß er in der Heimkehrerliste Esr 2/
Neh 7 nicht auftaucht, hat zur Vermutung geführt, er stamme aus der im Lande
gebliebenen Bevölkerung, doch ist dies gänzlich unbewiesen. Als Empfänger
des Jahwewortes werden, wieder mit voller Berufsbezeichnung, der Statthalter
von Juda, Serubbabel, Sohn Schealtiels, und der Hohepriester Josua, Sohn
Jozadaks, genannt. Dies stimmt mit den ursprünglich angeredeten Hörern

---

[15] Nach R. A. Parker/W. H. Dubberstein, Babylonian Chronology 626 B. C.-A. D. 75, 1956.
[16] Zum Datierungsvorschlag für das „zweite Jahr" des Darius als 521–20 bei E. Bickerman, RB 88
(1981) 23–28 vgl. Wolff, 54–56.

(„dieses Volk", V. 2; vgl. V. 12 b. 13 a) nicht überein. Serubbabel wird immerhin 2,4. 21. 23 von Haggai angeredet. Josua dürfte in 2,4 nicht ursprünglich sein (s. u. z. St.). Die Redaktion dürfte demnach in eine Zeit fallen, als beide Amtsinhaber gleiche Bedeutung erlangt hatten; eine solche Situation wird bei Sacharja vorausgesetzt. Die direkte Anrede an das Volk entspricht dagegen mehr dem Auftreten vorexilischer Propheten, wie es noch von Haggai fortgeführt wurde.

Die Amtsbezeichnung Serubbabels, „Statthalter" (*pācha* ist der offizielle persische Titel), ist offenbar wörtlich zu nehmen, da Juda zur Zeit Haggais bereits eine selbständige Provinz war (vgl. o. S. 2). Seine Herkunft ist etwas unsicher. Zusammen mit Josua gehörte er nach der Liste Esr 2,1 f. zu den vor kurzem heimgekehrten Exulanten, offenbar als deren Anführer. In Babel geboren, trägt er einen babylonischen Namen: Zer-Babili „Sproß Babels". Als Sohn Schealtiels (Kurzform: Schaltiel 1,12. 14; 2,2) war er offenbar ein Enkel des von Nebukadnezar 597 deportierten Königs Jojachin. Nach 1. Chron 3,17–19 war er allerdings ein Sohn Pedajas, eines anderen Sohnes Jojachins. Josua, der Hohepriester (mit dem Jeschua von Esr 2,2; 3,8; 5,2 identisch), war ebenfalls ein Exulant: der Sohn des nach 1. Chron 5,41 von Nebudkadnezar deportierten Jozadak. Dessen Vater (vgl. 1. Chron 5,40) war der 586 gefangene und hingerichtete (2. Kön 25,18. 21) letzte „Hauptpriester" des salomonischen Tempels Seraja. Der nachexilische Titel „Hoherpriester" begegnet erstmals bei Haggai.

Indem sie Serubbabel und Josua als die Adressaten des durch Haggai vermittelten Jahwewortes einführten, wollten die Endredaktoren die beiden Amtsinhaber offenbar als die Hauptverantwortlichen für die positive Reaktion auf Haggais Worte (vgl. V. 12. 14) und den daraufhin erfolgten Tempelbau herausstellen. Dies dürfte der historischen Wirklichkeit entsprechen. Damit wird aber das ursprüngliche Gegenüber des Propheten und die Zielrichtung seiner Worte verdeckt. Da beide Amtsinhaber die Kontinuität mit der Führungselite der vorexilischen Zeit verkörpern und zugleich nach Esr 2/Neh 7 die Anführer der wichtigsten Rückkehrergruppe aus dem Exil sind, wird deutlich, daß diese konservative Richtung in der frühnachexilischen Zeit bald wieder an die Macht kam, offenbar mit Zustimmung der persischen Behörden. Auch die Endredaktoren von Haggai gehören zu ihren Anhängern.

b)1,2–11: Diskussion mit dem Volk: Gottes Haus oder eure Häuser?

Durch ihre neue Einleitung hat die Endredaktion offenbar teilweise eine ältere verdrängt, die ursprünglich die Auftrittsskizze eingeleitet hatte. Ein Rest ist in V. 2 a erhalten geblieben. V. 3 ist anscheinend von der Endredaktion eingeschoben worden; ursprünglich folgte V. 4 unmittelbar auf V. 2, auf den er die Antwort darstellt. V. 2. 4–11 bilden eine geschlossene, sorgfältig gegliederte Rede (gegen Beuken; Wolff). Ein Gliederungselement ist die Botenformel „So sprach Jahwe der Heerscharen" (V. 2 a. 5 a. 7 a). Das Zentrum der Rede bildet die Mahnung V. 8. V. 5 b–6 und 7 b. 9 a rahmen diese, was die wörtliche Wiederholung von V. 5 b in 7 b unterstreicht, mit einem doppelten Hinweis auf die gegenwärtige ungünstige Wirtschaftslage. V. 9b zieht die Schlußfolgerung: die Ursache dafür liegt bei den Angeredeten selbst! In V. 10f. schließt eine poetisch geformte, eine alte Fluchttradition aufgreifende Begründung die Rede ab. Trotz mehrfach erkennbarer Übernahme alter Traditionselemente handelt es sich um eine rhetorisch geschlossene Einheit.

2   Zu beachten ist, daß Jahwe es ist (vgl. den Botenspruch in V. 2a), der den Ausspruch des Volkes zitiert. Im heutigen Zusammenhang sieht es so aus, als ob damit eine Anklage vor den obersten Amtsinhabern Serubbabel und Josua erhoben würde. Da dieser jedoch durch die Endredaktion geschaffen worden ist, gehört V. 2 ursprünglich schon in die Diskussionsrede. In der Diskussions- oder Disputationsrede greift die prophetische Verkündigung die in einem typi- schen Ausspruch fixierte grundsätzliche Einstellung der Hörer auf und beant- wortet sie mit einer entsprechenden Gottesbotschaft. Eine ähnliche Voranstel- lung der (nicht selten sprichwörtlich geformten) Auffassung der Hörer in der Diskussionsrede findet sich besonders bei Ez (11,2 ff.; 11,15 ff.; 12,21 ff.; 12,26 ff.; 18,2 ff.; 20,32 ff.; 33,17 ff.; 37,11 ff.), schon dort regelmäßig als Zitat aus Jahwemund; offenbar handelt es sich um eine vor allem im Exil gebräuchlich gewordene Form. Theologisch wichtig ist, daß der Prophet im Namen Gottes in einen lebendigen Dialog mit seinen Hörern eintritt; das Gotteswort geht auf deren Situation ein und sucht ihre Argumente aufzunehmen.

Das Wort der Leute faßt deren Grundeinstellung sentenzartig zusammen. Gegenüber vielen Änderungsvorschlägen wird man den Wortlaut beibehalten müssen (Amsler; Meyers/Meyers). Das Stichwort „Zeit" wird bewußt wieder- holt; die Verwendung des inf. abs. bô (der für jede finite Verbform stehen kann, vgl. G-K^{28}§ 113 y; BrSynt § 46 b) erklärt sich durch den emphatisch-grundsätz- lichen Charakter der Aussage. Warum das Volk die Zeit zum Wiederaufbau des Tempels noch nicht für gekommen hält, wird nicht gesagt. Die in V. 6. 9. 10f. angesprochenen wirtschaftlichen Gründe werden die Hauptrolle gespielt ha- ben, vielleicht auch die Erwartung, daß der Wiederaufbau erst in der messiani- schen Zeit erfolgen werde (Ez 37, 24 ff., vgl. van Hoonacker).

4   Die antwortende, ein „Nein" provozierende Suggestivfrage nimmt das Stich- wort „Zeit" auf, geht mit einem betonten „euch" auf die Hörer zu und stellt anklagend den Gegensatz zwischen deren komfortablem Wohnstil und dem Trümmerzustand des Hauses Jahwes heraus. Offenbar („dieses Haus") erfolgt die Ansprache in der Nähe des Tempelplatzes (beim heutigen Felsendom). Von den beiden Wiedergabemöglichkeiten für s^{e}phunîm: „gedeckt" oder „getäfelt" (vgl. Rudolph, Textkritik z. St.) wird die zweite zutreffen: Manche Leute treiben schon wieder Luxus, während der Tempel noch gar nicht wiederaufge- baut ist (zum Streit darüber, ob noch gar nichts an ihm geschehen war, s. o. S. 1). BHS liest V. 4 als dreigliedriges Wort (Trikolon) im Metrum 3+3+3. Der Neu- einsatz in V. 5 zeigt, daß es zunächst als Einzelwort geformt ist. Es ist aber jetzt in den Zusammenhang der Gesamtrede Haggais eingebaut.

5–6   Mit einer durch ein „und nun", das einen neuen Gedankengang ankündigt, eingeleiteten Botenformel wird ein bis V. 6 reichendes Wort angeschlossen. Eine (in V. 7a wiederholte) Mahnung (V. 5b) zur Aufmerksamkeit (vgl. noch 2,15.

18; Ez 40,4) entspricht weisheitlichem Sprachgebrauch. Das „Herz" ist das Organ des Verstandes[17] (Dtn 29,3); die Hörer werden zum Nachdenken aufgefordert. Es geht um den „Weg". Das Wort kann unterschiedlich gedeutet werden. Von den Vorschlägen (bisheriges) „Ergehen" (Elliger; Wolff u. a.) oder (bevorstehendes) „Tun, Handeln" (van der Woude) ist die erste Wiedergabe vorzuziehen. Sie entspricht dem Zusammenhang von V. 5 b zu 6, während V. 7 b auf V. 9 vorausblickt (eine Umstellung, oder die Streichung von V. 7 b, verkennt den inkludierenden Gesamtaufbau).

V. 6 bietet eine anschauliche Schilderung vergeblichen Bemühens seitens der Angeredeten. Dabei nimmt Haggai die Tradition des „Vergeblichkeits-Fluches"[18] auf. In dieser seit dem 8. Jh. im AT und der Umwelt häufig belegten Fluchform geht es um lebenswichtige Tätigkeiten und das Ausbleiben der erhofften Wirkungen. Haggai bringt fünf Glieder, die in sich antithetisch aufgebaut sind; im Unterschied zu den bekannten Fluchreihen blicken sie allerdings nicht in die Zukunft voraus, sondern in die jüngste Vergangenheit zurück und schließen die Gegenwart ein. Das perf. $z^e ra'$ $t\ddot{a}m$ ist als konstatierendes perf. zu betrachten (BrSynt § 41 a. 46 c) und präsentisch zu übersetzen. Die vier anschließenden inf. abs. setzen das perf. fort (G-K[28], § 113; BrSynt 46 c). Zu den einzelnen Gliedern vgl. Mi 6,15 aα; Lev 26,16 b; Dtn 28,38; Hos 4,10 aα; Mi 6,14 aα; Lev 26,26 b; Am 5,11 b; Mi 6,15 bb; Dtn 28,39. Für die beiden letzten Glieder gibt es keine Parallelen. Die strenge Formung der Glieder 2–4 legt nahe, daß hier eine vorgegebene Reihe zitiert wird. Doch ist wegen V. 9 a (s. u.) auch die Zugehörigkeit von Glied 1 zu erwägen. Der Sinn der Aussage ist klar: Dürftigkeit und mangelnder Erfolg von Landwirtschaft, die durch eine der für Palästina typischen Dürren (V. 10 f.) kaum Ertrag gebracht hat (Glied 1), bis zu Lohnarbeit, die sich offenbar wegen Geldentwertung nicht mehr rentiert (Glied 5; zum am Gürtel getragenen Geldbeutel vgl. Gen 42,35; Spr 7,20), hängen direkt damit zusammen, daß der Tempel noch nicht wiedererrichtet ist. Es ist ein Fluch, der über dem Lande lastet, solange der vom Tempel ausgehende Segen fehlt. Es ist also genau umgekehrt wie die Leute meinen, in deren Sicht die schlechte Wirtschaftslage dem Wiederaufbau gerade im Wege steht. Nur durch schnelle Inangriffnahme der Arbeit ist Abhilfe möglich.

Mit erneuter Botenformel und erneutem Aufmerksamkeitsruf steuert die   7–8 Rede nun auf ihren Höhepunkt zu: Haggai fordert seine Hörer auf, den Bau zu beginnen. Als nötiges Baumaterial, das aus dem damals noch bewaldeten judäischen Gebirge zu beschaffen ist, wird Holz genannt. Behauene und unbehauene Steine für die Mauern (vgl. 2,15) lagen auf dem Burgberg genügend herum. Wie auch in Babylonien üblich, wurde vermutlich das Fundament des salomonischen Tempels wiederverwendet.[19] Beim Brand des Tempels war vor allem die Balkendecke (1. Kön 6,9) eingestürzt und die Holzverkleidung der Wände (Esr

---

[17] Vgl. H. W. Wolff, Anthropologie des Alten Testaments. München 1973 (1984[4]) 68–95.
[18] Vgl. D. R. Hiller, Treaty Curses and the Old Testament Prophets, BibOr 16 (1964) 28 f. (kritisch dagegen Rudolph).
[19] Vgl. Busink 803 f.

5,8f.) verbrannt. Auch in die Mauern wurden Lagen von Balken zwischen die Basis aus drei Schichten von Quadersteinen und die darauf aufgebauten, rund 2 m dicken Lehmziegelmauern[20] eingelegt (vgl. Esr 6,4; 5,8; 1. Kön 6,36). Von der Verwendung des im salomonischen Tempel verbauten kostbaren Zedernholzes aus dem Libanon (vgl. 1. Kön 5,20. 22. 24; 6,9f. 15f. 18. 20. 36) ist keine Rede. So war der neue Tempel wesentlich bescheidener als sein Vorgänger.

Trotzdem sagt Jahwe zu, daß er an ihm Wohlgefallen haben werde (V. 8b).[21] Der Begriff *rāṣâ* ist kultisch und bedeutet die wohlgefällige Annahme eines Opfers durch den Priester im Namen Gottes (Lev 7,18; 19,7; 22,23; Hos 8,13; Am 5,22; Mi 6,7; Mal 1,10. 13). Für die Judäer bedeutet dies, daß die unterbrochene kultische Verbindung zu Jahwe nach der Vollendung des Tempels wiederaufgenommen werden wird. Wahre Opfer werden wieder möglich sein. Das ist Folge, nicht Gegensatz zu der zu erwartenden Heilsgegenwart Gottes (gegen Beyse 65; Wolff). Außerdem will Jahwe sich verherrlichen. Damit dürfte wohl nicht (im Sinne von Ez 43,1 ff.; so u.a. Rudolph) die Rückkehr von Jahwes *kābōd* (seiner Herrlichkeitserscheinung) in den Tempel, sondern allgemeiner (vgl. Petersen) Jahwes Geltung als Herr des Tempels in der Welt gemeint sein, die ebenfalls für Israel Heil bedeutet. Diese Aussage endet mit der (bei Haggai nur hier vorkommenden) Abschlußformel „hat Jahwe gesprochen".

9   V. 9aα Offenbar hat Haggai, wie an der Form erkennbar, hier ein weiteres Glied aus der „Vergeblichkeits-Fluch"-Reihe, die in V. 6 begann, aufgenommen (van der Woude). Auch diese Aussage beginnt mit inf. abs. und ist antithetisch aufgebaut. Die Wiederkehr der Stichwörter „viel" und „wenig" aus V. 6aα verrät die gleiche Herkunft. Damit entfällt die Auffassung von Steck, V. 9–11 sei ein unabhängiges, an die heimgekehrten Exulanten gerichtetes Wort. Die Gegenüberstellung der Begriffe „viel"-„wenig"[22] läßt diese sehr allgemein gehaltene Aussage wie eine Zusammenfassung des in V. 6 Aufgezählten erscheinen. Zusammen mit V. 6aα liegt eine Rahmung vor. *pānō* dürfte nicht weiteres Handeln (Elliger), sondern eine gespannte Erwartung bezeichnen. In der Fortführung V. 9aβ[23] wird aber noch eine Steigerung sichtbar: selbst dieses wenige wird man nicht ungestört nach Hause bringen können! „Haus" meint hier den jeweiligen privaten Hof und nicht den Tempel.[24] „Hineinblasen" bedeutete ursprünglich „verderben durch einen bösen Zauber" (Wellhausen), meint hier Jahwes Eingreifen, der auch das in die Scheuer Gesammelte noch unbrauchbar macht.

Schon hier wird der ursprünglich unpersönlich formulierte Fluch auf Gottes Tun hin personalisiert. In V. 9b erfolgt dann die dialogische Zuspitzung: Jahwe selbst fragt: „Weswegen?" Die einen Absatz markierende anschließende Formel „Ausspruch Jahwes" lenkt die Aufmerksamkeit der Hörer auf die folgende Antwort.

---

[20] Galling 129.
[21] Die Verben in V. 8b können als Indikativ(K) oder Kohortativ (Q) gelesen werden.
[22] Ein Hilfsverb (von G eingeführt) ist hebräisch entbehrlich (gegen BHS).
[23] Zum Fortfall des *'aschär* vgl. BrSyn § 152a.
[24] Gegen F. Peter, ThZ 7, 1951, 150; Deden; Steck, 370, A. 46.

Diese Antwort ist durch eine Reihe von Stichworten mit dem vorangehenden Text verbunden. Zentral durch das Wort „Haus", das hier in seinen beiden Bedeutungen noch einmal gegenübergestellt wird: „mein Haus", das ist Jahwes Tempel, „sein Haus", das meint das Privathaus jedes Judäers. Der Tempel ist „verwüstet": das greift auf den Anfang der Rede V. 4 b zurück. Das „ihr" nimmt V. 4 a auf. So wird wiederum eine Rahmung sichtbar (vgl. Meyers/ Meyers). Schon das hindert die Annahme anderer Adressaten als vorher (s. o.), damit aber auch die These, es handele sich hier um eben zurückgekehrte Verbannte, die sich nun um ein eigenes Haus bemühen („rennen"). Gemeint sein kann nur (vgl. V. 4 aβ), daß die Angeredeten sich um Ausstattung und Verbesserung ihres längst vorhandenen Hauses kümmern und darüber den Wiederaufbau des Tempels vergessen. Damit hat sich der Kreis geschlossen.

Jedoch hängt Haggai noch einen letzten Argumentationsgang an. Mit einem **10–11** „deshalb", das oft als Einführung einer prophetischen Gerichtsankündigung steht, hier aber ein bereits eingetretenes Gericht begründet (Steck 371), weist er auf den unmittelbaren Zusammenhang des bedrohlichen Ernteausfalls und der bedrückenden Wirtschaftslage mit dem fehlenden Eifer des Volkes für Jahwes Haus hin. „Um euretwillen" (vgl. van der Woude) steht noch einmal betont voran (vgl. V. 4 a). Im Folgenden greift Haggai offenbar erneut auf eine geformte Fluchtradition zurück (vgl. Dtn 11,17; Lev 26,4 u. a.), die außer an der Terminologie auch daran zu erkennen ist, daß zunächst (V. 10) die Natur (Himmel und Erde, beide komplementär zueinander erwähnt) Subjekt ist. Genauso sind die Segen- und Fluchkapitel Lev 26 und Dtn 28 formuliert. Erst am Anfang von V. 11 tritt das Ich Jahwes hervor. Auch das Fehlen des Artikels vor „Himmel" ist ein archaischer Zug (vgl. BrSynt § 20 b). „Tau"[25] ist in Palästina für die Vegetation sehr wichtig in den vielen Monaten, in denen kein Regen fällt. V. 11 nennt die Dürre als die eigentliche Ursache der Unfruchtbarkeit. Sie ist in Palästina eine häufig eintretende, gefürchtete Katastrophe, gehört gerade deshalb auch zu den Standardplagen des Fluchformulars. Sie wird um 520 geherrscht haben, wohl seit längerer Zeit. Das Stichwort „Dürre" (*choräb*) scheint an die „Trümmer" (*chārēb*) des Tempels (V. 4 b. 9 b) anzuspielen. Der Rest von V. 11 wird von einer gleichförmig formulierten Kette (Wellhausen nennt sie „weitläufig" und „prosaisch") gebildet, die voller Anklänge an bekannte Fluchformulierungen ist (vgl. Dtn 11,14; 28,33; 28,11. 51; Jer 7,20). Die Gleichförmigkeit ist ebenfalls ein Merkmal feierlich-archaischen Stils (zu „Mensch und Tier" vgl. auch Sach 2,8; 8,10). Der abschließende Ausdruck will offenbar alle vorangegangenen Glieder zusammenfassen. Nicht zufällig greift Haggai in seiner Rede in so weitem Umfang auf die Standardformulierungen der Fluchtradition zurück und zitiert ganze Passagen sogar wörtlich. Seinen Zuhörern waren diese ohne Frage wohlbekannt, und so holt Haggai sie bei ihren eigenen Voraussetzungen ein. Noch lastet der Fluch über dem Land, seine Auswirkungen sind in den Folgen der Dürre und der schlechten Wirtschaftslage überall schmerzlich spürbar. Wenn

---

[25] Die Übersetzung nimmt Umstellung des *mem* an. Auch ein min privativum wäre denkbar: „etwas vom Tau", aber das Verbum benötigt ein Objekt.

man den Tempelbau weiter aufschiebt, kann es nur schlimmer werden; nur ein schneller Baubeginn kann helfen. Da es durchaus auch schon wieder privaten Reichtum gibt (V. 4 aβ), kann man sich mit Geldmangel nicht entschuldigen, zumal an die Ausstattung des Tempels auch keine überzogenen Forderungen gestellt werden (V. 8).

c) 1,12–14: Die Reaktion auf Haggais Rede

Schon die unmittelbaren Schüler Haggais haben seine Rede in einer „Auftritts-skizze" in ihre Situation gestellt und von der Reaktion der Hörer berichtet. Seine ursprüngliche Hörerschaft war das Volk. Der Text dieser ersten Redak-tionsstufe ist in V. 12 b–13 enthalten (vgl. Wolff). Die ältere Auffassung, die in v. 13 einen Zusatz sah (Wellhausen u. a.), ist unzutreffend. Im Unterschied zum Sprachgebrauch der Endredaktion ist hier einfach von „dem Volk" die Rede. Die Reaktion des Volkes auf die Rede ist nach V. 12 b, daß es sich vor Jahwe fürchtet. Der Begriff ist hier im wörtlichen Sinne zu verstehen: Das Volk erfaßt Angst vor dem unheilsbringenden Tun Jahwes. Schlagartig wird ihm die Ursa-che einer unheilvollen Situation bewußt. Haggais Ansprache hat einen ungeheu-ren Eindruck gemacht. Der Prophet läßt aber die Leute nicht mit ihrer Furcht allein. In V. 13 wird erzählt, daß Haggai nun ein Trostwort für sie bereit hat. Die Einführungsformel in V. 13 a unterscheidet sich erheblich von der Diktion der Endredaktion. Haggai ist hier Subjekt, Adressat ist das Volk. Über Haggai als den Sprecher wird eine auffällige und in dieser Form singuläre Aussage gemacht: er ist Bote Jahwes (vgl. Mal 1,1; 3,1; 2. Chron 36,15 f.; Jes 44,26). „Im Botenauf-trag Jahwes": Dieser Begriff findet sich nur hier. Die Doppelung (von G auf den Begriff „Bote" verkürzt) unterstreicht im Wortspiel die Rolle Haggais, der nicht in eigener Sache spricht. Haggai antwortet auf die Furcht des Volkes mit einer Beistandszusage Jahwes[26]. Mit der Abschlußformel „Spruch Jahwes" (vgl. V. 9 b) schloß ursprünglich der Abschnitt. Das Ende mit einer Heilszusage ist für die neue Situation, in der Haggai wirkt, charakteristisch und wiederholt sich in den weiteren Verkündigungseinheiten. Gericht wird nicht mehr angekündigt, sondern als bereits eingetreten festgestellt, aber im Zusammenhang einer Mah-nung, so zu handeln, daß Jahwe wieder Heil gewähren kann. Die Verheißung seiner Gegenwart ist nicht Anlaß von Furcht, sondern von Hoffnung.

12 a. 14   Die Endredaktion hat den Schlußabschnitt erheblich umgearbeitet. Entspre-chend V. 1 hat sie Serubbabel hier auffälligerweise ohne Titelangabe und Josua mit voller Amtsbezeichnung als die eigentlichen Hörer der Rede eingeführt und läßt nur noch „den ganzen Rest des Volkes" folgen (vgl. 2,2 b). Auch ist die Reaktion der Angeredeten eine ganz andere. Die Wendung „auf die Stimme Jahwes, ihres Gottes, hören" ist typisch dtn/dtr Sprachgebrauch (vgl. auch A. K.

---

[26] Vgl. zu der verbreiteten Formel H.D. Preuß,„... ich will mit dir sein": ZAW 80 (1968) 139–173; ders., ThWAT I, 485–500; D. Vetter, Jahwes Mit-Sein ein Ausdruck des Segens, AzTh I, 45, 1971.

Fenz, Auf Jahwes Stimme hören, Wien 1964) und bedeutet, Gott gehorsam zu sein. In einer anschließenden Erläuterung (vgl. zur Übersetzung) wird hinzugefügt, daß Jahwes Stimme den Worten des Propheten Haggai[27] entspreche (ʿal), demgemäß daß diesen Jahwe, ihr Gott gesandt habe (vgl. Ex 4,28). Offenbar wird damit die Bezeichnung in V. 13a interpretiert. Der Stil ist hier umständlich-formalistisch. Der Begriff „Rest des Volkes" bezeichnet nach Galling (75. 136; unter Berufung auf Esr 3,8; 4,1; 6,16) nur die aus dem Exil Heimgekehrten als die für den Tempelbau Verantwortlichen; dagegen sieht Mason (prophets, 145) darin eine theologische Bezeichnung für das Gesamtvolk als den „heiligen Rest". Beides dürfte eine Überinterpretation sein. Vermutlich ist nur das gemeine Volk neben den Führern gemeint. Das „Hören" = Gehorchen genügt aber noch nicht. Hinzugefügt wird (V. 14a), daß Jahwe den „Geist" aller Angesprochenen erweckt habe. Auch dieser Begriff darf nicht theologisiert werden (anders Ez 11,19; 36,26f.; Joel 3,1f.), sondern meint den Willen der Angesprochenen, der zum Tun aufgeweckt (Sach 4,1; Jes 50,4) und angespornt (Jes 41,2. 25; 45,13) wird. Worauf das hinausläuft, wird in V. 14b gesagt: Die Rede Haggais hat die Wirkung, daß gemeinsam die Arbeit am Tempel aufgenommen wird. Das ist eine Mitteilung, die in der älteren Auftrittsskizze noch nicht enthalten war, aber durchaus der historischen Wirklichkeit zu entsprechen scheint, denn in der Tat muß etwa zu dieser Zeit mit dem Wiederaufbau begonnen worden sein.

Gegen die jüdische Parascheneinteilung gehört V. 15a als abschließendes 15 Datum noch zu V. 12–14. Wegen seiner ungewöhnlichen Stellung ist dieses Datum oft als sekundär gestrichen worden (Marti u.a.). Viele Nachfolger hat aber auch Rothstein (Juden, 53 ff.) mit seinem Vorschlag gefunden, den Abschnitt 2,15–19 hierher vorzuziehen und 1,15a als dazugehöriges Datum zu betrachten. Doch ist 2,10–19 als eine Einheit anzusehen (s.u.z. St.), eine Umstellung nicht begründbar und 1,15a an seinem jetzigen Platz gut verstehbar. Es bietet das Datum für den Beginn der Bauarbeiten am Tempel, den 24. des in V. 1 genannten 6. Monats[28]= 21. September 520, etwa drei Wochen nach der Rede Haggais. Diese Zeit war offenbar für die Vorbereitungen (Holzholen, V. 8, u.a.) nötig. Der Baubeginn beweist nach Absicht der Redaktion den durchschlagenden Erfolg der Rede Haggais. Ein präzises Datum auch dafür anzugeben, entspricht ihren Gepflogenheiten. Zusammen mit 1,1 entsteht auch eine formale Rahmung.

---

[27] Möglich ist auch das Verständnis der Wendung ʿal-dibrē im technischen Sinne: „entsprechend" (Petersen), aber hier schwierig.

[28] bašiši sachlich richtige Glosse.

1,15 b; 2,1–9: Der künftige Glanz des Tempels

1 Im Jahre zwei des Königs Darius, im siebten Monat, am 21. des Monats geschah das Wort Jahwes durch Haggai, den Propheten, also: 2 Sprich doch zu Serubbabel, dem Sohn Schaltiels, dem Statthalter von Juda, und zu Josua, dem Sohn Jozadaks, dem Hohenpriester, und zum Rest des Volkes also:
3 Wer ist unter euch noch übrig, der dieses Haus gesehen hat in seinem früheren Glanz, und als was seht ihr es jetzt? Ist es[29] nicht wie ein Nichts in euren Augen?
4 Und nun, sei stark, Serubbabel, Spruch Jahwes; sei stark, Josua, Sohn Jozadaks, du Hoherpriester, und sei stark, ganzes Volk des Landes, Spruch Jahwes. Und geht ans Werk! Denn ich bin mit euch, Spruch Jahwes der Heerscharen. 5 Entsprechend dem Bundeswort, das ich mit euch vereinbarte, als ihr aus Ägypten auszogt. Und mein Geist bleibt in eurer Mitte. Fürchtet euch nicht!
6 Denn so sprach Jahwe der Heerscharen:
   Nur noch eine kurze Weile ist es,
   so erschüttere ich den Himmel und die Erde,
   das Meer und das Trockene.
7 Ich werde erschüttern alle Völker, und kommen werden die Kostbarkeiten aller Völker, und ich werde dieses Haus mit Herrlichkeit füllen, hat Jahwe der Heerscharen gesprochen.
8 Mir gehört das Silber, und mir gehört das Gold, Spruch Jahwes der Heerscharen.
9 Größer soll der künftige Glanz dieses Hauses werden als der frühere, hat Jahwe der Heerscharen gesprochen. Und an dieser Stätte will ich Heil stiften, Spruch Jahwes der Heerscharen.

Lit.: G. von Rad, Die Stadt auf dem Berge: EvTh 8 (1948/9) 439–447=ders., Gesammelte Studien, ThB 8,1958 (1971⁴),214–224; I. Kessler, The Shaking of the Nations: An Eschatological View: JETS 30 (1987) 159–166.

a) 1,15 b; 2,1–2: Einleitung der Endredaktion zum zweiten Auftritt Haggais

Entgegen der Kapiteleinteilung ist die Jahresangabe in 1,15 b zu 2,1 zu ziehen, wo sie in der normalen Zählweise Jahr-Monat-Tag fortgesetzt wird. Der 21. Tag des siebten Monats im zweiten Jahre des Darius ist der 17. Oktober 520, weniger als einen Monat nach dem Datum in V. 15 a. Das Datum fällt auf den siebten Tag des Laubhüttenfestes (Herbstfestes), das am achten Tag mit Arbeitsruhe endet

---

[29] Zur Konstruktion vgl. Gen 18,25; 44,18; Lev 7,7; Jos 14,11; Jes 24,2; BrSynt § 109d; G-K § 161c.

(vgl. Lev 23,36. 39; Num 29,35). Bald wird der Bau des Tempels wiederaufgenommen. In 1,15 b; 2,1–2 ist auf den ersten Blick wieder die Hand der Endredaktion zu erkennen. Wieder finden wir die Wortereignisformel, das charakteristische „*durch* den Propheten" (obwohl in V. 2 Haggai selbst angeredet wird),
die Nennung von Serubbabel und Josua, mit allen Titeln, wie in 1,1, sowie des
„Restes des Volkes", entsprechend 1,12. 14[30] als Wortempfängern. V. 2 beginnt
mit einem Botenauftrag (die Ausführung fehlt, wie häufig) an Haggai. Ältere
Kommentare (u. a. Mitchell; Sellin, Deden) änderten deshalb in V. 1 „durch" zu
„an" (*'äl*). Dies ist neuerdings mit Recht aufgegeben worden.

Im übrigen sind in dieser Einleitung dieselben Tendenzen zu erkennen wie in
der Einleitung zum ersten Auftritt Haggais. Auch hier sind die beiden Würden-
träger zu den Empfängern der Botschaft Haggais gemacht worden, obwohl sich
diese im Folgenden ganz eindeutig an das Volk richtet. Schwierigkeiten bereitet
allerdings V. 4, s. u. Im Gegensatz zu 1,1–15 a gibt es in diesem Stück keinen
Abschlußrahmen. Von etwaigen Reaktionen der Angesprochenen hören wir
also nichts.

b) 2,3–9: Die frühere und die zukünftige Herrlichkeit des Tempels

Umstrittener als die Einleitung ist die Struktur der Botschaft Haggais in 2,3–9.
Handelt es sich um kurze, erst durch eine frühe Redaktion zusammengefügte
Einzelworte (Beuken; Wolff) oder um eine von vornherein durchlaufende
Rede? Letzteres wird man annehmen müssen, vor allem, weil man auch in dieser
zweiten Rede einen geplanten Gesamtaufbau erkennt, der in gewisser Weise
dem der ersten Rede parallel läuft. Dann legt es sich aber nahe, diesen Aufbau
dem Propheten selbst zuzuschreiben, der seine Rede rhetorisch wirkungsvoll
und logisch konsequent strukturiert. Dabei wird sich herausstellen, daß Haggai
auch hier teilweise wieder auf vorgeformtes Traditionsgut zurückgegriffen hat.

Wie die Rede in 1,2. 4–11, ist auch die in 2, 3–9 durch einen Unterabschnitt
einleitende Merkworte gegliedert; hier sind es zwei, die jeweils einen neuen
Schritt im Gedankengang eröffnen (Koch): „Und nun" am Anfang von V. 4 und
die Botenformel am Anfang von V. 6. Dadurch ergibt sich die Gliederung V. 3;
4–5; 6–8. V. 3 ist eine Situationsschilderung, V. 4–5 Aufforderung zum Handeln, V. 6–9 begründendes Heilswort.

Auch die Rede 2,3–9 ist im Diskussionsstil gehalten und will die Hörer zum 3
Nachdenken anregen, um sie so zum Handeln zu bringen. Haggai beginnt mit
drei Fragen, indem er offenbar vor der durch die inzwischen in Gang gekomme-
nen Bauarbeiten noch kaum veränderten Tempelruine steht und mit der Hand
auf sie weist. Seine Frage richtet sich an die in der Menge stehenden wenigen
Alten, die noch den salomonischen Tempel vor seiner Zerstörung 586 gesehen
haben und den jetzigen Zustand damit vergleichen können. Da das bereits 66
Jahre zurückliegt, müssen es recht alte Leute sein, aber einige Anwesende (Esr

---

[30] G ergänzt „alle".

3,12 nennt Priester, Leviten, Familienhäupter) werden sich noch an die Pracht (so ist hier *kabôd* wiederzugeben, vgl. Ps 49,17f.) des Tempels (vgl. 1. Kön 6–7) erinnern. Haggai ruft diese Zeitzeugen auf, sich zu melden. Die zweite Frage geht auf die deprimierte Stimmung ein, die bei ihnen angesichts dieser Erinnerungen der Anblick des Tempels in seinem jetzigen Zustand hervorrufen muß. „In euren Augen" (die Frage nimmt ihre Gefühle auf) sind diese traurigen Reste gewiß gleich Null; von einem Tempel kann man nicht mehr sprechen. Dies ist sehr geschickt argumentiert; die möglichen Einwände, sich an dem Unternehmen zu beteiligen, einer durch die Äußerungen der Alten geschürten Unlust, die auch bei den Jüngeren die Initiative lähmt (vgl. auch Sach 4,10), wird so von vornherein die Spitze genommen. Haggai nutzt diese Stimmung, um ihre Zielrichtung umzukehren: nur beschleunigte Weiterarbeit kann Abhilfe schaffen!

4–5   In dem folgenden, mit „Und jetzt" (vgl. 1,5; 2,15) beginnenden Abschnitt richtet sich Haggai mit einem ermutigenden Aufruf an seine Hörer. Während „jetzt" (in V. 3 ein die Abschnitte verknüpfendes Stichwort!) noch die traurige Gegenwart bezeichnete, leitet es nun, geradezu im Sinne eines „Trotzdem"[31], die Aufforderung ein, sich durch eine geänderte Einstellung für die Zukunft zu öffnen. In den folgenden Worten greift Haggai wieder eine Reihe traditioneller Wendungen auf. Die Grundform ist die eines Heilsorakels. Dazu gehört zunächst die Aufforderung im Imperativ: „Sei stark", gemeint im psychischen Sinn: Habe Mut, Zuversicht! Vor allem in Ansprachen vor Kriegshandlungen wird eine solche Ermutigung ausgesprochen (Dtn 31,6. 7. 23; Jos 1,6. 9. 10,25; 2. Sam 10,12; 2. Chron 32,7), aber auch in den chronistischen Ansprachen Davids an Salomo vor dem Tempelbau (1. Chron 28,10. 20), beidemale verbunden mit dem Imperativ „ans Werk". Daß die Belege meist im dtn/dtr/chr Sprachbereich vorkommen, läßt sich aber nicht für eine Herkunft von Haggai 2,4 auswerten (gegen Beuken); vielmehr sind dort ältere Traditionen des sog. Heiligen Krieges bewahrt. Zu dem Heilsorakel gehört außerdem die Beistandszusage in V. 4b (vgl. o. zu 1,13) sowie die Formel „Fürchte dich nicht!" in V. 5b.[32]

Schwer ist die Frage zu entscheiden, wieweit V. 4 redaktionell bearbeitet worden ist. Serubbabel wird nur hier in den Reden Haggais im Zusammenhang mit dem Tempelbau angesprochen, aber die bloße Namensnennung paßt zu Haggais Stil. Josua mit Vatersnamen und Titel ist redaktionell; den bloßen Namen könnte dagegen Haggai genannt haben, und das dreimalige „sei mutig" wirkt ursprünglich. Dreimal in V. 4 findet sich die Schlußformel „Spruch Jahwes", eine ungewöhnliche Häufung. Vielleicht wollte Haggai die Ermutigung besonders feierlich gestalten.

Das Vorkommen der Wendung „alles Volk des Landes" in V. 4 ist viel diskutiert worden. In vorexilischer Zeit bezeichnet der Begriff die ländliche Oberschicht der Vollbürger, mit beträchtlichem politischem Einfluß (2. Kön 11,14 ff.; 21,24; 23,30). Esr 4,4 versteht dagegen darunter die Feinde des

---

[31] Vgl. Jes 64,7 und H. Brongers, VT 15 (1965) 289–299, 295.
[32] Vgl. J. Begrich, Das priesterliche Heilsorakel. Gesammelte Studien zum AT. ThB 21, 1964, 217–231.

„Volkes Juda", die von den im Nordreich nach dessen Untergang durch die Assyrer angesiedelten Nichtisraeliten abstammen (Esr 4,2b) und wegen ihrer Herkunft von der Beteiligung an dem allein durch die ehemaligen Exulanten ausgeführten Tempelbau ausgeschlossen werden (Esr 4,1b. 3).[33] Offenbar ist Esr 4,1–3 aus der Sicht einer späteren Periode formuliert und legendär. Bei Haggai scheint der Begriff (mit „das ganze") noch das gesamte Volk zu umfassen, das sich möglichst vollzählig am Tempelbau beteiligen soll.

In V. 5aβ folgt noch die Zusage des „Geistes" Gottes, der „in der Mitte" des Volkes „stehen" soll. Der Begriff erinnert an die Wolkensäule von Ex 33,9. Der Geist ist der mit dem Volke mitgehende (Jes 63,7–14), eine Macht, die stützt (Sach 4,6), nicht etwas Innerliches, sondern Repräsentant der Gegenwart Gottes inmitten der Gemeinde (Ez 36,27a). In später Vorstellung, bes. im chr Geschichtswerk, ist der „Geist" Gottes mit der Prophetie verbunden (Jes 42,1; Ez 11,5; 2. Chr 15,1; 18,23; 20,14; 24,20; Neh 9,20. 30). Hier ist Formulierung und Gedankengang aber ein anderer. Die Gegenwart Gottes in seinem Geist soll dem Volk die Furcht nehmen.

V. 5aα ist offenbar ein Zusatz[34], der das Bundeswort beim Auszug nachträgt, die Zusagen in 4b und 5aβ unterbricht und vermutlich 5aβ interpretieren will. Eigentümlich ist die Verbindung von „Wort" und (einen Bund) schließen („schneiden").

Mit dem Botenspruch beginnt Haggai den dritten Teil seiner Rede. Sie enthält eine ausführliche Heilsankündigung, um die Leute zu ermutigen, trotz des augenblicklichen traurigen Zustandes des Tempels und des Mangels an Mitteln (1,2) weiterzubauen. Jahwe kündigt sein baldiges persönliches Eingreifen an. Die ungewöhnliche viergliedrige Angabe V. 6aβ[35] macht deutlich, daß dies in sehr kurzer Zeit erfolgen wird. Jahwe wird Himmel und Erde, den ganzen Kosmos erbeben lassen. Das anschließende (bei Haggai einmalige) „das Meer und das Trockene" unterstreicht die Totalität des bevorstehenden Geschehens. Erdbeben, das auch den Himmel erfaßt (Ri 5,4; Ps 68,9; 1. Sam 22,8=Ps 18,8; Jes 13,13; Joel 2,10; 4,16), gehört zu den typischen Begleiterscheinungen der göttlichen Theophanie. Blitz, Donner und Gewittersturm (Ps 77,17–19) künden sein Kommen an. Als heiliger Krieger greift er zugunsten seines Volkes ein (Ri 5,4; Ps 68,9; Joel 4,16), kann sich aber auch gegen sein eigenes Volk wenden (Joel 2,10). Man kann in diesem Zusammenhang auch vom „Tage Jahwes" sprechen, der schon von Am als Gericht gegen Israel angekündigt wird (Am 5,18ff.; vgl. auch Joel 2,11; Zeph 1,13ff.), ursprünglich aber ein Strafhandeln an den Völkern meint. Daß Jahwe sich gegen sein eigenes Volk wenden mußte, war Folge des Abfalls, einer unnormalen Situation. Bei Haggai, nach Ende der Strafzeit des Exils, handelte Jahwe wieder wie in alter Zeit. Er wird die Völker erschüttern (V. 7aα), und das wird dazu führen, daß ihre Reichtümer nach Jerusalem kommen und den Tempel füllen werden (V. 7aβ. b). Nicht die Völker selbst (Hitzig: die

6

---

[33] Zur Geschichte des Begriffes vgl. E. Würthwein, Der 'amm ha'arez im Alten Testament. BWANT 69, 1936.

[34] Fehlt in G,L,S (hexaplarisch).

[35] In G verkürzt, aber wohl beizubehalten.

edelsten aller Völker) werden kommen, auch werden sie nicht selbst ihre Schätze zum Tempel bringen (Jes 60,3), sondern entsprechend der alten Vorstellung werden die Schätze als Beute des Kriegers Jahwe kommen, der mit ihnen den Tempel füllen wird (V. 7 bα).

Der Singular *chämdat* (Kostbarkeit), oft mit G in den Plural geändert (vgl. BHS), kann stehenbleiben, da ein Kollektivbegriff mit einem pluralischen Verb verbunden werden kann.[36] Aus dieser Verbform geht eindeutig hervor, daß es sich um wertvolle Metalle (Silber und Gold, V. 8) und Geräte (Nah 2,10; Hos 13,15) handelt. V hat mit singularischer Wiedergabe (veniet desideratus cunctis gentibus) eine patristische und mittelalterliche christologische Auslegung hervorgerufen, der sich noch Luther anschloß („da soll denn kommen aller Heiden Trost"[37]), die aber seit langem aufgegeben worden ist.[38] Wie in anderen Fällen hat auch hier die historisch-kritische Exegese den konkreten Zeitbezug des Textes klargemacht und dadurch traditionelle Auslegungsmuster überholt. Auf einer anderen Ebene liegt die vom Fortgang der Heilsgeschichte her gewonnene Glaubensaussage, die im Kommen des Sohnes Gottes Jesus Christus eine über die damalige Erwartung hinausgehende Erfüllung gekommen sieht. V. 8 a ist mehrdeutig: Entweder geht es um „das alleinige Besitzrecht" Jahwes über alle irdischen Schätze als Herr der Welt[39], oder um sein Besitzrecht an den Tempelschätzen gegenüber den Judäern (Petersen), oder um die dem Sieger im Kriege zustehende Beute (van der Woude). Letzteres entspricht am besten dem Zusammenhang. Weil Jahwe der Sieger im Kampf gegen die Fremdvölker ist, werden ihm die Schätze zufallen, mit denen er den Tempel, sein Haus, schmücken wird. Silber wird vor Gold genannt, weil es damals noch das wertvollere Metall war. In 8 b folgt nochmals die Formel „Spruch Jahwes".

In V. 9 erreicht die Verheißung ihren abschließenden Höhepunkt: die künftige Pracht (*kabôd*, s. o.) des Tempels soll, im Gegensatz zu seinem augenblicklichen Zustand, größer sein als die frühere (des salomonischen Tempels).[40] Hiermit antwortet Haggai genau auf die in V. 3 angesprochene Stimmung der Hörer. V. 9 b fügt noch eine weitere Zusage hinzu. Beuken (60–62) sah darin einen (chronistischen) Zusatz. Das läßt sich nicht genügend begründen. „Dieser Ort" ist ein mehrdeutiger Ausdruck. Häufig meint er Jerusalem als Kultort (Dtn 12,5 u. ö.), kann aber auch gleichbedeutend mit „dieses Haus" den Tempel bezeichnen (1. Kön 8,29 f.; Jer 33,10. 12; 2. Chron 6,20 f. 38. 40; 7,12). Im Zusammenhang des Parellelismus von V. 9 a und b (deswegen gebraucht Haggai den sonst bei ihm nicht vorkommenden Begriff) ist letzteres hier zutreffend. Der Tempel soll ein Ort des Friedens werden. Auch dieser Begriff kann verschiedene Aspekte haben; er umfaßt „alle denkbaren Heilsgaben".[41] Im Zusammenhang wird

---

[36] G-K § 28 145 b–e.

[37] Vgl. G. Krause, Aller Heiden Trost, Haggai 2,7:FS R. Herrmann, 1957, 170–78.

[38] Vgl. aber H. Wolf, „The Desire of all Nations" in Haggai 2:7:Messianic or Not?: JETS 19 (1976) 97–102.

[39] G. von Rad, 446=222.

[40] In seinen Maßen war er offenbar tatsächlich größer, vgl. Busink, 802 ff. Plan:812.

[41] H. H. Schmid, šalôm. „Frieden" im Alten Orient und im AT. SBS 51 (1971) 84.

besonders an Frieden vor den von Jahwe besiegten äußeren Feinden zu denken sein. Jahwe will diesen Frieden stiften (Lev 26,6; Ez 34,25f.; Jer 14,13).

Aussagen wie Haggai 2,6–9 sind oft „eschatologisch" genannt worden. Man kann das tun, wenn man die Art hebräischen Denkens im Auge behält. Aus V. 6a wird deutlich, daß es sich um Naherwartung handelt. An ein allgemeines Ende der Geschichte wird nicht gedacht, wohl aber an einen gegenüber der Gegenwart grundsätzlich zum Heil gewendeten Zustand, von dem erwartet wird, daß er künftig nicht mehr durch Krieg, Dürre und andere Nöte gestört wird, dem also Endgültigkeit zukommt. Dies, weil sich Haggai sicher ist, daß sich die heilschaffende Macht seines Gottes auf die Dauer gegen alle Widerstände durchsetzen wird. Garant für diesen Heilszustand wird der Ort der Gegenwart Gottes, der Tempel sein.

Dieser Abschnitt ist aufschlußreich für das Urteil über Haggai. In dem von Plöger konstruierten Gegensatz zweier Strömungen im nachexilischen Judentum, einer theokratisch und einer eschatologisch orientierten Richtung, werden Haggai und Sacharja von Hanson (240 ff.) als Unterstützer des hierokratischen Tempelprogramms gewertet, die den Tempelbau zur Bedingung des Eschaton gemacht und damit die echt prophetische Zukunftsvision vom unmittelbaren Kommen Gottes verfälscht hätten. Offenbar ist diese Alternative falsch (vgl. Mason, prophets, 137 ff.), denn Tempel und Nähe Gottes gehören für jüdischen Glauben generell zusammen. Der Ton liegt bei Haggai und Sacharja gerade auf der Erwartung seines Kommens, das mit der Vollendung des Tempels zusammenfällt.

2,10–19: Das unreine Volk

10 **Am vierundzwanzigsten Tage des neunten (Monats) im Jahre zwei des Darius geschah das Wort Jahwes zu Haggai, dem Propheten, also:** 11 **So sprach Jahwe der Heerscharen: Frage doch die Priester um Weisung also:** 12 „Wenn jemand heiliges (Opfer-) Fleisch im Bausch seines Gewandes trägt und er berührt mit seinem Gewand Brot[42] oder Brei[41], Wein[41] oder Öl oder irgend eine Speise, wird es heilig?" Da antworteten die Priester und sprachen: „Nein". 13 Da sagte Haggai: „Wenn nun einer, der durch eine Leiche verunreinigt wurde, all dies berührt, wird es dann unrein?" Da antworteten die Priester und sprachen: „Es wird unrein."
14 **Da hob Haggai an und sprach:**
   „So ist dieses Volk
   und so ist diese Nation vor mir, Spruch Jahwes,

---

[42] Vgl. G-K[28] § 126n; BrSynt § 21cß.

und so ist alles, was ihre Hände tun,
und was sie dort darbringen, unrein ist es.[43]

15 Nun aber:
Richtet doch eure Gedanken von heute an weiter.
Ehe man Stein auf Stein legte am Tempel Jahwes,

16 wie ging es euch?[44]
Ging jemand[45] zu einem Kornhaufen, der zwanzig bringen sollte,
waren es zehn.
Ging jemand zu einer Kufe, um fünfzig zu schöpfen[46],
waren es zwanzig.

17 Ich schlug euch mit Kornbrand und Mehltau und mit Hagel alles Werk eurer Hände. Aber ihr (wendetet) euch nicht zu mir, Spruch Jahwes.

18 Richtet doch eure Gedanken von heute an weiter, vom 24. Tag des neunten (Monats), nämlich[47] vom Tage an, an dem der Tempel Jahwes gebaut wurde, richtet eure Gedanken!

19 Ist die Saat noch in der Scheune? Und auch der Weinstock, der Feigenbaum und der Granatapfelbaum.[48] Doch der Ölbaum hat nicht getragen. Von heute an werde ich segnen."

Lit.: Rothstein, Juden 5–41; Koch; H. G. May, This people and this nation in Haggai: VT 18 (1968) 190–97; T. Unger, Noch einmal: Haggais unreines Volk: ZAW 103 (1991) 210–25.

Die Abgrenzung dieses Abschnittes ist umstritten und nicht ganz einfach zu bestimmen. Der Einsatz mit V. 10 (Endredaktion) ist eindeutig, ein Endrahmen fehlt. Vielfach wird V. 10–14 für sich genommen und V. 15–19 mit 1,15a verbunden. Dagegen haben wir uns schon entschieden (s.o.z. St.). Wesentlich ist die Erkenntnis von Koch, daß der Gesamtaufbau von 2,10–19 dem der vorangegangenen Abschnitte parallel ist: Auch hier steht am Anfang eine Darstellung der gegenwärtigen, negativen Situation (V. 10–14); es folgt ein Abschnitt (mit „und jetzt" eingeleitet), in dem „der gegenwärtige Zeitpunkt als Wendepunkt markiert" wird (Koch, 59/213) und aufgerufen wird, sich die Lage bewußt zu machen; am Ende steht eine Heilsankündigung. Dazu kommen inhaltliche Fragen, deren Lösung die Formbeobachtungen bestätigt.

---

[43] In G Texterweiterung.
[44] Vgl. G.
[45] Vgl. G-K[28]§ 144d.
[46] „Weinpresse" Zusatz.
[47] Vgl. Jer 1,18; Ex 17,19 u. a. Explikatives *Lamed*, HAL s.v. Nr. 20.
[48] Vgl. die Auslegung.

a) 2,10–14: Befragung der Priester

Auch in diesem Abschnitt kann man wieder das Wirken der Endredaktion
(V. 10) und der die Auftrittsskizze gestaltenden Redaktoren beobachten.

Die Endredaktion ist an Datum, Wortereignisformel und der Bezeichnung 10
Haggais als Prophet zu erkennen. Das Datum ist der 18. Dezember 520. Es gab
also eine etwas längere Pause bis zum nächsten Auftreten Haggais in der
Öffentlichkeit. Statt „durch" ergeht das Wort „an" Haggai, dem folgenden
Inhalt entsprechend. Zu der in V. 11 folgenden Botenformel besteht ein Bruch.
Dort setzt die ältere Schicht ein. V. 11–13 enthält den Auftrag zu einer prophetischen Zeichen-(Symbol-)Handlung.[49] Daß nur der Auftrag, nicht seine Ausfüh-
rung berichtet wird, ist hierbei häufig. V. 14 bringt die zur Zeichenhandlung
gehörige Deutung (Anwendung). V. 11 Haggai erhält den Auftrag, bei den 11
Priestern einen Bescheid einzuholen. Der Begriff „Tora" kommt hier in seiner
Urbedeutung vor. Aufgabe der Priester[50] ist es, zwischen rituell „rein" und
„unrein", zwischen dem „Heiligen" und dem „Profanen" zu unterscheiden (Ez
44,23; Lev 10,10) und Satzungen auszulegen (Lev 10,11). Laien konnten solche
Auskünfte bei ihnen einholen (Sach 7,2–4; Mal 2,7, s. u. z. d. St. Dtn 17,9. 11).
Haggai tritt als ein solcher Laie auf und erkennt damit die Autorität der Priester
an; offenbar stellt er seine Fragen in aller Öffentlichkeit. Ihre Absicht ist den
Priestern nicht bewußt. Auch das Nebeneinander von zwei scheinbar parallelen,
in Wirklichkeit gegensätzlich zu entscheidenden Fällen ist offenbar in der Tora
üblich (vgl. Lev 13). Dabei ist die Alternative „rein" bzw. „heilig" (für den
Opfergebrauch) oder „unrein" entscheidend. Die Priester können nur Ja oder
Nein sagen. Der erste Fall (V. 12) betrifft das Heilige. „Gesetzt"[51], jemand trägt 12
von einem Opfermahl (nach Esr 3,1–6 wäre schon vor dem Wiederaufbau des
Tempels dort ein provisorischer Altar errichtet worden) übriggebliebenes heiliges Fleisch im Bausch des (taschenlosen) Obergewandes[52] nach Hause. Wenn er
dann mit dem Gewandbausch andere Lebensmittel (so der Sammelbegriff am
Ende der einige wichtige Speisen nennenden Aufzählung) berührt, werden diese
dann auch heilig? Die Frage erklärt sich durch die eigentümlich stoffliche
Auffassung der rituellen Eigenschaften als „ansteckend" (vgl. Lev 6,18–20), was
im positiven wie negativen Sinne möglich ist. Die Antwort der Priester lautet in
diesem Falle Nein, offenbar, weil keine direkte Berührung der Lebensmittel mit
dem Opferfleisch erfolgt. Der andere Fall betrifft die Verunreinigung durch eine 13
Leiche (vgl. zum Begriff *näfäš* in dieser Bedeutung Num 5,2; 6,11; 19,11. 13).
Berührung mit einem Toten macht in hohem Maße unrein (vgl. Lev 21,11; 22,4;
Num 5,2; 6,6f.; 9,6; 19,11 ff.) Entsprechend fällt die Antwort der Priester aus:
derartige Unreinheit infiziert alles, was damit in Berührung kommt.[53]

---

[49] Vgl. G. Fohrer, Die symbolischen Handlungen der Propheten. AThANT 25 (1953) 1968².

[50] Vgl. J. Begrich, Die priesterliche Tora: BZAW 66 (1936) 63–88=ders., Gesammelte Studien (o.
S. 20, Anm. 32), 232–260.

[51] *hen* aram = '*im* hebr (V. 13).

[52] Vgl. BRL², Abb. 44, S. 187

[53] Vgl. zum Problemkreis P. P. Jenson, Graded Holiness (ISOTS 106),1992.

Die Zeichenhandlung will dem Volk, das bisher neugierig, aber ohne den Grund der Anfrage zu verstehen, zugehört hatte, für seine wahre Situation die
14 Augen öffnen. Die Deutung schließt sofort an die Handlung an. Sie ist ausnahmsweise nicht als Gotteswort, sondern als eigene Äußerung Haggais eingeleitet. Eine strenge rhetorische Form ist zu erkennen: In V. 14 findet sich eine dreigliedrige, jedesmal mit einem „so" eingeleitete, knappe Aussage. Das erste und zweite Glied stehen in synonymem Parallelismus, deshalb bedeuten die beiden Ausdrücke für „Volk" das gleiche (vgl. Jes 1,4; 10,6; Zeph 2,9; Ps 33,12) und dürfen nicht unterschiedlich interpretiert werden.[54] Das vierte Glied führt das dritte weiter aus.

Ausschlaggebend für das Gesamtverständnis ist, wie man das in V. 14 genannte „Volk" identifiziert. Klassisch geworden ist hier die Interpretation von Rothstein (Juden, 5 ff.), die bis heute viele Anhänger hat. Rothstein versteht unter „diesem Volk" die Bewohner der Provinz Samaria, des ehemaligen Nordreichs, die nach Esr 4,1–5 ihre Mitarbeit beim Tempelbau anboten, aber wegen ihrer teilweise fremdvölkischen Herkunft und des Vorwurfs von Synkretismus (vgl. 2. Kön 17,29 ff.; Esr 4,2) abgewiesen wurden. Die Deutung ist jedoch unhaltbar. Esra 4,1–5 ist eine legendäre Darstellung, die viel spätere Verhältnisse (5. Jh. und danach) in die Zeit Serubbabels und Josuas zurückprojiziert.[55] „Volk"(᾽am) bezeichnet bei Haggai immer das eigene Volk von Juda (2,4; 1,2. 13) und „Nation"(goj) ist wegen des Parallelismus gewählt (s. o.). Das Demonstrativum „dieses" wird nicht verächtlich-abwertend (man verweist gern auf Jes 6,10), sondern neutral gebraucht (1,4; 2,3. 7. 9. 15. 18. 19). So meint Haggai auch hier die Judäer, seine Zuhörer.

Der Spruch in V. 14 ist von seinem Ende her aufzuschlüsseln. Hier findet sich die, sonst der Feststellung ritueller Unreinheit durch die Priester dienende Deklarationsformel[56] „es ist unrein". Sachgemäß bezieht sie sich auf das unmittelbar vorhergehende Glied: was sie, die Leute, darbringen. „Darbringen" ist Fachausdruck für die Opferdarbringung; es wird festgestellt, daß alle zur Zeit dargebrachten Opfer unrein sind. Ohne Frage ist hier ein kultisches Interesse angesprochen. Das in der Priesterbefragung angesprochene Extrembeispiel der Verunreinigung durch einen Toten zeigt dies. Das „dort" könnte auf einen bereits in den Trümmern des Tempels errichteten Altar deuten (vgl. Esr 3,2). Der provisorische Altar genügt nicht, um Reinheit herzustellen, wenn kein Tempel vorhanden ist. Unrein ist aber überhaupt alles Tun des Volkes (vgl. 1,11 bb). Wie schon beim ersten Auftritt, macht Haggai seinen Hörern klar, daß auch auf ihren Alltagsgeschäften (Dtn 14,29; 16,15; 24,19; 28,12; 30,9 meinen damit Landarbeit, aber der Begriff „Tun der Hände" ist sonst umfassender) kein Segen liegen kann, wenn sie ihre Pflicht Gott gegenüber, seinen Tempel wiederaufzubauen, nicht erfüllen. Die Alternative zwischen der moralischen Deutung

---

[54] Gegen Rudolph; Wolff.
[55] Vgl. A.H.J. Gunneweg, Esra. KAT XIX,1 (1985) 78 f. Unger beurteilt Hagg 2,10–14 als Einfügung aus dieser Zeit, aber das ist unbegründet.
[56] Vgl. R. Rendtorff, Die Gesetze in der Priesterschrift (FRLANT 62) 1954, 74–76.

der Unreinheit: die Leute sind unrein, weil sie nur an ihre Privatgeschäfte, nicht an Gottes Ruhm denken (so schon ein Zusatz in G), und der kultischen: der nur provisorische Altar ist schuld, ist unzutreffend, denn beide Bereiche gehören zusammen.

Das erste Fragebeispiel: die Nichtansteckungsfähigkeit des heiligen Opferfleisches, wird nicht ausgedeutet. Ob man eine Deutung in den Text hineinlesen sollte (van der Woude; Meyers/Meyers) ist zweifelhaft.

b) 2,15–19: Auf dem Weg zur Besserung

Mit einem „Und jetzt" (vgl. 1,5; 2,4 u. o. S. 12), das die Wende einleitet, ruft   15
Haggai seine Hörer zum vernünftigen Nachdenken auf (vgl. 1,5. 7). Die negative Bewertung der Lage ist nicht sein letztes Wort. Er fordert das Volk auf, über den Tag hinaus zu denken. Dazu bedarf es zunächst eines Blicks zurück. Was in Zukunft sein wird und was früher war, steht in direktem Kontrast zueinander. Rückblicken heißt, in die Zeit vor dem Tempelbau; im 9. Monat ist er schon einige Wochen imgange. Verschieden deutbar ist der singuläre Ausdruck „Stein auf Stein setzen". Manche denken an das Hochziehen der Mauern, andere an das Aufeinanderfügen der großen Fundamentquadern (1. Kön 5,31; 7,10f.), andere an die Grundsteinlegung (vgl. V. 18; er bildet mit V. 15 zusammen eine Rahmung). Auf jeden Fall ist der Baubeginn gemeint.

Beim Nachdenken über die wirtschaftliche Lage[57] vor Baubeginn kommt der   16
gleiche Befund heraus wie 1,6. 9: Der Ertrag entsprach bei weitem nicht den Erwartungen. Anscheinend hat Haggai einen vorgeformten Zahlenspruch aufgegriffen; seine zwei Zeilen sind parallel aufgebaut. Die abgekürzte (elliptische) Formulierung legt alles Gewicht auf die Zahlen: Zwischen erhofftem Ertrag und tatsächlicher Ausbeute besteht ein Kontrast von 20:10 und 50:20. Der Körnerhaufen (vgl. Ruth 3,7) nach dem Dreschen war nur halb so groß wie erwartet; die Weinausbeute in der Kufe (in die der Wein nach dem Auspressen der Trauben in der Kelter fließt) brachte gar nur 2/5. Vielleicht war die zweite Zeile der ersten exakt parallel; sie wirkt aufgefüllt. Wieder geht es um die Wirkungen des Vergeblichkeitsfluches, der auf dem Lande lastet.

V. 17. Der Vers ist anscheinend eine Ergänzung, die ein Leser aus Am 4,9 (vgl.   17
auch Dtn 28,22; 1. Kön 8,37) nachtrug. Hier spricht Jahwe direkt als Verursacher der Plagen; Kornkrankheiten und Hagel werden erwähnt, wo Haggai nur von Dürre sprach (1,10f.). Die Umkehr zu Jahwe (so ist die elliptische Formulierung in V. b nach Am 4,9 wohl zu verstehen) ist nicht das von Haggai angesprochene Thema.

V. 18a wiederholt die Aussage von V. 15a, ein bewußtes Stilmittel. Hier hat   18
offensichtlich ein Leser für „diesen Tag" das Datum aus V. 10 erklärend nachgetragen. Der auf Haggai zurückgehende Rest von v. 18b greift V. 15b auf, blickt aber jetzt vorwärts statt rückwärts. „Heute", das ist der Tag, an dem der Tempel

---

[57] Vgl. zur Übersetzung.

Jahwes „gegründet" wurde. <u>Der Begriff meint das Legen der Fundamente, den</u> <u>Beginn der Bauarbeiten überhaupt, nicht speziell die Grundsteinlegung, die</u> <u>bereits zurückliegen kann. Das Datum 24. 9. bezeichnet offenbar den Tag des</u> <u>eigentlichen Baubeginns nach Abschluß der am 1. 6. aufgenommenen Vorarbei-</u> <u>ten (1,14).</u> Dieser Tag bedeutet für Haggai eine Wende.

19   Diese Wende wird in V. 19 angedeutet. Das Verständnis dieser Aussage ist allerdings nicht ganz einfach. Offensichtlich ist sie in der Mitte durch die Namen weiterer Bäume aufgefüllt worden; ursprünglich ist nur der Ölbaum. V. aα wird durch eine Fragepartikel[58] eingeleitet. <u>Die Frage: „Ist die Saat noch in der</u> <u>Scheuer?" verlangt offenbar die Antwort „Nein".</u> Man kann auch , da im Hebräischen indirekte Fragen nicht von direkten unterschieden werden kön-nen[59], die Frage mit der Schlußwendung in V. 18 verbinden: „Denkt darüber nach, ob..." (van der Woude, Deissler). Gemeint ist jedenfalls, daß die Aussaat pünktlich im Dezember, da genügend Regen gefallen war, erfolgen konnte. Die Dürre (1,10) hat ein Ende. Darin sieht Haggai eine erste Wirkung des Baube-ginns. Die Wendung V. aβ müßte, wenn es sich um eine Doppelfrage handelt, eigentlich mit einer entsprechenden Fragepartikel *'im* eingeleitet werden[60], oder zumindest einem „oder".[61] Eine verneinte Frage: „Hat der Ölbaum[62] nicht getragen?" müßte mit Ja beantwortet werden: er *hat* getragen. Das paßt aber nicht zum Termin Dezember, denn die Olivenernte fällt viel früher ins Jahr. So muß der Satz eine Aussage sein: Doch der Ölbaum hat nicht getragen. Bisher wurde eine Wende erst in Ansätzen spürbar. Die Situation ist noch keineswegs befriedigend.

Darauf antwortet die am Schluß stehende Verheißung[63] mit knappen Worten. Jahwe kündigt seinen Weg an. Von nun an ist die Bedrängnis vorbei; der Segen hebt den Fluch auf. Mit der Arbeit am Tempel ist Jahwes Forderungen genügt. Mehr braucht nicht gesagt zu werden. Die Folgen auf allen Gebieten werden sich zeigen.

2, 20–23: Verheißung an Serubbabel

20 **Dann erging das Wort Jahwes zum zweitenmal an Haggai am 24. (Tage)** **des Monats also: 21 Sprich zu Serubbabel, dem Statthalter von Juda, also:** **Ich werde erschüttern den Himmel und die Erde** 22 **und werde umstürzen die Throne[64] der Königreiche**

---

[58] Anders Wolff.
[59] Ges-K[28]§ 150 i, Anm. 1.
[60] Ges-K[28]§ 150 g.
[61] Ges-K[28]§ 150 g.
[62] Gattungsbegriff, deutsch plur.
[63] Asyndetisch, vgl. BrSynt § 134 a. e.
[64] Vgl. Ges-K[28] § 124 r.g.

und vernichten die Kraft der Königreiche der Völker.
Ich werde zerstören die Streitwagen und ihre Fahrer,
und es werden stürzen Rosse und ihre Reiter,
jeder durch das Schwert seines Bruders.
23 An jenem Tage, Spruch Jahwes der Heerscharen, werde ich dich nehmen,
Serubbabel, Sohn Schealtiels, mein Knecht, Spruch Jahwes, und dich zu
einem Siegelring machen, denn dich habe ich erwählt, Spruch Jahwes der
Heerscharen.

Lit.: Beyse, bes. 52–58; G. Sauer, Serubbabel in der Sicht Haggais und Sacharjas: BZAW
105 (1967) 199–207; K. Seybold, Die Königserwartung bei den Propheten Haggai und
Sacharja: Jud 28 (1972) 69–78; Strauß, 74–78.

Auch dieser letzte Abschnitt in Haggai beginnt mit einer von der Endredaktion stammenden Einleitung V. 20. 21 a. Wie 2,10, diesmal aber in umgekehrter
Reihenfolge, enthält sie eine Wortereignisformel an Haggai, sowie das Datum
des 24. des Monats. Daß dieses Wort noch am gleichen Tag wie das vorangegangene an Haggai erging, macht die Redaktion mit der Bemerkung „zum zweiten
Mal" deutlich. Dies ist zugleich das letzte überlieferte Wort des Propheten
überhaupt. Der Wortauftrag in V. 21 a nennt als Empfänger Serubbabel mit
seinem offiziellen Titel „Statthalter von Juda". Der Unterschied zu V. 23 (s. u.)
zeigt, daß hier noch die Endredaktion gewirkt hat. Die eigentlichen Worte
Haggais umfassen V. 21 b–23.[65] Statt mit zwei unabhängigen Worten 21 b–22
und 23 (u. a. Wolff) wird man auch hier mit einer durchlaufenden Rede rechnen
können. Der Anschein von Uneinheitlichkeit schwindet, wenn man die Übernahme älteren Traditionsgutes durch Haggai erkennt.

V. 21 b–22 ist, ähnlich wie schon 2,6b–7a, durch die Traditionen von The- 21b–22
ophanie und heiligem Krieg geprägt. In V. 21 b wiederholt Haggai sogar wörtlich 2,6 bα; das Motiv des die Theophanie begleitenden Erbebens des Kosmos ist
auch hier der äußerste Rahmen, in den hinein das dem heiligen Krieg zuzurech-
nende Motiv des Völkerkampfes (V. 22) gestellt wird. Zahlreiche Berührungen
mit älteren Prophetenschriften und anderen Teilen des Alten Testaments sind
nicht mit literarischer Abhängigkeit, sondern mit der Traditionsbindung Haggais zu erklären. Es ist noch nicht die Zeit der Schriftgelehrten, sondern eine,
wenn auch späte, Periode lebendiger prophetischer Verkündigung.
In V. 22 aα erinnert das Stichwort vom „Umkehren" der Throne der Königs-
reiche an das „Umkehren" von Sodom und Gomorrha (Gen 19,25. 29; Dtn
29,22; Am 4,11; Jes 1,7; 13,19; Jer 20,16; Klgl 4,6); ob eine Anspielung beabsichtigt ist, bleibt aber unbeweisbar (vgl. andererseits Ps 66,6). Die Parallelaussage in
V. ba verbindet das „Umkehren" mit Wagen und ihren Fahrern (im Hebräischen dasselbe Wort wie „Reiter"), und im Parallelismus dazu in V. bβ werden
Rosse und Reiter genannt. Das erinnert an das bekannte „Schilfmeerlied" Ex

---

[65] Ergänzt wurde vermutlich in V. 23 „Sohn Schealtiels" und vielleicht das mehrmalige „Spruch
Jahwes".

15,21 (vgl. 15,1) (Sauer). Doch auch hier ist nicht an ein literarisches Verhältnis zwischen beiden Stellen, sondern an die zum heiligen Krieg gehörende gemeinsame Motivik zu denken. Das Parallelwort „vertilgen" (V. 22 aβ) wird ebenfalls vom Gericht Gottes gegen Fremdvölker gebraucht (Am 2,9; 9,8; Dtn 2,21 ff.; 9,3; Sach 12,9). V. 22 weist, wenn man es von einigen offensichtlichen Zusätzen befreit („Königreiche" in V. ab; „jeder durch das Schwert seines Bruders" am Schluß) die gleichmäßige Form von zwei Doppeldreiern auf, wobei sich beide Vershälften inhaltlich entsprechen (synonymer Parallelismus). „Thron" steht zwar im Singular, ist aber nach den Regeln hebräischer Grammatik (vgl. zur Übersetzung) durch das Bezugswort „Königreiche" pluralisch bestimmt; deshalb kann auch nicht der persische Thron gemeint sein (gegen Elliger, Rudolph, Amsler). Vielmehr handelt es sich um ein Traditionsmotiv; ein aktueller politischer Bezug fehlt in Wirklichkeit. Eine Verbindung zeigt sich dagegen zur Jerusalemer Königsideologie; besonders in Ps 2 und 110 begegnet die gleiche Motivik der durch Jahwe niedergeworfenen Macht der feindlichen Völker (Sauer). Auch die Schlußworte von V. 22 gehören, selbst wenn sie ein Zusatz sind, zu den typischen Vorstellungen des heiligen Krieges (vgl. Ri 7,22; 1. Sam 14,20; Ez 38,21; Sach 14,13).

23   Mit V. 23 erreicht das Wort an Serubbabel dann seinen Höhepunkt. „An jenem Tage" ist Bezeichnung für den eschatologischen Tag des Heils (u. a. Am 9,11; Hos 2,18; Jer 25,33; Sach 13,2; 14,4 ff.) und nicht nur Verknüpfungsformel. Die folgenden Begriffe haben einen deutlichen königsideologischen Bezug. „Ich will dich nehmen" könnte, wenn es nicht nur formal das Folgende als souveränen Eingriff Jahwes bezeichnen und vorbereiten will, schon „erwählen" bedeuten (vom davidischen König 2. Sam 7,8; Ps 78,70; vom Propheten Am 7,15). Die Bezeichnung „mein Knecht" ist ein bekannter Königstitel, insbesondere Davids (2. Sam 7,5; Ps 132,10; 1. Kön 11,32; 1. Chron 17,4; Ez 34,23; 37,24). Daß Jahwe ihn erwählt hat, wird außer vom Volk im ganzen (Dtn 4,37; Jes 41,8) speziell von David gesagt (1. Kön 11,34; Ps 78,70; 1. Chron 28,4). Ohne daß der Titel König fällt, kündigt Haggai dem Serubbabel eine David entsprechende Würde an. Das wird bestätigt durch die originellste Wendung, daß Jahwe Serubbabel zu seinem Siegel machen will.[66] Das Siegel, um den Hals (Gen 38,18. 25) oder Arm (Hos 8,6) getragen oder als Ring an der rechten Hand (Gen 41,42; Esth 3,10)[67] macht einen Rechtsakt verbindlich (Jer 32,10 ff.) und ein Schreiben authentisch (1. Kön 21,8). Es ist mit seinem Träger eng verbunden. Eine vergleichbare Aussage findet sich nur Jer 22,24, wo dem König Jojachin die Verwerfung durch Jahwe in dem aussagekräftigen Bild angekündigt wird, daß er ihn, wäre er sein Siegelring, von seiner Hand reißen würde. Wenn Haggai diese im Blick hätte, könnte gemeint sein, daß die Verwerfung des Davidhauses jetzt aufgehoben und Serubbabel als künftiger neuer Herrscher auf dem Davidsthron angekündigt würde (vgl. Beyse 59f.). Demgegenüber ist betont worden (vgl.

---

[66] Zur Konstruktion vgl. Gen 13,16; 1. Kön 19,2; Hos 2,5.
[67] Zu den Formen als Rollsiegel oder Skarabäus mit Bild oder (Namens-)Schrift vgl. P. Welten, BRL², 299–307.

u. a. Wolff; Strauß 76 ff.),daß das Wort „König", wie auch „David" und „salben" fehlt. Geschieht dies, angesichts der persischen Oberhoheit, aus subversiven Gründen (die Eingeweihten kannten die einschlägigen Stichwörter) oder wird Serubbabel nur wegen seiner Rolle beim Tempelbau herausgehoben, ist an gar kein Herrscheramt gedacht? Die Antwort ergibt sich aus dem Zusammenhang mit V. 21 b–22: Die Einsetzung Serubbabels soll erfolgen im Zuge des eschatologischen Eingreifens Jahwes, der Kosmos und Völkerwelt umstürzt und die widergöttlichen Mächte endgültig besiegt. Jerusalemer Traditionen scheinen durch. Serubbabel, dem Davididen, soll dann die Rolle des endzeitlichen Herrschers zufallen, der als Stellvertreter Gottes vom Zionsthron aus die Welt regiert.

Will man diese Erwartung „messianisch" nennen, wäre hier vom Messias die Rede. Zu beachten ist allerdings, daß eine konkrete, unmittelbar bevorstehende Zukunft im Blick ist. Auch soll sie sich innerhalb der Geschichte entfalten. Das unterscheidet die Ankündigung von den Messiaserwartungen der zwischentestamentlichen und neutestamentlichen Zeit. So ist der Begriff wenig passend.

Offensichtlich hat sich eine solche Erwartung nicht erfüllt. Schon Sacharja rückt Serubbabel in eine bescheidenere Stellung neben dem Hohenpriester Josua. Sie erklärt sich mit der hochgespannten Hoffnung, die der Beginn des Tempelbaus erweckte. Mit ihrem Scheitern mag zusammenhängen, daß Haggai 2,21 b–23 unter den traditionell messianischen Stellen im Neuen Testament nie zitiert wird.

Der Prophet Sacharja (1–8)

Einleitung

1. Die Person Sacharjas

Der Name Sacharja (Kurzform von Sacharjahu: „Jahwe hat gedacht") ist im Alten Testament weit verbreitet. 1,1. 7 nennt als Sacharjas Vater Berechja, den Sohn Iddos. Nach Esr 5,1; 6,14 war Sacharja jedoch ein Sohn Iddos. Mögliche Erklärungen lauten: a) „Sohn" meint dort „Enkel"; das würde die Angaben harmonisieren, widerspricht jedoch dem Sprachgebrauch in Esr 5,2; b) Gemeint ist die Zugehörigkeit zur Priestersippe Iddo; zur Zeit des Nachfolgers des Sacharja zeitgenössischen Hohenpriesters Josua, seines Sohnes Jojakim, ist ein anderer Sacharja[1] Haupt dieser Sippe (Neh 12,4. 12. 16); c) „Sohn Berechjas" ist in Sacharja 1,1. 7 sekundär, entstanden durch Verwechslung mit dem Schwiegervater des Königs Ahas (Jes 8,2; 2. Kön 18,2) Sacharja, Sohn Jeberechjahus, der zur Zeit Jesajas lebte. Diese dritte Lösung ist die wahrscheinlichste. Damit entfällt aber die Möglichkeit, Sacharjas Zugehörigkeit zu einer Priestersippe nachzuweisen. An Informationen über seine Person waren die Herausgeber seiner Worte nicht interessiert.

2. Das Buch Sacharja

Daß die Kapitel 9–14 des Sacharjabuches von Kap. 1–8 abzutrennen sind, weil sie nicht auf den Propheten zurückgehen, sondern Material aus einer ganz anderen Epoche enthalten, ist eine alte Erkenntnis. Zu Einzelheiten vgl. die Einleitung zu diesen Kapiteln. Aber auch Kap. 1–8 sind nicht aus einem Guß, sondern anscheinend in mehreren Stufen entstanden.

Den Grundbestand bildet offenbar die Kette von ursprünglich sieben Visionen, den sog. „Nachtgesichten" (vgl. 1,8) 1,8–15; 2,1–4. 5–9; 4,1–6aα 10b–14; 5,1–4. 5–9; 6,1–8, in der Form eines Ich-Berichts. Entgegen der Ansicht mancher Ausleger, die Vision 3,1–7 gehöre auch in diese Reihe, ist sie offensichtlich erst nachträglich eingefügt worden, da sie in Form und Inhalt grundlegend von den anderen Visionen abweicht. Eingefügt wurde auch der Bericht über eine

---

[1] Die Annahme, dies sei der Prophet Sacharja, ist unwahrscheinlich.

Zeichenhandlung 6,9–15 a. Außerdem ist in diesem Teil des Buches noch eine Reihe von Prophetenworten enthalten, die offenbar als eine Art von Kommentar zu den Nachtgesichten verstanden werden sollen: 1,16–17; 2,10–13. 14–16; 3,8–10; 4,6aβ-10a. Sie sind aber ursprünglich offenbar unabhängig von diesen entstanden. Vorangestellt wurde der Kette der Nachtgesichte der Bericht über die Umkehrpredigt Sacharjas 1,2–6a, deren Herkunft von dem Propheten aber umstritten ist (s.u. die Auslegung). 1,6b schildert (ähnlich wie Hag 1,12–14) die Reaktion der Hörer auf diese Ansprache. Die Endredaktion ist erkennbar in 1,1 und 1,7, außerdem noch 7,1, wo das gleiche System der Datierung wie in den Überschriften in Haggai erscheint und auch die Diktion die gleiche ist (vgl. noch 7,8; 8,1). Vielfach nimmt man deshalb an, daß der gleiche Redaktorenkreis wie in Haggai für die Endgestalt von Sacharja 1–8 verantwortlich ist.

Der zweite Abschnitt 7,1–8,23 enthält nur Wortverkündigung. Eine kurze Erzählung (7,2–3) bildet den Auftakt für den ersten Abschnitt. Auf die dort berichtete Anfrage wegen des Fastens antwortet Sacharja in der sog. Fastenpredigt 7,4–14 (die in V. 8 von der Endredaktion oder einem Ergänzer durch eine nachträglich eingefügte Überschrift unterbrochen worden ist). 8,18–23 kommt noch einmal auf das Thema Fasten zu sprechen und bildet dadurch einen Rahmen um die beiden Kapitel. Nach der redaktionellen Überschrift 8,1 enthält Kap. 8 eine Sammlung von insgesamt zehn kurzen Sprüchen. Die ersten sieben (V. 2–17) sind jeweils durch einen Botenspruch eingeleitet (V. 2. 3. 4. 6. 7. 9. 14). Weitere Botenspruchformeln finden sich in V. 19. 20. 23. Möglicherweise stellt deshalb die Wortereignisformel (obwohl sie die erste Person „zu mir" verwendet) in V. 18 ebenfalls eine redaktionelle Einfügung dar.

3. Die Sprache Sacharjas

Ähnlich wie bei Haggai druckt BHK das Buch Sacharja als Prosa, BHS teilweise als poetische Verse. Die Visionsberichte (Nachtgesichte) sind als Erzählung Prosa, die dazugehörigen Deuteworte mindestens gehobene Sprache. Die Prophetenworte sind teilweise durch Parallelismus, Rhythmus und Struktur als poetisch geformt erkennbar, teilweise das weniger deutlich. Auch hierin ist manches Haggai ähnlich.

An Gattungen begegnet vor allem: a) Der Visionsbericht. Dies ist eine typisch prophetische Gattung, die schon bei Am und Jer auftritt (Am 7,1–9; 8,1–3; Jer 1,11f. 13f.), aber bei Sacharja in einer entwickelteren Form erscheint. 3,1–7 steht auch in seiner besonderen Visionsform für sich. b) Das Mahnwort: 1,2–6a; 7,4–14 und 8,16f.[2] 19b. c) Das Heilswort: 1,16–17; 2,14–16; 3,8–10; 4,6aβ-10a; 8,2. 3. 4f. 6. 7f. 9–13. 14f.[2] 20–22. 23. Dazu gehören auch die Worte, in denen das Kommen fremder Völker nach Jerusalem angekündigt wird, die dort am Heil teilhaben werden (2,15f.; 8,20–22. 23; vgl. Jes 2,2–4/Mi 4,1–3; Jes

---

[2] 8,14–17 bilden zusammen eine „bedingte Heilszusage", vgl. C. Westermann, Prophetische Heilsworte im Alten Testament. FRLANT 145 (1987) 181 ff.

11,10). d) Eine Sonderform ist die Aufforderung zur Flucht 2,10–13. e) Eine Zeichenhandlung (Symbolhandlung) ist 6,9–15; vielleicht liegt auch 3,8–10 eine solche zugrunde.

4. Die Botschaft

Dem Propheten Sacharja erschließt sich der Kern seiner Botschaft in einer Kette von sieben Nachtgesichten. In einer Zeit äußerer politischer Ruhe (1,11), aber fieberhafter Erwartung auf eine entscheidende Änderung der Situation Jerusalem-Judas nach rund siebzig Exilsjahren (1,12) wird ihm in der Vision von den himmlischen Reitern (1,7–17) ein baldiges Eingreifen Gottes zugunsten Jerusalems und des Zions angekündigt. Die Hörner-Handwerker-Vision (2,1–4) veranschaulicht die baldige Niederwerfung der gegenüber Juda hochmütigen Weltmächte. Nach deren Entmachtung, zeigt die Vision vom Mann mit der Meßschnur (2,5–9), wird das volkreiche neue Jerusalem eine mauerlose offene Stadt sein können, denn Jahwe selbst wird eine Feuermauer für es sein. Die Vision vom Leuchter und den beiden Ölbäumen (4,1–6 aα. 10b–14) weist den beiden „Ölsöhnen", dem eschatologischen Fürsten und dem Priester, einen Platz in unmittelbarer Nähe des allwissenden Gottes zu. Ansätze einer neuen inneren Ordnung für die nachexilische Periode werden sichtbar.

Dazu gehört auch das Ausgehen des Fluches, verkörpert in der über das ganze Land fliegenden Buchrolle, der alle unentdeckten Übertreter des Gotteswillens treffen wird (5,1–4). Die Bosheit, in Gestalt der im Epha sitzenden Frau, wird anschließend aus dem Lande geschafft, und so werden die Voraussetzungen für einen völligen Neuanfang geschaffen (5,5–11). In der Motive der ersten Vision aufnehmenden, aber doch ganz andersartigen Schlußvision von den Wagen mit verschiedenfarbigen Pferden (6,1–8) läuft die Handlung auf die Erweckung der Exulanten in Babylonien (im Nordland), offenbar zu ihrer baldigen Heimkehr, hinaus. Mit ihr wird sich die erwartete Wende vollenden. Was die Nachtgesichte verkünden: einen von Gott geschenkten völligen Neuanfang, der aber nicht ohne eine Beseitigung der aufgehäuften Schuld im Lande möglich ist, ist Inhalt auch der übrigen Botschaft des Propheten. Die einzeln stehende Vision 3,1–7 macht deutlich, daß auch der Hohepriester Josua erst entsündigt werden muß, ehe er sein Amt erneut antreten kann. Die Mahnrede 1,2–6a fordert zur Umkehr auf und nennt die letzte vorexilische Generation als ein durch ihre mangelnde Umkehrbereitschaft abschreckendes Beispiel. Dabei stellt sich Sacharja in eine Reihe mit den „früheren Propheten" (1,4). Das gleiche geschieht noch einmal in der sog. Fastenpredigt (7,4–14): auch hier wird auf die Rechtsbotschaft der vorexilischen Propheten (7,7. 12) verwiesen, die von den damaligen Hörern nicht beachtet wurde, so daß das Exil als Strafe folgte. Wenn dies erneut geschieht, wird Jahwe wieder so handeln (7,13). Auch in der Schlußsammlung Kap. 8, in der weitere, meist kurze Heilsworte für Jerusalem-Juda erscheinen, ist der Typus der bedingten Verheißung mehrmals vertreten

(8,14–17; 8,19). Gottes Rechtswille ist auch in der Heilszeit gültig und Bedingung dieses Heils. Die Heimkehr der Exulanten wird mehrfach angekündigt (3,10f.; 8,7f., vgl. 23). Die Rolle der Fremdvölker wird unterschiedlich bestimmt: als Unterdrücker Jerusalem/Judas werden sie niedergeworfen (1,15; 2,4. 13), aber sie werden auch als künftige Verehrer Jahwes angesehen, die sich den Juden in Jerusalem anschließen werden (2,15; 8,20–22. 23). Letzteres ist, wie überhaupt Frieden, Zeichen der Heilszeit.

Der Tempel und seine Wiederherstellung sind auch Sacharja wichtig (1,14. 16. 17; 2,11; 3,7; 6,13–15; 8,2. 3). Doch erst Ergänzer haben die direkte Verbindung zwischen Tempelbau und Wirtschaftslage im Sinne Haggais nachgetragen (8,10–13). Zwar wird einmal Serubbabel die Rolle des Tempelbauers zugeschrieben (4,6aβ-10a), aber nach der Zeichenhandlung mit der Krone (6,9–15) wird das Aufgabe des „Sprosses" sein, der mit dem (Hohen)Priester die Herrschaft teilen wird. Auch 4,1–6aα. 10b–14 läßt die Identifizierung der beiden eschatologischen „Ölsöhne" offen. Mit einem Abtreten Serubbabels von der politischen Bühne kann dies nach neueren Erkenntnissen wohl nicht zusammenhängen (s. Lit. o. S. 2f.). Auch ist Sacharjas Blick nicht allein auf den Tempel gerichtet; die Gegenwart Gottes in Jerusalem als ganzem ist ihm wichtiger (1,12. 14. 16. 17; 2,5–9. 14. 15. 16; 8,3. 4f. 8. 15. 22). Häufig stehen auch Zion/Jerusalem oder Jerusalem/Juda nebeneinander; ein Gegensatz ist nicht erkennbar. Aber die Gegenwart Gottes ist durchaus kultisch vermittelt gedacht; nur im Tempel kann man vor Gottes Angesicht treten, und vom Tempel als Wohnsitz Jahwes geht sein Heilswirken aus. Doch gerade dies bedeutet auch Bindung an Gottes Rechtswillen. So ist kein Bruch in der prophetischen Tradition zu erkennen.

Eine unmittelbare, mit dem Statthalter Serubbabel verknüpfte Königserwartung hat Sacharja offenbar nicht gehabt. Der „Sproß" (6,12) bzw. einer der beiden „Ölsöhne" (4,14) bleiben als Gestalten der erwarteten Heilszeit im mythologischen Dunkel. Dagegen hat Sacharja dem konkreten Hohenpriestertum offenbar eine bedeutendere Rolle als bisher zugeschrieben (3,7; 4,14; 6,13). Darin hat er tatsächlich eintretende Entwicklungen der folgenden Periode richtig vorausgesehen. Ansonsten muß man von zunächst unerfüllt gebliebener Prophetie sprechen: Sacharjas Naherwartung einer unmittelbar bevorstehenden Heilszeit ist nicht eingetroffen. Seine Botschaft gewinnt für uns neuen Sinn, wenn wir sie im Rahmen des Gesamtkanons und in Verbindung mit dem Neuen Testament verstehen. Wie eifrig das Buch in der frühen Christenheit gelesen und auf das in Jesus Christus gekommene Heil gedeutet wurde, erkennt man an den zahlreichen Anspielungen in der Johannesapokalypse (ApkJoh 5,6; 6,2; 7,1; 10,7; 11,4.18; 12,9; 20,2; 21,3.7.15).

I. Hauptabschnitt: Wortverkündigung

1,1–6: Die Antrittspredigt: Aufruf zur Umkehr

1 Im achten Monat im Jahre zwei des Darius erging das Wort Jahwes an Sacharja, den Sohn Berechjas, den Sohn Iddos, den Propheten, also: 2 Sehr[3] gezürnt hat Jahwe gegen eure Väter.   3 Und sprich zu ihnen: So sprach Jahwe der Heerscharen:

Kehrt um zu mir, Spruch Jahwes der Heerscharen,

denn ich will umkehren zu euch, sprach Jahwe der Heerscharen.

4 Seid nicht wie eure Väter, zu denen die früheren Propheten riefen also: So sprach Jahwe der Heerscharen: Kehrt um von euren bösen Wegen und[4] euren bösen Taten, aber sie hörten nicht und horchten nicht auf mich, Spruch Jahwes.

5 Eure Väter, wo sind sie? Und die Propheten, leben sie ewig?

6 Aber meine Worte und meine Gebote, die ich meinen Knechten, den Propheten, aufgetragen habe, haben sie eure Väter nicht erreicht?

Da kehrten sie um und sprachen: Wie Jahwe der Heerscharen gedachte uns zu tun, nach unseren Wegen und nach unseren Taten, so hat er uns getan.

Lit.: Beuken, 84–115; Petitjean, 1–52; A. S. van der Woude, Seid nicht wie eure Väter: FS G. Fohrer. BZAW 150 (1980) 163–173.

a) 1,1: Einleitung der Endredaktion zur Antrittspredigt Sacharjas

1 Die Endredaktion des Buches Sacharja 1–8 ist hier in ähnlichem Stil wie die des Buches Haggai tätig. Möglich ist, daß es sich um den gleichen Kreis handelt. Allerdings gibt es auch leichte Unterschiede. Am Anfang steht das Datum. Es fällt auf, daß nur der achte Monat des zweiten Jahres des Darius genannt ist und eine Tagesangabe fehlt. Ob eine solche ausgefallen ist, kann nicht mit Sicherheit gesagt werden.[5] Wir kommen auf Oktober/November 520. Im Unterschied zu den Überschriften bei Haggai wird der Königstitel des Darius nicht genannt. Wir erfahren jedoch den Vatersnamen des Sacharja (vgl. die Einleitung).

b) 1,2–6a: Die Umkehrpredigt

2 V. 2 wurde von vielen Auslegern als an dieser Stelle unpassend empfunden. Er ist aber weder sekundär, noch muß er (etwa nach V. 3a: Budde, Haller, oder

---

[3] Vgl. Ges-K[28] § 117 p–r.
[4] Vgl. BHS.
[5] Für absichtliches Fehlen (Schöttler, 403) spricht nichts.

nach V. 6 a: Horst, Chary) umgestellt werden. Er gibt vielmehr den Ausgangspunkt für die in V. 3–6 folgende Predigt an; V. 4 a verweist auf V. 2 zurück.
Sacharja erinnert seine Hörer an den großen Zorn Jahwes gegen die Väter;
gemeint ist die Gesamtheit des vorexilischen Israel (vgl. V. 4). Im Zorn Gottes
sind seine Folgen mit gegeben; sie werden nicht erwähnt, da sie wie die Zerstörung Jerusalems und das Exil allen vor Augen stehen. Die Schuld der Väter,
unter der man in der Verbannung litt (Ez 18,2; Jer 31,29), konnte auch als
Entschuldigung für eigenes Verhalten dienen. Das greift Sacharja in seiner
anschließenden Rede auf.

In V. 3 aα schließt sich ein Wortauftrag an Sacharja an[6], gefolgt von der 3
Botenformel. Darauf folgt die eigentliche Ansprache in V. 3aβ-6a. Obwohl sie
an dtr Stil anklingt und im Typ der levitischen Predigt entspricht[7], muß man ihre
Herkunft von Sacharja nicht abstreiten (gegen Beuken, Schöttler u.a.). Er
benutzt aber weithin eine vorgeprägte Sprache.

Der Schwerpunkt der Predigt Sacharjas liegt in dem an ihrem Anfang stehenden Aufruf Jahwes an die Hörer zur Umkehr und der Ankündigung der „Umkehr" Jahwes zum Volk. Die jeweils begleitenden Gottespruchformeln mögen
nachträglich ergänzt sein[8]; der Kernspruch ist sehr prägnant und auf das Wortspiel mit den zwei Bedeutungen des Wortes „umkehren" ausgerichtet. Der
Begriff „umkehren" ist umfassender als das deutsche „Buße tun"; er bezeichnet
eine Hinwendung der gesamten Existenz zu Gott. Während nach wie vor
umstritten ist, ob die Erwartung der Umkehr der Hörer bei den vorexilischen
Propheten eine Rolle spielt, ist sie bei Jeremia eindeutig bezeugt (Jer 3,12. 14. 22;
18,11; 25,5; 31,18. 21; zu beachten ist jedoch das Überlieferungsproblem in Jer).
Ungewöhnlich ist dagegen die Ankündigung, daß Jahwe zum Volke umkehren,
d.h. sich ihm wieder zuwenden will. Daß die Umkehr des Volkes dafür die
Bedingung sein soll, ist angesichts der unbedingten Zusage 1,16; 8,3 nicht
anzunehmen (vgl. auch das „denn" Jes 44,22b!). Gott tut den ersten Schritt zum
neuen Heil! Die Umkehr soll offenbar im Gehorsam gegen Gottes Gebot
bestehen. Nach der Parallelstelle Maleachi 3,7 (vgl. auch 2. Chron 30,6) ist dabei
auch der Bereich des Kultus eingeschlossen. Daß aber primär die Rückkehr zum
Tempel gemeint sei (Petitjean), steht nicht im Text. Die Zusage der „Umkehr"
Gottes zum Volk kann auch als Antwort auf die Volksklage (Ps 85,5; 126,4)
verstanden werden.

V. 4 stellt die Aufforderung in V. 3 a vor den Hintergrund der von den Vätern 4
gezeigten Haltung (vgl. V. 2). Das Volk soll sich seine Vorfahren vor dem Exil
(im weiteren Sinne, nicht nur die Generation von 587) nicht zum Vorbild
nehmen. Sie haben auf die Botschaft der Propheten, die ihnen Gottes Wort
zugerufen haben, nicht gehört (V. b). Bemerkenswert ist, daß Sacharja sich in
Sukzession zu den „früheren Propheten" stehen sieht; der Begriff begegnet nur

---

[6] Die Wortübermittlungsformel wird seit Ez auch ohne vorausgegangenes „Geh" verwendet und
folgt nicht mehr direkt auf die Wortereignisformel (V. 1) (Petitjean, 28 f.).

[7] G. von Rad, Die levitische Predigt in den Büchern der Chronik: Ges. Studien zum AT. ThB 8
(1958) 248–261.

[8] Vgl. BHS.

bei Sacharja (vgl. noch 7,7. 12). V. 4 aβ bringt ein wörtliches Zitat aus Jer 25,5 als
Zusammenfassung der Botschaft dieser Propheten; sie wird ebenfalls als Um-
kehrbotschaft interpretiert. Die Formulierungen: das „Rufen", der Wortlaut
des Appells und die Feststellung, daß die Angeredeten nicht gehört haben, sind
großenteils dtr (vgl. 1. Kön 13,2; 2. Kön 17,13; Jer 7,3 ff.; 18,11 u.ö. 2. Kön
17,14; Jer 6,10; 7,24 ff. u. ö.; Parallelen auch bei Ez); offenbar ist dies die Sprache
der Zeit. Im ganzen wird die vergangene Geschichte durchaus negativ beurteilt.
Dieser Abschnitt der Rede endet mit der Formel „Spruch Jahwes".

5   Schwierig ist das Verständnis von V. 5. Wenn man die hier auftretende Doppelfrage mit Recht als rhetorische Frage auffaßt, liegt die gängige Antwort nahe:
sowohl die Väter wie auch die damaligen Propheten seien inzwischen längst
gestorben. Aber was heißt das? Daß die Propheten wie die Väter von Gottes
Strafe ereilt wurden? Das wäre unverständlich. Auch daß Sacharja die falschen
Propheten (vgl. Jer 37,19) meine (Beuken; Deissler), widerspricht dem Gebrauch des Wortes in V. 4 a. 6 a. So soll wohl im Gegensatz zu V. 6 a gesagt sein,
daß die Zeit der Väter und der damaligen Propheten Vergangenheit ist, aber die
Wirkung der durch sie verkündigten Worte und Gebote Jahwes die Väter
getroffen[9] habe (die dritte rhetorische Frage V. 6 a fordert diese Antwort). V. 6 b
gehört nicht mehr (anders Hanhart) zur Rede Sacharjas (sonst entstände ein
Widerspruch zu V. 4 b), sondern schildert die Reaktion seiner Hörer, ist also
Teil des Erzählungsrahmens (vgl. Hag 1,12–14). Die Reaktion ist im Unterschied zu dem Nichthören der Väter (V. 4 b) positiv: wie gefordert, kehren die
Hörer um (das Stichwort rahmt mit V. 3 das Ganze) und erklären, daß Gott sie
entsprechend ihrem Verhalten behandelt habe. Damit ist die Voraussetzung zu
einer Wende in der Situation gegeben.

Wenn das Datum in 1,1 korrekt ist, wogegen nichts spricht, wäre diese
Mahnrede die erste öffentliche Äußerung Sacharjas. Sie fällt noch vor die letzten
Worte Haggais (Hag 2,10–19 und 2,20–23). Ihr programmatischer Charakter ist
chronologisch und im Rahmen der Komposition des Buches deutlich. Hier ist
besonders auf die Entsprechung zwischen 1,4–6 und 7,7–14 aufmerksam zu
machen, wo noch einmal vom Nichthörenwollen der Väter die Rede ist. Unheil-
volle Vergangenheit und hoffnungsvolle Zukunft treten einander gegenüber, in
knapper Form noch einmal in 8,14f. Da Rahmung als Kompositionstechnik in
Einzelabschnitten wie Gesamtstrukturen ganzer Bücher zu beobachten ist, wird
hier etwas von der umgreifenden Gestalt von Sacharja 1–8 erkennbar. Diese
Form hat das Buch offenbar von den Redaktoren erhalten, welche die ersten
Interpreten der Botschaft des Propheten waren. Da sie sich dabei auf wichtige
Themen Sacharjas selbst stützen konnten, dessen Hörer sie vermutlich waren,
sind ihre Hinweise unbedingt zu beachten.

---

[9] *nsg* = „einholen"(vom Kriege Hos 10,9; Jer 42,16; vom Fluch Dt 28,15. 45).

II. Hauptabschnitt:
Der Zyklus der Nachtgesichte und ihre Begleitstücke

1,7. 8–15: Die Reiter zwischen den Myrten

7 Am 24. Tag des 11. Monats das ist der Monat Schebat[10] im Jahre 2 des Darius erging das Wort Jahwes an Sacharja, den Sohn Berechjahus, des Sohnes Iddos, den Propheten, also: 8 Ich sah diese Nacht, und siehe, ein Mann, der auf einem roten Pferde saß, und er stand zwischen den Myrtenbäumen[11], die an der Meerestiefe sind, und hinter ihm waren rote, hellrote und weiße Pferde. 9 Da sprach ich: „Was bedeuten diese, mein Herr?" Da sprach zu mir der Engel, der mit mir redete: „Ich will dich sehen lassen, was diese bedeuten." 10 Da hob der Mann an, der zwischen den Myrten stand, und sprach: „Das sind die, welche Jahwe gesandt hat auf der Erde herumzustreifen."
11 Da meldeten sie dem Engel Jahwes, der zwischen den Myrten stand, und sprachen: „Wir sind auf der Erde herumgestreift, und siehe, die ganze Erde liegt still und ruhig da." 12 Da hob der Engel Jahwes an und sprach: „Jahwe der Heerscharen, wie lange willst du dich Jerusalems und der Städte Judas nicht erbarmen, denen du nun schon siebzig Jahre zürnst?" 13 Da antwortete Jahwe dem Engel, der mit mir sprach, gute Worte, tröstliche Worte. 14 Da sprach zu mir der Engel, der mit mir redete: „Verkündige also: So sprach Jahwe der Heerscharen:
Ich eifere um Jerusalem mit großem Eifer
15 und mit großem Zorn zürne ich gegen die selbstsicheren Völker,
die, als[12] ich ein wenig zürnte, mithalfen zum Bösen."

a) 1,7: Einleitung der Endredaktion zu den Nachtgesichten

Die Überschrift in 1,7 geht offensichtlich auf die Endredaktion zurück. Sie datiert die folgenden Visionen auf den 24. 11. des Jahres Zwei des Darius, d.h. den 15. Februar 520, ungefähr drei Monate nach der Umkehrpredigt des Propheten. Vom Inhalt her scheint das nicht unpassend[13]; auch ist die Verteilung der Visionen über einen längeren Entstehungszeitraum (Galling, 109–126) nicht ausreichend begründet. Entscheidend ist zudem nicht der Empfang der Gesichte durch Sacharja, sondern ihre als Gesamtform gestaltete Verkündigung.
Offensichtlich bilden die ursprünglich sieben Nachtgesichte ein kunstvoll

[10] Vgl. BHS.
[11] Unrichtig G: „zwischen den beiden Bergen", vgl. 6,1.
[12] Vgl. van der Woude.
[13] Gegen A. Jepsen, ZAW 61 (1945/8) 95–104.

zusammengestelltes Ganzes. Im Mittelpunkt steht die vierte Vision (4,1–6 aα.
10 b–14), die mit dem Jahwes Gegenwart im Tempel darstellenden Leuchter und
den beiden Ölbäumen ins Zentrum des geschauten und damit als unmittelbar
bevorstehend angekündigten Heils führt. Vision 3 (2,5–9) beschreibt den eng-
sten Umkreis, das künftige Jerusalem als durch Jahwe selbst geschützte offene
Stadt. Dem entspricht Vision 5 (5,1–4), in welcher der Fluch über alle Übeltäter
im Land angekündigt wird.

Vision 2 (2,1–4) symbolisiert den Sieg über die für die Zerstreuung Judas (das
Exil) verantwortlichen Fremdvölker, durch den die Voraussetzungen für das
Heil des nun wieder in Jerusalem/Juda gesammelten Volkes geschaffen werden.
Dem entspricht Vision 6 (5,5–11), in der dargestellt wird, wie die Bosheit aus
dem Lande geschafft wird. Die erste Vision (1,8–15) beschreibt die Ausgangssi-
tuation und kündigt in allgemeiner Form das zweiseitige Handeln Jahwes an
(Heil für Jerusalem, Zorn gegen die feindlichen Völker). Die letzte Vision, mit
der ersten durch das Erscheinen der verschiedenfarbigen Pferde verbunden,
spricht von dem bevorstehenden Zug der Wagen in das Nordland, um dort auch
die Exulanten zu erreichen.

Insgesamt handelt es sich um einen in der ersten Person Sacharjas gehaltenen
Visionsbericht. Die Formübereinstimmungen zeigen, daß dieser von Anfang an
als eine Einheit konzipiert war.

Lit.: Rothstein, Nachtgesichte; Rignell; Bič, Nachtgesichte; Gese, 202–230; Seybold;
Niditch; Zanghi; Schöttler; H. F. Richter, Die Pferde in den Nachtgesichten des Sacharja: ZAW 98 (1986) 96–100.

b) 1,8–15: Erste Vision: Die Reiter am Himmelstor

8   V. 8 Der abrupte Einsatz mit der 1. Person Sacharjas und der sachliche
Gegensatz zu V. 7, der das Folgende als Jahwewort an Sacharja einleitet, erklärt
sich mit dem redaktionellen Charakter von V. 7. Wahrscheinlich ist die ursprüngliche Einleitung zu dem Komplex der Nachtgesichte und die für die
Gesichte typische Einleitungsformel bis auf einen Rest verdrängt worden. Die
Urform scheint in 2,1. 5; 5,1. 9; 6,1 vorzuliegen; in 4,1 f. und 5,5 ist sie stärker
umgeformt. Das Wort „sehen" meint die visionäre Schau (vgl. Jes 30,10; 1. Kön
22,17. 19). Die Zeitangabe in V. 8 a gehört offenbar zu dem gesamten Komplex
der Nachtgesichte. Wenn sie mit „heute Nacht" wiederzugeben ist (vgl. Gen
19,5; Rt 1,12), hat Sacharja über seine Visionen bereits am nächsten Tag berichtet und sind alle in einer Nacht geschaut worden. Es gibt keine zwingenden
Gründe dagegen.

Eine nicht enden wollende Diskussion wurde über die Frage geführt, ob die
verschiedenen Begriffe in der Vision eine oder mehrere Personen meinen. In V. 8
wird ein „Mann" erwähnt, der auf einem roten Pferd reitet. Wie aus dem
einleitenden „und siehe" hervorgeht, ist er ein Bestandteil des von Sacharja
geschauten Bildes. In V. 9 a richtet Sacharja eine Frage an eine Person, die er mit

„mein Herr" anredet. Die gleiche Anrede wird in 4,4. 5. 13; 6,4 für „den Engel,
der mit mir redete", gebraucht. In V. 9b antwortet tatsächlich „der Engel, der
mit mir redete", der sog. Mittlerengel. Während Sacharja in 4,4; 6,4 diesen als
den Adressaten nennt, fehlt in 1,9a eine solche Angabe. Nach dem Zusammenhang kann die Anrede nur dem in V. 8a erwähnten „Mann" gelten. Da aber in
V. 9b der Mittlerengel antwortet, sind offenbar dieser und der „Mann" in V. 8a
identisch.[14] In V. 9b wird Sacharja zunächst nur eine vorläufige Antwort erteilt;
die eigentliche Antwort spricht in V. 10 der „Mann, der zwischen den Myrten
stand". Dieser wird in V. 11a als „Engel Jahwes, der zwischen den Myrten
stand" bezeichnet. Der „Engel Jahwes" spricht auch in V. 12 die Klage zu Jahwe.
Alle diese Bezeichnungen meinen nur eine Person (vgl. van der Woude); der
Wechsel hat offenbar stilistische Gründe.[15]

Der Mittlerengel ist also eine Figur aus der Vision selbst (so auch 2,7; 5,8;
6,7b) und steht nicht etwa als Erklärer daneben. Daß ein solcher Mittlerengel
auftritt, unterscheidet Sacharjas Nachtgesichte von den älteren Visionen bei Am
und Jer und auch noch Ez 8–11, während in Ez 40ff. bereits ein „Mann" als
Mittlerengel auftritt. Nach Ez 40,3 „steht" er bei seinem Erscheinen wie der
Mann von Sacharja 1,8 mitten im Bild. Der Mann ist nicht Jahwe persönlich
(gegen Wellhausen, Marti), der bei Am, Jer und Ez 8–11 mit dem Propheten
spricht. Die Figur des Mittlers zeigt an, daß in exilisch-nachexilischer Zeit Gott
selbst aus dem unmittelbaren Kontakt mit den Propheten in die Transzendenz
zurücktritt; nur noch sein Wort, nicht mehr seine Person wird erfahrbar.

Dem entspricht, daß im ersten Nachtgesicht der Himmel verschlossen bleibt.
Jes (6,1ff.) erblickt Gott auf seinem himmlischen Thron, ebenso Micha, Sohn
Jimlas (1. Kön 22,19ff.). Noch Ez bekommt den himmlischen Thronwagen zu
sehen (Ez 1;8–11; 43,2–4). Der Engel, der auf einem roten Pferd reitet, befindet
sich offenbar am Eingang des Himmels. Nicht mehr ganz deutlich ist die
anscheinend mythologische Bedeutung speziell der beiden Myrtenbäume.
Doch flankieren, wie schon auf akkadischen Rollsiegeln erkennbar, nach ge-
meinorientalischer Vorstellung Bäume das Himmelstor.[16] Das Himmelstor
wird auch durch die Meerestiefe gekennzeichnet; es ist die Stelle, wo die Wasser
der Tiefe und des Himmels zusammenstoßen. Wichtig ist, daß wir es mit einem
unbeweglichen Standbild zu tun haben.

Das ist auch in den Visionen 2,1–4; 4,2f.; 5,1–4 der Fall. Hinter dem beritte-
nen Mittlerengel ist eine nicht genau genannte Zahl verschiedenfarbiger Pferde
sichtbar. Nach V. 11 hat man sich auf ihnen ebenfalls Reiter zu denken (vgl. 6,6).
Die genannten Farben sind natürliche Pferdefarben (Seybold 70ff.) und können
nicht mythologisch oder anderweitig gedeutet werden (gegen Rignell, Gese
u. a.). Auch darf nicht von 6,1ff. her eine vierte Farbe nachgetragen werden; 1,8
nennt nur drei Farben. In 6,1ff. erscheinen außerdem Wagen, nicht Reiter.

In V. 9a fragt Sacharja nach der Bedeutung des Geschauten. Dies entspricht 9

---

[14] Zur Bezeichnung „Mann" für Engel vgl. N.P. Bratsiotis, ThWAT I, 249f.

[15] Denkbar ist, daß die Angabe in V. 10a und „der zwischen den Myrten stand" in V. 11a ergänzt
wurden.

[16] Vgl. Keel, 297ff.

einem festen Schema in den meisten Nachtgesichten (2,2; 5,6; 6,4; vgl. 2,4; 2,6).

10 Die Antwort folgt erst in V. 10b. In V. 9b wird als retardierendes Moment eine vorläufige Antwort vorausgeschickt.[17] Die endgültige folgt V. 10b, ebenfalls durch den Mittlerengel (s. o.): es handelt sich um die Späher Gottes, die in seinem Auftrag die Erde durchziehen und ihm Bericht erstatten (vgl. Hi 1,6f.; 2,1f.). Hier ist die Berichterstattung aus dem himmlischen Thronsaal an das Tor zum Himmel vorverlegt, wo sich die ausgeschickten Spähtrupps versammeln und nun dem Engel Jahwes als dem Stellvertreter Gottes ihren Bericht vortragen. Er selbst war nicht mitgezogen! Zur Sicherheit wird noch einmal gesagt,

11 daß dieser der zwischen den Myrten haltende Mann ist. Am Text von V. 11 ist nichts zu ändern (gegen BHS u. a.). Die Hauptaussage findet sich in V. 11b. Sie ist nicht positiv zu verstehen, sondern enttäuschend: Zeichen einer erhofften Veränderung, wie sie kurz vorher Haggai als „in Bälde" bevorstehend angekündigt hatte (Hag 2,6f. 21f.), lassen sich in der nach dem Sieg des Darius über alle Aufrührer totenstill gewordenen Weltlage nirgends erkennen (zur negativen Bedeutung der Begriffe vgl. Ri 5,17; Jes 30,7; Jer 8,14; Jes 18,4; 62,1; Jer 48,11;

12 Ps 83,2). Diese ist durch fortdauernde Bedrückung Jerusalem/Judas[18] gekennzeichnet. Darauf beginnt der Mittlerengel ein Fürbittgebet an Jahwe (Am 7,2. 4 vom Propheten selbst vorgebracht). Wir finden typische Bestandteile einer Klage: Anrede an Jahwe, Frage: Wie lange? (vgl. Ps 74,10; 79,5; 80,5; 89,47; 90,13; 94,3), Schilderung der Not, die hier in direkter Anrede als Tun und Unterlassen Gottes formuliert ist. In der Frage ist mittelbar die Bitte um Gottes Erbarmen enthalten. Umstritten ist die Bedeutung der erwähnten 70 Jahre.

Ausgangspunkt ist nach 7,5 offenbar die Zerstörung Jerusalems und des Tempels 587. Möglicherweise wird aber auch an Jer 25,11f.; 29,10 angeknüpft[19], dann folgt Sacharja einer Tradition, in der 70 eine runde Zahl ist. Nach rund 70 Jahren läßt sich ein Ende der Bedrückung erhoffen. Das Exil kann im Unterschied zu Jer 25,11f.; 29,10 bei Sacharja nicht mehr gemeint sein, wohl aber die bedrängte Lage Judas, wie sie Haggai voraussetzt. Denkbar ist auch, daß lediglich eine symbolische runde Zahl gemeint ist.[20] Gottes Zorn (sein Fluch?[21]) ist nach V. 12b die eigentliche Ursache der Bedrängnis. Mittelbar ist in die Klage ein Schuldbekenntnis eingeschlossen (vgl. Ps 79,8).

13 In V. 13 weiß Sacharja von einer positiven Antwort Jahwes zu berichten, die aber an den Mittlerengel ergeht und nur ganz allgemein als gut und tröstlich (heilsverheißend, vgl. Jes 40,1; Hos 11,8) charakterisiert wird. Sie hat offenbar nur eine vorbereitende Funktion im Gesamtaufbau.

14 Die gesamte Vision läuft auf die Wortverkündigung als ihren eigentlichen Zielpunkt hinaus. Das ist für alle prophetischen Visionen des Alten Testaments charakteristisch (Beuken, 237–58). Sacharja erfährt das Gotteswort jeweils

---

[17] Einschub (BHS)? Vgl. 4,5 aβ! Einschub ist das (sachlich richtige) Subjekt in V. 10a.

[18] Zur regionalen Erstreckung vgl. Petersen.

[19] Nach J. Orr, VT 6 (1956) 304–306: Ausgangspunkt dort 605, Vorherrschaft der Babylonier, rund 70 Jahre bis 539 (Eroberung Babels durch Kyros).

[20] Lipinski, 38.

[21] Vgl. B. Wiklander, ThWAT II, 624.

durch den Mittlerengel; eigentümlich für das erste Nachtgesicht ist, daß er aus dessen Mund einen ausdrücklichen Wortauftrag (vgl. 1,17) erhält.

Das eigentliche Wort, in der ersten Person Jahwes, folgt in V. 14 b–15. V. 14 b und 15 a gehören auch in der Form eng zusammen: beide enthalten ein inneres Objekt[22], sind chiastisch konstruiert und antithetisch einander zugeordnet. „Eifern" ist hier positiv gemeint: Jahwe setzt sich energisch ein *für* Jerusalem und den Zion (vgl. 8,2; Ez 39,25; Joel 2,18). Diese Bedeutung von Gottes Eifer findet sich erst in der exilisch-nachexilischen Prophetie. Er ist allerdings nach wie vor eng verknüpft mit Gottes Zorn. Dieser richtet sich nach Vollzug des Gerichts nicht mehr gegen das eigene Volk (1,2; vgl. auch Dtn 29,19; Ez 5,13; Ps 79,5), sondern gegen die Fremdvölker. Ähnlich wie einst Assyrien (vgl. 2. Kön 19,21–28; Jes 10,5 ff.) haben sie in Selbstüberschätzung sich sicher (V. 11) gefühlt und ihre Rolle als bloßes Werkzeug Gottes verkannt. Wie Babel (vgl. Jes 47,6 f.) haben sie Jahwes Zorn gegen sein Volk für endgültig gehalten, der doch begrenzt war („ein wenig"), nur einen Augenblick währen sollte gegenüber seinem nicht endenden Erbarmen (Jes 54,8). Die Aussage nennt kein bestimmtes Volk; sie gilt für die Eroberer von einst wie für Nachbarvölker (Edom u. a.), die sich die Niederlage Judas 587 zunutze machten. Beides, Hilfe für Jerusalem/ Zion wie Strafe für die Fremdvölker, ist aufeinander bezogen. Die Klage des Mittlerengels V. 12 wird mit einer uneingeschränkten Heilsankündigung beantwortet.

Zwei Ergänzungen: 1,16–17

16 Deshalb: So sprach Jahwe:
   Ich wende mich Jerusalem wieder zu in Erbarmen.
   Mein Haus wird in ihm wiederaufgebaut werden,
   Spruch Jahwes der Heerscharen.
   Und die Meßschnur wird ausgespannt werden über Jerusalem.
17 Außerdem verkündige: So sprach Jahwe der Heerscharen:
   Noch werden meine Städte überfließen von Gutem,
   und Jahwe wird noch den Zion trösten
   und noch wird er erwählen Jerusalem.

Die Meinungen der Ausleger zu V. 16–17 gehen weit auseinander. Seit Rothstein, Nachtgesichte, sehen die meisten darin ein von dem Nachtgesicht und der zu ihm gehörigen Botschaft in 1,7–15 unabhängiges Stück. Das dürfte zutreffen, da das „Deshalb" am Anfang von V. 16 nicht als ursprüngliche Verknüpfung von Begründung (V. 14 b–15) und Botenspruch (v. 16 f.) verstanden werden kann (Beuken), sondern anscheinend eine redaktionelle Überleitung darstellt. Im Botenspruch fehlt das übliche „der Heerscharen". Man wird außerdem V. 17

---

[22] Vgl. Ges-K[28], § 117 q–r.

von V. 16 trennen müssen. Das „außerdem" knüpft ihn nur lose an V. 16 an. Über die Herkunft beider Stücke ist schwer etwas Sicheres zu sagen. Einige Stichwortverbindungen zum Vorangegangenen („Erbarmen" V. 16a, vgl. V. 12; „meine Städte" V. 17a und „die Städte von Juda" V. 12; „Trösten" V. 17b und „trostreiche Worte" V. 13b) erklären lediglich, warum die Redaktion die Worte hier angehängt hat. Der Wortschatz paßt aber zu Sacharja, und so wird man die Herkunft von dem Propheten nicht von vornherein abstreiten können (gegen Schöttler).

16   V. 16 enthält einen dreigliedrigen Spruch, dessen zweites und drittes Glied auch formal einander genau entsprechen. Dies käme noch klarer heraus, wenn die Formel „Spruch Jahwes der Heerscharen" nachträglich eingefügt wäre. Auch läßt sich ein klares Dreiermetrum erkennen. Zum „Zuwenden" Gottes, das nicht räumlich zu verstehen ist, vgl. 1,3. Es ist die Voraussetzung für den Wiederaufbau des Tempels und der Stadt Jerusalem. Der Spruch braucht nicht *vor* Beginn der Bauarbeiten entstanden zu sein, sondern kann den Weiterbau meinen (vgl. 6,13. 15). Auch die Stadt war offenbar weitgehend zerstört. Das Ausmessen bereitet die Bauarbeiten vor (vgl. Jes 34,17; 44,13; Jer 31,39; Hi 38,5) und deutet an, daß der Wiederaufbau in strenger Ordnung erfolgen wird (vgl. Ez 40–48).

17   Ein weiterer dreigliedriger Spruch bildet den Grundstock von V. 17. Ein dreimaliges „noch" = „in Zukunft" (vgl. Gen 8,22) verbindet die Glieder. Das hat die Redaktion in ihrer Einleitung nachgeahmt, wo „noch" aber einen anderen Sinn haben muß, ebenso das „Verkündige" aus V. 14. Ein Sprecher ist hier nicht erkennbar (der Mittlerengel der Visionen kann es nicht sein).Die Diskrepanz zwischen der 1. Person in V. ab und der 3. Person in V. b deutet auf voneinander unabhängige Herkunft des ersten von den beiden letzten Gliedern, die einander parallel sind (Metrum 3+3) und von Sacharja möglicherweise als geprägter Spruch übernommen wurden (vgl. 2,16; Jes 14,1). Inhaltlich betrifft die Ankündigung die Städte Judas (vgl. V. 12), den Zion und Jerusalem. Die Städte Judas sollen überfließen[23] von Gutem. Gemeint ist materieller Überfluß. In der vorliegenden Komposition wird diese Erwartung zurückgeführt auf die Verheißung, daß Jahwe den Zion mit seiner Gegenwart trösten wird (vgl. V. 13b; G liest „erbarmen"[24], vgl. V. 12) und Jerusalem erwählen. Damit ist eine bleibende Heilszukunft im Blick.

---

[23] Zu dieser seltenen Bedeutung vgl. bes. Petitjean; die negative „zerstreuen" (Rignell) paßt hier nicht.

[24] Für *nhm* auch Jes 12,1; 49,13; 52,9; Ez 24,14.
Eine Änderung von M (Wellhausen u. a.) ist nicht nötig.

2,1–4: Zweite Vision: Vier Hörner und vier Handwerker

1 Da erhob ich meine Augen und sah, und siehe, vier Hörner. 2 Da sagte
**ich zu dem Engel, der mit mir sprach: „Was bedeuten diese?" Da sprach er zu
mir: „Das sind die Hörner, die Juda (Israel[25]) und Jerusalem zerstreut
haben." 3 Da ließ mich Jahwe vier Handwerker schauen. 4 Da sprach
ich: „Was sind diese gekommen zu tun?" Er sprach also: „Diese (sind die
Hörner, die Juda zerstreut haben, daß niemand mehr[26] sein Haupt erhob)
sind gekommen, (sie zu erschrecken[27]) niederzuwerfen die Hörner der Völker, die ihr Horn erhoben haben gegen das Land Juda, es zu zerstreuen."**

Lit.: R. M. Good, Zechariah's Second Night Vision: Bib. 63 (1982) 56–59.

Die Besonderheit dieser Vision liegt darin, daß sie zwei Bilder zeigt, die
nacheinander sichtbar werden: die vier Hörner (V. 1–2) und die vier Handwerker (V. 3–4), daß ferner zwei unterschiedliche Einleitungen auftreten (V. 1 a.
3 a). Dennoch bilden beide Teile zusammen eine einheitliche Vision. Tatsächlich
ist die Sonderstellung nicht so groß, denn zweiteilig sind die meisten der
Nachtgesichte Sacharjas. Die Schwierigkeiten, die gleichwohl auftreten, sind
traditionsgeschichtlich erklärbar. Scheidet man einige Glossen aus, sind radikale
literarkritische Lösungen überflüssig (gegen Schöttler).

Die Einleitung in V. 1 a ist die vermutlich ursprüngliche der Nachtgesichte 1
(vgl. 2,5; 5,1. 9; 6,1): das geschaute Objekt wird beim Aufblicken sichtbar.
Wieder erscheint ein stehendes Bild: vier Hörner. Hörner sind im AT und auch
im Alten Orient ein Bild militärischer Macht (vgl. Dtn 33,17; Jer 48,25; Mi 4,13
u. a.)

Wieder stellt der Seher seine Frage an den Mittlerengel: „Was bedeuten 2
diese?", und dieser antwortet. Durch die Näherbestimmung „die Juda und
Jerusalem zerstreut haben" werden die Hörner als Verkörperung der Weltmächte identifiziert. Offensichtlich erscheinen allein die Hörner; weder Tiere
als Träger noch ein Altar[28] werden erwähnt. Die Vierzahl meint Universalität[29];
der Blick wird über bestimmte historische Mächte (wie die Assyrer und Babylonier) zu der Juda/Jerusalem feindlichen Umwelt allgemein ausgeweitet. Sie ist
für die weltweite Zerstreuung der Juden im ganzen verantwortlich. Auffällig ist 3
an der Einleitung des zweiten Visionsabschnittes, daß Jahwe persönlich die
Schau veranlaßt. Das scheint den sonstigen Beobachtungen (s. o. zu 1,8) bei
Sacharja zu widersprechen. Wahrscheinlich wirkt hier das Vorbild der Amos-
Visionen (Am 7,1. 4. 7; 8,1) nach (vgl. auch 3,1; 1,9). Die Frage in V. 4 richtet

[25] Glosse.
[26] Zur Konstruktion vgl. Rudolph; Mal 2,9.
[27] Vgl. BHS.
[28] Zum Hörneraltar vgl. BRL²,9f.
[29] Vgl. Dtn 22,12; Ez 37,9; Gn 2,10; die vier Hörner des Altars Ex 30,2; die vier Tiere Ez 1,5 ff. Zu
den vier Reitern Sach 1,8 vgl. o.

sich nach dem Zusammenhang sicherlich an den Mittlerengel, der auch antwortet. Jetzt erscheinen vier Handwerker auf der Bildfläche, ebenfalls als stehendes Bild. Die übliche Übersetzung „Schmiede" paßt nur, wenn die Hörner aus Metall wären, was aber nur ausnahmsweise (Mi 4,13; 1. Kön 22,11; 2. Chron 18,10) gesagt wird. V. 4 ist offenbar (Elliger u.a.) durch Wiederholungen aus dem ersten Bild und Zusätze aufgefüllt; die Antwort des Mittlerengels bezog sich ursprünglich direkt auf die Absicht der Handwerker gegenüber den Hörnern: sie niederzuwerfen. Gemeint ist nicht die Vernichtung der Völker, sondern die Beseitigung ihrer Macht, mit der sie sich gegen Jahwe und sein Volk aufgelehnt („das Horn erhoben") haben. Genauer: sie haben Juda zerstreut (Rahmung mit V. 2). Ungewöhnlich ist die Verbindung mit „Land"(Schöttler, 67), aber doch verständlich: die Ereignisse von 587 und früher werden gemeint sein. Jetzt aber ist durch die von Jahwe gesandten Handwerker eine Wende in Sicht: die Macht der Völker wird gebrochen werden!

Gegenüber dem ersten Nachtgesicht, als noch „die ganze Erde still und ruhig" lag (1,11), ist schon ein bedeutender Schritt geschehen: In diesem zweiten Gesicht zeigt Jahwe dem Propheten, daß er bereits begonnen hat, gegen die Macht der Völker vorzugehen. Die Welt ist in Bewegung gekommen.

2,5–9: Dritte Vision: Der Mann mit der Meßschnur

5 Da erhob ich meine Augen und sah, und siehe, ein Mann und in seiner Hand eine Meßschnur. 6 Da sprach ich: „Wohin gehst du?" Da sagte er zu mir: „Jerusalem auszumessen, zu sehen, wie seine Breite und wie seine Länge sein wird." 7 Und siehe, der Engel, der mit mir redete, trat auf, und ein anderer Engel trat auf, ihm entgegen.
8 Und er sprach zu ihm: „Lauf, sprich zu diesem Bediensteten also:
Als offene Siedlungen daliegen soll Jerusalem wegen der Menge von Mensch und Tier in seiner Mitte.
9 Ich aber werde ihm werden, Spruch Jahwes, zu einer Feuermauer ringsherum, und zur Herrlichkeit werde ich werden in seiner Mitte."

5   Das dritte Nachtgesicht wird genauso eingeleitet wie das zweite. Diesmal sieht Sacharja einen Mann mit einer Meßschnur in der Hand. Auch dieses Bild ist unbewegt. Die Meßschnur wird zum Ausmessen von Land gebraucht (Am 7,17; Mi 2,5; Ps 16,6[30]). Weswegen der Mann das Gelände Jerusalems ausmessen will (vgl. Ez 40,3. 5), wird nicht gesagt, doch legt der Zusammenhang nahe, daß es um die Ausmaße eines künftigen bevölkerungsreichen Jerusalem (vgl. Jes 49,19f.) geht, das auf dem Gelände der auf den Südost- und Südwesthügel

---

[30] Dagegen *qaw* 1,16 zum Ausmessen von Gebäuden.

begrenzten[31] vorexilischen Stadt nicht mehr Platz hat. Das ergibt die Antwort des Mannes mit der Meßschnur auf die Frage des Propheten. Das Ausmessen der Stadt nach Breite und Länge erinnert an Ez 45,1–8; 48,15 ff. Ein Bezug auf möglichen Mauerbau (Rothstein, Nachtgesichte, u. a.) wird hier nicht angedeutet. Gemeint ist das gesamte Areal Jerusalems einschließlich des Umlands. Daß Sacharja unmittelbar mit einer Figur im Bild spricht, war schon im ersten Nachtgesicht der Fall; der Text braucht also nicht geändert zu werden.[32] In der dritten Vision ist allerdings dieser Mann mit dem Mittlerengel nicht identisch.

Vielmehr erscheint der Mittlerengel erst in V. 7 auf der Bildfläche und mit ihm   **7** noch ein weiterer Engel, so daß jetzt drei Gestalten anwesend sind. So ergibt sich ein Szenenwechsel zu einem erweiterten, allerdings weiterhin stehenden Bild.   **8a** V. 8 a folgt ein durch „lauf" gegenüber dem an dieser Stelle üblichen „geh" als eilig charakterisierter Botenauftrag (vgl. 2. Sam 18,19–32). Umstritten ist, wer an wen den Auftrag erteilt und wer sein Empfänger ist. Gegenüber der Auffassung, der Sprecher sei der zuletzt gekommene Engel, der seinen Auftrag an den Mittlerengel erteilt (Rignell u. a.), muß festgehalten werden, daß umgekehrt die eigentliche Botschaft in den Nachtgesichten immer von dem Mittlerengel (als Stellvertreter Jahwes) gegeben wird. Empfänger der durch den zweiten Engel übermittelten Botschaft ist nicht Sacharja (Rignell u. a.), sondern der Mann im Bild, der durch das Wort von seiner Absicht, Jerusalem auszumessen, abgehalten werden soll. „Junger Mann" (Bediensteter) hat auch keineswegs einen abwertenden oder spöttischen Klang.[33]

Auch in diesem Nachtgesicht liegt auf dem deutenden Wort (V. 8 b–9) der   **8b** Schwerpunkt. Es hebt sich durch seine poetische Form deutlich von der Visionserzählung ab, gehört aber untrennbar zu ihr. V. 8 bα Das Vorhandensein offener Siedlungen (vgl. Dtn 3,5; Ez 38,11) bezeichnet eine für das Jerusalemer Umland in persischer Zeit typische Wirtschaftsform (Meyers/ Meyers), doch geht die Ankündigung einer heilvollen Zukunft weit über die Realität hinaus. Eine reiche Bevölkerungszahl, für die der Raum zu eng ist, ist für die erwartete Heilszeit charakteristisch (vgl. Jes 49,19f.; 54,1–3). Viehreichtum kennzeichnet wirtschaftliche Blüte und Fruchtbarkeit des Landes.[34] Der Höhepunkt der   **9** Heilsankündigung wird aber erst in V. 9 erreicht, der Jahwes persönliche Anwesenheit für das Jerusalem der Zukunft ansagt. Die Vorstellung einer die sonst unbefestigte Stadt umgebenden Feuermauer mag von der persischen Königsstadt Pasargadae mit ihren Feueraltären mit angeregt sein (Petersen), erinnert aber vor allem an die Wolken- und Feuersäule von Ex 13,21–23; 14,20, vgl. Jes 4,5. Jahwe selbst wird eine feurige Schutzmauer um Jerusalem herum bilden; seine persönliche Gegenwart wird Garantie für Jerusalems Sicherheit sein (vgl. Ps 46; 48). Jahwes Herrlichkeit wird nicht nur im Tempel (Ex 40,34; Ez 43,2), sondern in der Stadt gegenwärtig sein (vgl. Jes 60,1f.). Damit ist in Aufnahme alter Zionstraditionen, die auch noch in dieser Zeit lebendig sind, eine Zeit der

---

[31] Vgl. E. Otto, Jerusalem die Geschichte der Heiligen Stadt (1980), 76.
[32] Gegen BHS.
[33] Zur Bedeutungsbreite vgl. H.-P. Stähli, Knabe-Jüngling-Knecht. BET 7, 1978.
[34] Zur Formel „Mensch und Vieh" vgl. Zeph 1,3 und Jeremias, 171.

Heilsvollendung angekündigt. Apokalyptik ist das (gegen Gese) freilich noch nicht.

2,10–17: Weitere Heilsworte

10 He, he, so flieht doch[35] aus dem Lande des Nordens, Spruch Jahwes, denn entsprechend den vier Winden des Himmels habe ich euch zerstreut, Spruch Jahwes.

11 He, rette dich zum Zion, die du in Babel[36] wohnst!

12 Denn so sprach Jahwe[37] gegen[38] die Völker, die euch ausgebeutet haben:
   Fürwahr, wer euch anrührt, rührt meinen[38] Augapfel an!

13 Denn siehe, ich schwinge meine Hand gegen sie,
   und sie werden zur Beute ihren Knechten.
   Und ihr werdet erkennen,
   daß Jahwe der Heerscharen mich gesandt hat.

14 Juble und freue dich, Tochter Zion,
   denn siehe, ich komme und wohne in deiner Mitte.
   Spruch Jahwes.

15 Und viele Völker werden sich an Jahwe anschließen an jenem Tage,
   und sie werden mir zum Volk werden,
   und ich werde in deiner Mitte wohnen
   (und du wirst erkennen, daß Jahwe der Heerscharen mich zu dir gesandt hat).

16 Aber Jahwe wird Juda in Besitz nehmen als sein Erbteil im heiligen Lande und wird Jerusalem wiederum erwählen.

17 Alles Fleisch sei stille vor Jahwe,
   denn er bricht auf von seinem heiligen Wohnsitz.

Lit.: T. C. Vriezen, Two Old Cruces: OTS 5 (1948) 88–91; R. Bach, Die Aufforderungen zur Flucht und zum Kampf im alttestamentlichen Prophetenspruch. WMANT 9, 1962.

Mit V. 10 beginnt ein Wortabschnitt, der von dem vorangegangenen Nachtgesicht zu trennen ist (gegen Duhm; Nowack; van der Woude), aber von der Redaktion als Ergänzung dazugestellt wurde. Direkte inhaltliche Bezüge zum Inhalt der vorangegangenen Nachtgesichte sind aber eher fraglich (gegen Meyers/ Meyers; Schöttler u. a.). Über die Gliederung gibt es sehr unterschiedliche

---

[35] Vgl. G-K^{28}§ 154b.
[36] Personifiziert als „Tochter Babel".
[37] „nachdem Herrlichkeit mich gesandt hatte": verderbter Text.
[38] Vgl. BHS.

Auffassungen. Mit V. 14 beginnt deutlich ein neues Thema; so legt sich eine
Teilung in die Abschnitte V. 10–13 und 14–17 nahe.

Der Abschnitt 10–13 ist von der Gattung der „Aufforderung zur Flucht" her   10–13
zu verstehen[39]: An eine bestimmte Bevölkerungsgruppe ergeht die Aufforderung, sich vor einem das Land, in dem sie wohnten, bedrohenden Unheil in
Sicherheit zu bringen (vgl. Jer 6,1; 48,6–8. 28; 49,8. 30; 50,8–10). Adressaten
sind hier die in Babel (Rahmung: „Nordland" V. 10 a ; „Babel" V. 11 b) wohnen-
den[40] jüdischen Exulanten. Sie werden 11 aufgefordert, sich zum Zion[41] (nach   10 a.
Jerusalem) zu flüchten. Die poetische Form weist V. 10 a. 11, die auch durch den
Aufmerksamkeitsruf „he" verbunden sind, als ursprünglichen Wortlaut aus;
v. 10 b (Prosa) ist vermutlich Ergänzung. Auch hier steht die Jerusalemer Tradition entstammende Vorstellung im Hintergrund, daß der Tempelberg Schutz in
Kriegsgefahr bietet (vgl. Ps 46,5 f.). Das stellt den Bezug zu V. 13 her, der sich
damit als Abschluß des Wortes erweist.

Zuvor wird jedoch (V. 12) eine Begründung für den in V. 13 angekündigten   12
Eingriff Jahwes gegeben. Ein mit dem Botenspruch eingeleitetes Jahwewort
wirft den Fremdvölkern Ausbeutung der jüdischen Exulanten vor (vgl. Jes 10,6;
Hab 2,8) und betont mit einem anschaulichen Bild in einem möglicherweise
vorgeprägten Spruch, daß sich ein feindliches Handeln gegen sie (vgl. Gen
26,11; Jos 9,19; 2. Sam 14,10; Jer 12,14) gegen Jahwe selbst richtet. Den Rabbi-
nen erschien die Rede von Jahwes Augapfel so anstößig, daß sie die 1. in die 3.
Person änderten. Der Augapfel als ein besonders empfindlicher Körperteil   13
drückt Jahwes persönliches Betroffensein durch Angriffe gegen sein Volk spre-
chend aus. V. 13 leitet mit „siehe, ich"[42] die Hauptaussage ein: Jahwes kriegeri-
sches Eingreifen (Jes 11,15; 19,16) gegen die Völker steht unmittelbar bevor.[43]
Sie, die Ausbeuter (V. 12), sollen nun selbst zur Beute werden (Stichwortverbindung!), und zwar denen, die sie geknechtet hatten (vgl. Jes 60,14). V. 13 b dürfte
ein Zusatz sein (Marti z. St.; ders., BZAW 27, 1914, 279–297) und wehrt später
aufgekommene Zweifel an der Sendung Sacharjas (vgl. Jer 28,15; 43,2; 14,15;
27,15; 29,9) ab (s. auch 2,15; 4,9; 6,15). Dabei ist offenbar das Eintreffen des
Angekündigten der entscheidende Maßstab für die Glaubwürdigkeit des Propheten (vgl. Dtn 18,21 f.). Enttäuschte Erwartungen mögen im Hintergrund
stehen: Noch steht die Erfüllung der Ankündigungen Sacharjas aus!

V. 14 bringt einen Neueinsatz. Jetzt sind nicht mehr die Exulanten in Babel   14–17
angeredet, sondern das personifizierte Zion-Jerusalem. Die Gattung dieses
Stückes ist wohl nicht die „Aufforderung zum Freudenlied" nach siegreicher
Beendigung eines Krieges (Beuken, 323 ff.), vielmehr handelt es sich, da der
Grund zum Jubel die Ankündigung ist, daß Jahwe in Jerusalem Wohnung
nehmen werde (v. 14 b; 15 b; vgl. 2,9; 8,3. 8), um den „Aufruf zur Freude"[44], eine

---

[39] Dagegen Petersen z. St.
[40] Kollektivbezeichnung, vgl. Jes 12,6; Mi 1,11 f.; G-K[28]§ 122 s.
[41] Akk der Richtung: G-K[28], § 118 d. f.; BrSynt § 89.
[42] Parallelen bei Petitjean, 123, A. 1.
[43] Vgl. G-K § 116 p.
[44] Vgl. F. Crüsemann, Studien zur Formgeschichte von Hymnus und Danklied in Israel

Form des Heroldsrufes. Traditionshintergrund ist die Zionstheologie; es geht um die, besonders in den Jahwe-Königspsalmen gefeierte, Ankündigung der Anwesenheit Jahwes in seinem Tempel. Zum Wohnen Jahwes im Tempel vgl. auch Jes 8,18; Ps 74,2; Joel 4,21. Im Unterschied zu den vorexilischen Belegen, die mit einer ständigen Gegenwart Jahwes im Tempel rechnen, handelt es sich
15 nach der Zerstörung des Tempels hier jedoch um die Erwartung seiner Rückkehr dorthin (vgl. Ez 43,1–9). Zum eschatologischen Zeitpunkt (zu „an jenem Tage" vgl. zu Hag 2,23) sollen sich auch viele Fremdvölker Jahwe anschließen. Der seltene Begriff (sonst nur Jer 50,4f.) findet sich noch einmal Jes 56,6 für die sich Jahwe anschließenden Fremden. Jes 56,1–8 teilt mit den tritojesajanischen Abschnitten Jes 60,1–22; 66,18–21 eine ungewöhnliche Offenheit gegenüber den Fremden, ähnlich noch Sacharja 8,20–23 (s. u. z. St.). Nach Jes 2,2–4 (Mi 4,1–3) werden die Völker zum Zion strömen, um dort Recht zu empfangen. Offenbar gehört auch diese Erwartung zur Zionstheologie; der Widerspruch zu V. 10–13 ist nur scheinbar. Bemerkenswert ist, daß in V. 15 aβ sogar die sog. „Bundesformel" zitiert wird, die sonst die exklusive Beziehung zwischen Jahwe und seinem Volk meint.[45] Der Übergang in die Ichform nimmt den Stil des Rahmens in V. 14 wieder auf; Änderungen in die 3. Person sind sachwidrig.

16   Dieser Vers hat zum Vorangegangenen nur losen Zusammenhang und enthält geprägte theologische Standardformeln. Vermutlich ist er unsicherer Herkunft und von der Redaktion hier angereiht. Von Jahwe wird in der 3. Person gesprochen; der Blickpunkt ist auf Juda/Jerusalem beschränkt. „In Besitz nehmen" wird nur dreimal im AT von Jahwe gesagt (noch Ex 34,9; Ps 82,8). Nach Dtn 32,8f. ist Israel Jahwes Erbteil; vgl. auch 1. Kön 8,53; Ps 33,12. Wenn jetzt nur noch Juda als Erbteil Jahwes bezeichnet wird, entspricht das den nachexilischen Verhältnissen. Das Bild drückt eine enge, dauerhafte Zugehörigkeit aus und entspricht dem Parallelausdruck „erwählen" in V. b. Dieser wiederholt 1,17b. Zum „heiligen Boden" vgl. auch 8,3.

17   Noch einmal gesondert ist der Schlußvers zu nehmen, der mit dem Kultruf „Still!" (vgl. Ri 3,19; Am 6,10; Hab 2,20; Zef 1,7) beginnt und dadurch seinen sakralen Ursprung verrät. Das Gebot zum Schweigen, universal an alle Menschen gerichtet (vgl. Hab 2,20; Zef 1,7), erfolgt angesichts der Theophanie: Jahwe macht sich von seinem Wohnsitz, dem Himmel (vgl. Dtn 26,15; 2. Chron 30,27) auf, der sich bis in den irdischen Tempel hinein erstreckt (vgl. Jes 6; Hab 2,20). Der Vers mag angesichts der Verlesung des vorangegangenen Abschnittes im Gottesdienst hinzugesetzt sein (Elliger), offenbar soll er an V. 14 und 16 anknüpfen. Herkunft von Sacharja ist eher unwahrscheinlich.

(WMANT 32). Neukirchen-Vluyn 1969, 55–65; Jes 12,4–6; 54,1; Zeph 3,14f.; Thr 4,21; Jl 2,21–24; Sach 9,9f. (s. u. z. St.). Vgl. auch Hos 9,1.
    [45] Vgl. R. Smend, Die Bundesformel (1963) = Die Mitte des Alten Testaments. BevTh 99 (1986) 11–39.

3,1–10: Die Entsündigung des Hohenpriesters Josua

1 Da ließ er mich Josua, den Hohenpriester schauen, der vor dem Engel Jahwes stand, und der Satan stand zu seiner Rechten, um ihn anzufeinden. 2 Da sagte Jahwe zum Satan: „Jahwe schelte dich, Satan, Jahwe, der Jerusalem erwählt hat, schelte dich! Ist dieser nicht ein aus dem Feuer gerissenes Brandscheit?" 3 Aber Josua war mit schmutzigen Kleidern bekleidet, wie er da vor dem Engel stand. 4 Da hob er an und sprach zu denen, die vor ihm standen: „Zieht ihm die schmutzigen Kleider aus!" Und er sagte zu ihm: „Siehe, ich entferne von dir deine Schuld und lege dir Festkleider an." 5 Da sprach ich: „Man setze ihm[46] einen reinen Turban auf den Kopf!" Da setzte man ihm einen reinen Turban auf den Kopf, und man zog ihm Kleider an, während der Engel Jahwes (dabei) stand. 6 Dann versicherte der Engel Jahwes den Josua also:

7 „So sprach Jahwe der Heerscharen:
Wenn du in meinen Wegen wandelst
und wenn du meine Ordnung einhältst
und du auch mein Haus verwaltest
und auch meine Vorhöfe bewachst,
gebe ich dir Zutritt[47] zwischen denen, die da stehen.

8 Höre doch, Josua, du Hoherpriester,
du und deine Kollegen, die vor dir sitzen,
denn sie sind Männer des Vorzeichens:
Ich bringe meinen Knecht, den Sproß!

9 Fürwahr! Siehe, der Stein,
den ich vor Josua niederlegte
– auf einem Stein sind sieben Augen –
siehe, ich schneide seine Inschrift ein,
Spruch Jahwes der Heerscharen,
und ich tilge[48] die Schuld dieses Landes an *einem* Tag.

10 An jenem Tage, Spruch Jahwes der Heerscharen,
werdet ihr einander einladen
unter Weinstock und unter Feigenbaum."

Lit.: C. Jeremias, 201–25; A. S. van der Woude, Zion as Primeval Stone in Zechariah 3 and 4: Text and Context... Studies for F. C. Fensham. JSOT. S 48 (1988) 237–248.

---

[46] Jussiv, vgl. BL § 56 r.
[47] Vgl. BHS.
[48] Form unsicher; vgl. HAL und van der Woude.

a) 3,1–7: Die Neueinkleidung Josuas

Wir entscheiden uns für diese Abgrenzung, obwohl nicht wenige Ausleger[49] für die Einheit des ganzen Kapitels eintreten. Doch wechselt das Thema mit V. 8 so deutlich, daß eine unmittelbare Fortsetzung des mit der Vision verbundenen Verheißungswortes in V. 7 wenig wahrscheinlich ist. Wie schon 1,16 f.; 2,10–17 hat auch hier die Redaktion einige der Vision benachbarte (ebenfalls an Josua gerichtete) Worte an sie angehängt.

   Umstritten ist weiterhin, ob die Vision in 3,1–7 zur Reihe der Nachtgesichte gehört oder nicht. Obwohl die Unterschiede in Form und Inhalt dieser Vision zu den anderen Gesichten Sacharjas nicht zu leugnen sind (vgl. bes. Jeremias), rechnen zahlreiche Exegeten sie in die gleiche Sequenz. Doch leuchtet das kaum ein. Es handelt sich hier um keine Symbolvision, sondern um visionär geschaute Vorgänge im himmlischen Thronrat Jahwes; vergleichbare Szenen finden sich in Jes 6; 1. Kön 22,19–23; Hi 1,6–12; 2,1–6.

1   Bereits der Beginn „Er ließ mich schauen" unterscheidet die Vision von den Nachtgesichten. Das Subjekt wird nicht genannt, doch dürfte (analog zu 2,3 und Am 7,1. 4. 7; 8,1) Jahwe Urheber der Schau sein.[50] Im Unterschied zu den Nachtgesichten tritt sogleich eine historische Person auf: der Hohepriester Josua (vgl. zu Hag 1,1). Er steht vor dem Engel Jahwes. Dieser ist nach 1,11. 12 mit dem Deuteengel identisch, tritt hier aber nicht in dieser Funktion, sondern allgemein als Stellvertreter Jahwes auf. Umstritten ist, ob der Begriff „stehen vor" auf eine Gerichtsszene deutet. Die Antwort hängt von der Rolle des „Satans" ab, der zur Rechten Josuas steht, „um ihn anzufeinden". Mit dem Verbum[51] wird in den Klagepsalmen das Verhalten der Feinde gegenüber dem Beter bezeichnet (Ps 38,21; 55,4; 71,13; 109,4. 20. 29). Als „Widersacher" können militärisch/politische Gegner (1. Sam 29,4; 1. Kön 5,18; 11,14. 23. 25) und Opponenten im Rechtsstreit (Ps 109,6) bezeichnet werden.[52] Eine speziell juristische Wortbedeutung liegt nicht vor. Offenbar ist der hier erstmals erwähnte Satan eine in ihrer Funktion – kein Eigenname! – bereits bekannte Figur. Nach Hi 1,6 ff.; 2,1 ff. gehört er zu den Mitgliedern des himmlischen Hofstaates. Damit ist er Jahwe unterstellt und nicht, dualistisch, eine Gegenmacht zu ihm. Aber er agiert von sich aus gegen Josua. Der Standort „zur Rechten" könnte auf eine Anklägerfunktion hinweisen. Ähnlich negativ wirkt in 1. Kön 22,1 f. „der Geist". Verhandelt wird in der himmlischen Ratsversammlung.

2   Hier wird vielfach am Anfang „der Engel" Jahwes als Subjekt eingesetzt. Das ist aber textkritisch kaum bezeugt[53] und widerspricht der Gattung: In der himmlischen Ratsversammlung hat Jahwe das entscheidende Wort. Er weist den Widersacher in seine Schranken.[54] Von Jahwe in 3. Person wird nicht selten in

---

[49] Zuletzt van der Woude, Serubbabel.
[50] So schon G,V; dagegen Rignell, Petersen: der Engel Jahwes.
[51] Vgl. G. Wanke, THAT II, 821–23.
[52] Von Gott: Hi 16,9 (?); 30,21
[53] S ändert offenbar aus dogmatischen Gründen.
[54] Zur Verbform vgl. Ges.-K^{28}§ 48 g; 107 n. *g'r* bedeutet „laut anfahren".

Jahwerede gesprochen, deshalb ist hier nichts zu ändern. Die Wiederholung der Wendung unterstreicht sie. Wichtig ist die beim zweitenmal hinzugefügte Begründung: Jahwe fegt alle möglicherweise zutreffenden Beschuldigungen gegen Josua hinweg unter alleinigem Hinweis darauf, daß er Jerusalem erwählt hat. Dieser Begriff findet sich besonders bei Deuterojesaja, auf das Volk oder den Gottesknecht bezogen (Jes 41,8. 9; 43,10; 44,1. 2; 49,7. Vgl. 42,1; 43,20; 45,1). Die Suggestivfrage in V. b unterstreicht das: Es geht einzig darum, daß Josua ein aus Gottes brennendem Zorn und dessen Folge, dem Exil (vgl. auch Jer 48,10) gerettetes Scheit (vgl. Am 4,11) ist. Auch im Alten Testament ist Evangelium zu hören! Im Streit der Ausleger, ob Josua als Repräsentant des Volkes gelte oder als Individuum schuldig geworden sei, muß auf den rituellen Charakter der Schuld (vgl. V. 4) verwiesen werden: Als im unreinen Land (Exil) aufgewachsen, ist Josua rituell unrein und muß vor Amtsantritt entsühnt werden. V. 3 ist nachholende Erzählung: Die schmutzigen Kleider Josuas waren noch nicht erwähnt. Sie sind symbolisch zu verstehen. „Kotig" meint kultisch unrein (vgl. Dtn 23,12–14; Ez 4,12f.); die Zeichen von Trauer und Buße (Sackgewand; Asche auf dem Haupt, vgl. Neh 9. 1; Hi 2,12) fehlen dagegen (gegen Horst, Amsler u.a.). V. 3b ist Umstandsbestimmung und nicht als Wiederholung aus V. 1 zu streichen. V. 4 beginnt ohne ausdrückliche Nennung eines Subjekts. Entgegen S und so gut wie allen Auslegern (vgl. aber Schöttler) spricht nicht der am Ende von V. 3 erwähnte Engel, sondern Jahwe zu den Mitgliedern seines himmlischen Thronrates („die vor ihm stehen"; vgl. Gen 41,46; 1. Kön 1,2. 28) und befiehlt ihnen, Josua die schmutzigen Kleider auszuziehen. Dieser Symbolhandlung folgt die nur aus Jahwes eigenem Mund verständliche wirkungskräftige Deutung: In performativer Sprache sagt Jahwe dem Josua zu, daß er die Schuld, die er stellvertretend trägt (vgl. Ex 28,38; Num 18,1), von ihm[55] entfernt. Jahwe ergänzt diese Aussage mit der Zusage, Josua reine Kleider (Festtagskleider? Nur noch Jes 3,22) anziehen zu wollen.[56]

Zur Form einer prophetischen Vision vom himmlischen Thronrat gehört auch das eigene Eingreifen des Propheten in das Geschehen (vgl. Jes 6,5(8); 40,6*; auch o. Sacharja 2,6).[57] Unter dem lebhaften Eindruck des Geschauten meldet sich Sacharja und regt an, dem Josua außer den reinen Kleidern doch auch einen reinen Turban zu geben. MT ist gegen V,S beizubehalten. Das Einschreiten Sacharjas hebt die Wichtigkeit dieses Kleidungsstückes hervor. Der Turban ist nach Jes 62,3; Sir 11,5; 47,6 Kopfschmuck und Würdezeichen des Königs[58], in P[59] (Lev 8,9; 16,4 u.ö.) des Hohenpriesters. Die Übertragung zeigt, daß der Hohepriester in der nachexilischen Gemeinde als oberster Repräsentant an die Stelle des Königs tritt. Die Details von Ex 28,36 ff. (goldenes Diadem) sind hier aber nicht erwähnt. Daß Josua vorher barhäuptig war, wird

---

[55] „von dir" V. b // „von ihm" V. a.

[56] Inf. abs. setzt das finite Verbum fort; bei Änderung in imp. pl.(G) müßte auch das Suffix geändert werden.

[57] Etwas ungenau Tidwell, JBL 94 (1975) 343–55.

[58] Jes 3,23 (ṣᵉnifa) einer vornehmen Dame.

[59] In der Form misnefet; Ez 21,31 auch vom babylonischen König.

nicht gesagt (gegen Rudolph u. a.). Es geht nicht um seine Investitur, sondern um seine kultische Entsühnung. Sacharjas Wunsch wird sofort ausgeführt. Erst danach werden auch die übrigen Kleider gewechselt.[60] Die Schlußbemerkung erinnert an die fortdauernde Anwesenheit des Engels Jahwes und bereitet damit V. 6 vor. Die häufig vorgenommenen Streichungen sind nicht berechtigt.

6–7   V. 6. 7aα bildet die Einleitung zu dem an die Vision anschließenden, an Josua gerichteten Wort. Der Engel Jahwes tritt hier als Übermittler des mit der Botenformel eingeführten Jahwewortes auf. Das Verbum am Anfang ist, da ein Heilswort folgt, am besten mit „feierlich versichern" wiederzugeben (vgl. Klgl 2,13), nicht als „einschärfen, ermahnen" (gegen Beuken, Rudolph u. a.). Das anschließende Wort ist eine bedingte Heilsankündigung.[61] Wie meist, geht die Bedingung voraus. Eine Verwandtschaft mit der dtr Paränese ist in der ersten Wendung deutlich (vgl. Dtn 5,33; 8,6; 10,12 u. ö.[62]); sie bedeutet ganz allgemein ein jahwetreues Handeln. Die zweite Wendung ist weiter verbreitet und kann entweder allgemein „einen Dienst wahrnehmen" (Gen 26,5; Jes 21,8; Hab 2,1; Mal 3,14 (s. u.)u. ö.) oder spezieller priesterliche Aufgaben (Num 3,7; 18,3; Lev 8,35 u. ö.) meinen. Letzteres ist vor allem im Hinblick auf die folgenden Aussagen hier wahrscheinlicher. Unklar ist, ob V. 7aβ noch zu den Bedingungen (Protasis) oder bereits zu den an Josua gerichteten Verheißungen (Apodosis) gehört. Den Ausschlag für die erste Alternative gibt wohl einmal die Beobachtung, daß das zweimalige „und auch" das Vorangegangene fortzusetzen scheint, zum anderen, daß mit dem Ich Jahwes in V. b die Zusage klar einsetzt (Beuken). Unter den Bedingungen wären dann noch die speziellen Aufgaben des Hohenpriesters genannt, die Angelegenheiten des Tempels zu verwalten (allerdings bezeichnet das Verbum sonst einen Rechtsentscheid) und die Aufsicht über die Vorhöfe[63] zu führen. Wenn der Hohepriester diese vier Anforderungen erfüllt, will ihm Jahwe Zugang zur himmlischen Ratsversammlung bzw. Umgang mit deren Mitgliedern gewähren. Das meint offenbar die Möglichkeit der Teilnahme an den Beschlüssen der himmlischen Ratsversammlung (vgl. 4,14), ein königliches (vgl. Jer 30,21; Jes 9,5) oder prophetisches Privileg. Hier spiegelt sich offensichtlich erneut die veränderte Stellung des Hohenpriesters in dieser Periode.

b) 3,8–10: Weitere Worte an Josua

Die Redaktion hat an die Vision noch weitere Worte angefügt, die Josua betreffen, aber offenbar unabhängig von ihr entstanden sind, wie der Neueinsatz in V. 8 zeigt. Da zudem in V. 8 Josua angeredet wird, in V. 9 dagegen in 3. Person von ihm die Rede ist, sind es mindestens zwei voneinander unabhängige Worte. Die von verschiedenen Auslegern empfohlenen unterschiedlichen Umstellungen und andersartigen Zuordnungen sind alle nicht überzeugend.

---

[60] Hier liegt wohl verkürzte Ausdrucksweise vor. Zu ergänzen ist nichts.
[61] Vgl. C. Westermann, Prophetische Heilsworte im Alten Testament. FRLANT 145 (1987) 182.
[62] C. Jeremias, 213, Anm. 41.
[63] Das Postulat einer Wurzel *din* II (van der Woude) ist unsicher. Vgl. auch Busink, 827–38.

Die Aufforderung zum Hören, traditionell zur Einleitung eines Botenwortes 8
gehörig[64], kennzeichnet zwar nicht unbedingt einen Neueinsatz (van der Woude), dieser ist durch die andersartige Thematik aber doch gegeben. Für die
Konstruktion ist die von den alten Übersetzungen gestützte Akzentsetzung des
MT zu beachten: danach sind Josua und seine Mitpriester zusammen angeredet,
auch wenn der nachdrückliche Aufruf zum Hören zunächst nur an Josua ergeht
und der Rückbezug in den Suffixen der 2. pers. sg. diesen als den hauptsächlich
Angesprochenen ausweist. Gemeint sind offenbar die Mitglieder des Priester-
kollegiums (vgl. 2. Kön 4,38; 6,1). Ob das „Sitzen" gemeinsame Beratungen
dieses Kollegiums (vgl. Amsler), vielleicht mit Rechtsfunktionen (Meyers/Mey-
ers), anspricht, ist nicht ausgeführt. In V. aβ folgt als Parenthese eine Begründung[65], offenbar dafür, weshalb die Priester in der Anrede mit gemeint sind.
Dadurch, daß Josua eigentlicher Addressat ist, erklärt sich der Übergang in die
dritte Person zwanglos. Umstritten ist, weshalb die Priester „Männer des Vorzeichens" sein sollen. Wenn der Bezug des „Vorzeichens" auf die Person der
Priester nicht weggedeutet wird, wie mehrfach ohne ausreichende Begründung
versucht wurde, wird dieses mit der Aussage in V. b in Verbindung stehen: die
Existenz der legitimen Priesterschaft in Jerusalem ist Zeichen für das Kommen
des „Sprosses" (Ackroyd, Exile, 189; R. L. Smith u.a.). Dieses Kommen wird in
V. b in direkter Jahwerede angekündigt. Mit „Sproß" ist ein Abkömmling des
Davidshauses gemeint (vgl. Jer 23,5; 33,15; auch Jes 4,2; 11,1. 10), es ist ein
messianischer Titel.[66] Dazu paßt auch die Bezeichnung „mein Knecht", die bei
Ez (34,23 f.; 37,24) dem neuen David beigelegt wird. Weil Serubbabel in Haggai
2,23 „mein Knecht" genannt wird, haben viele Ausleger vermutet, daß dieser
auch hier als Thronanwärter gemeint sei. Gelegentlich wird eine Anspielung auf
seinen Namen „Sproß Babels" angenommen. Doch wird neuerdings diese Identifizierung hier wie in 6,9–14 (s. u. z. St.) häufig verworfen. Dann wäre eine erst
in der künftigen Heilszeit zu erwartende Restauration des Königtums angekündigt, Sacharja würde sich in seiner Erwartung gegenüber Serubbabel von Haggai
unterscheiden.[67] Für eine Datierung vor dem Auftreten Serubbabels oder nach
seinem Abgang (der möglicherweise erst um 510 erfolgte[68]) gibt es keinen
Hinweis, ebensowenig für nachträgliche Einfügung des Wortes. V. 9 darf man
zur Erklärung von V. 8 nicht heranziehen, da es offenbar ein selbständiges Wort
ist.

Von V. 8 ist dieser Vers als Aussage *über* Josua abgehoben; eine Anglei- 9
chung[69] ist nicht gerechtfertigt. Die Erklärung ist schwierig. Doch könnte das
Deutewort einer von Sacharja ausgeführten Zeichenhandlung vorliegen, deren

---

[64] Vgl. C. Westermann, Grundformen prophetischer Rede. München (1960) 1978[5], 93. 124f.
[65] Das zweimalige *ki* in V. aβ und b ist nicht parallel (van Hoonacker; Petitjean), sondern hat
unterschiedliche syntaktische Funktion (kausal und rezitativ).
[66] Dazu und zu den altorientalischen Parallelen vgl. L. Damberline, L'image de la croisance dans
la foi d'Israël. Lausanne 1971.
[67] Vgl. u.a.A. S. van der Woude, Serubbabel, 152 f.
[68] Vgl. auch van der Woude, Serubbabel.
[69] Vgl. BHS.

Erzählung weggebrochen ist (Elliger). Für den „Stein" gibt es eine Fülle von
Deutungen. Aber weder ein Stein für die Brustplatte oder am Turban des
Hohenpriesters (vgl. Ex 28,36 ff.), noch ein Edelstein für das Diadem des
erwarteten messianischen Herrschers, noch der Felsen des Tempels oder dieser
selbst, noch der Grundstein oder Schlußstein für den Tempel passen zu der
Angabe, daß Jahwe (in seinem Auftrag der Prophet?) den Stein vor Josua
hingelegt hat. Nach V. bα will Jahwe eine Inschrift auf ihm anbringen (vgl. Ex
28,11 f.; anders G). Hier wird man im Hinblick auf die zahlreichen mit Inschrif-
ten versehenen Fundamentsteine aus Babylonien[70] vielleicht an einen solchen
Stein denken können, auf dem der Name Josuas eingraviert war. Die vorangehende Aussage in V. aβ ist dagegen als aus 4,10 abzuleitender Einschub erkennbar. Die zahlreichen hierzu vorliegenden Deutungsversuche erübrigen sich
damit. V. bβ steht dagegen mit dem Deutewort, wenn es Josua als Tempelbauer
im Blick hat, in engem Zusammenhang: Jahwe will die Schuld des Landes
beseitigen. Wie in V. 4 handelt es sich um rituelle Schuld, diesmal spezifischer
um die Schuld des Landes, vgl. 5,6. Wahrscheinlich ist gemeint, daß Jahwe mit
der Wiedereröffnung des Tempels, wenn die rituelle Sühne durch den Hohenpriester wieder möglich ist (vgl. Lev 16), an einem, dem Versöhnungstage, die
10 Schuld sühnen wird. Die Verheißung ist an die wichtigste Funktion des Hohenpriesters geknüpft. Unsicher ist, ob dieser Vers noch zu V. 9 gehört oder erst
nachträglich angehängt worden ist. Auch die Herkunft von Sacharja ist nicht
beweisbar. Die Formel „an jenem Tage" (vgl. o. zu Hag 2,23) hat hier wohl
eschatologischen Klang. Das Bild, daß jeder unter seinem Weinstock und seinem Feigenbaum sitzen wird, kennzeichnet sprichwörtlich (vgl. Mi 4,4; 1. Kön
5,5; 2. Kön 18,31) eine Periode ungestörten Friedens. Hier ist die Formel leicht
abgewandelt: es fehlen die Suffixe, und der Gedanke, daß man sich gegenseitig
einladen wird, ist hinzugefügt. Der Versuch, die Aussage auf die in V. 1–7
genannten Priester zu beziehen (van der Woude), ist gezwungen; eine Beziehung zu der Vision ist, wie schon in V. 8–9, nicht erkennbar.

4,1–6 aα. 10 b–14: Vierte Vision:
Der Leuchter und die beiden Ölbäume

Die Einteilung setzt die seit Wellhausen fast allgemein[71] geteilte Erkenntnis
voraus, daß der Wortabschnitt V. 6 aβ–10 a erst von der Redaktion in den Visionsbericht eingefügt worden ist offenbar, weil diese Teile der Deutung vermißte.

---

[70] Vgl. R. Ellis, Foundation Deposits in Ancient Mesopotamia. New Haven 1968.
[71] Anders van der Woude; ders., Serubbabel; vgl. auch von Orelleli; Junker, Nötscher; Unger;
Zanghi, sowie den Umstellungsvorschlag bei Beuken.

1 Da weckte mich noch einmal[72] der Engel, der mit mir sprach, wie einen Mann, der aus seinem Schlaf geweckt wird,　2 und sprach zu mir: „Was siehst du?" Da sprach ich[73]: „Ich sah, und siehe, ein Leuchter ganz aus Gold, und seine Schale an seiner Spitze, und seine sieben Lampen auf ihm: je sieben[74] Schnauzen haben die Lampen, die sich an seiner Spitze befinden. 3 Und zwei Ölbäume oberhalb von ihm, einer rechts der Schale und einer links von ihr."　4 Da hob ich an und sprach zu dem Engel, der mit mir redete, also: „Was bedeuten diese, mein Herr?"　5 Da antwortete der Engel, der mit mir sprach, und sprach zu mir: „Weißt du nicht, was diese bedeuten?" Da sagte ich: „Nein, mein Herr!"　6 Da hob er an und sprach zu mir also:

10b „Diese sieben sind die Augen Jahwes, die auf der ganzen Erde herumschweifen."　11 Da hob ich an und sprach zu ihm: „Was bedeuten diese zwei Ölbäume zur Rechten des Leuchters und zu seiner Linken?"　12 Da hob ich ein zweitesmal an und sprach zu ihm: „Was bedeuten die beiden Ölbaum-Ähren, die durch die beiden goldenen Röhren aus ihnen das Gold entleeren?"　13 Da sprach er zu mir also: „Weißt du nicht, was diese bedeuten?" Da sagte ich: „Nein, mein Herr!"　14 Da sagte er: „Dies sind die beiden Ölbäume, die über dem Herrn der ganzen Erde stehen."

Lit.: K. Möhlenbrink, Der Leuchter im fünften Nachtgesicht des Sacharja: ZDPV 52 (1929) 257–286; R. North, Zechariah's Seven-Spout Lampstand: Bib. 51 (1970) 183–206; Lipinski, 25–30; Keel, 274–327; van der Woude, Serubbabel; ders., Zion as Primeval Stone.

Die Struktur des vierten Nachtgesichtes Sacharjas ist stark von dem „klassischen" Visionsstil beeinflußt (vgl. Am 7,8; 8,2; Jer 1,11. 13; 24,3)[75] und weicht dadurch vom Aufbau der übrigen Nachtgesichte (außer 5,1–4) ab. Doch die Form der „Wortsymbolvision"[76] (Schau eines Bildes, Wiederholen des Geschauten auf die Frage Gottes, Deutung) im strengen Sinne liegt nicht vor. So wird man besser von einer Mischgattung sprechen, in der Elemente aus verschiedenen Visionstypen miteinander verbunden sind.

Die Einleitung mit ihrem „noch einmal" zeigt, daß die Nachtgesichte von vornherein als eine Einheit komponiert worden sind. Wichtig ist auch die Aussage in V. 1b, die zeigt, daß die Nachtgesichte keineswegs im Traum empfangen wurden, sondern in einem (durch den Mittlerengel hervorgerufenen) gesteigerten Wachbewußtsein. Die Länge der Einleitung könnte auch auf die zentrale Stellung dieses vierten Nachtgesichtes zwischen den drei ersten, die von

---

[72] Zur Konstruktion vgl. Rudolph.

[73] Vgl. BHS.

[74] Zur Konstruktion vgl. Rudolph.

[75] Niditch ordnet die Nachtgesichte nach der Nähe zu dieser „1. Stufe" und setzt deshalb 4,1–6a. 10b–14 an die zweite Stelle nach 5,1–4.

[76] Vgl. F. Horst, Die Visionsschilderungen der alttestamentlichen Propheten: EvTh 20 (1960) 193–205; Beuken z. St.

2 der äußeren Sicherheit und den drei letzten, die von der inneren Ausgestaltung
Juda/Jerusalem handeln, hinweisen (van der Woude). An die Einleitung schließt
sich als Auftakt die Frage des Mittlerengels an den Propheten an: Was siehst du?
Die vorangehende Schau des Bildes fehlt; die auf die Frage eingehende Antwort
des Visionärs leitet in eine 1,8 entsprechende Erzählform über, die nun bis
einschließlich V. 3 die Funktion der Schilderung des Bildes übernimmt. Für das
Verständnis des Bildes in V. 2b hat nach Vorarbeiten vor allem von Möhlenbrink die Untersuchung von Keel durch den Vergleich mit zahlreichen archäo-
logischen Funden wesentliche Erkenntnisse gebracht. Der von Sacharja geschaute Leuchter entspricht danach einer in der Periode Eisen II durchaus
üblichen Form; außergewöhnlich sind nur das kostbare Material und die Zahl
der Dochte (Flammen). Auf einem Ständer (meist etwa 1,50 m hoch) befindet
sich demnach eine Schale (möglicherweise durch einen Zapfen im Ständer
befestigt), die als Untersatz für die sieben offenen Öllampen dient. An jeder
Einzellampe befinden sich Ausbuchtungen, in die der Docht eingelegt wird. Bei
diesem außergewöhnlichen Exemplar besitzt jede Lampe sieben Ausbuchtungen, so daß insgesamt 49 Flammen brennen. Sieben ist die Zahl der Vollkommenheit, siebenmal sieben ihre Potenzierung.

Will man den eigentlichen Zielpunkt der Vision herausfinden, muß man auf
diese Zuspitzung achten. Wichtig ist, daß die Konstruktion des Leuchters als
solche dem Propheten wohlbekannt ist: die Suffixe in V. 2 (die man nicht
streichen darf, wie üblich!) zeigen das klar. Deshalb wird auch nicht der Leuchter selbst gedeutet, sondern das, was an ihm Besonderes ist: die hohe Zahl von
Lichten (v. 10b).

3 Das Visionsbild hat noch einen zweiten Bestandteil: die beiden Ölbäume.
Ihre Position „oberhalb" des Leuchters[77] hat Schwierigkeiten bereitet, kann
aber mit der dienenden Funktion der beiden „Ölsöhne" V. 14 erklärt werden
(Sellin). Da oberhalb des Leuchterfußes, befinden sich die Ölbäume neben
(rechts und links von) der Leuchterschale. Auch hier wieder haben wir ein
unbewegliches Bild vor Augen.

Zweifelhaft muß Keels weitergehende These bleiben, das Motiv des Leuchters
zwischen den Ölbäumen, die von daher am Eingang des Himmels zu lokalisieren seien[78], sei von einem ähnlichen Emblem des Mondkults von Haran (in
Nordsyrien) abhängig.[79] Doch ist die generelle Verwandtschaft der Darstellung
mit der Anordnung der Embleme auf einem altorientalischen Siegelbild, wo
4 häufig ein zentrales Motiv von zwei äußeren spiegelbildlich eingerahmt wird[80],
auffällig. Die Fortsetzung mit der Frage des Propheten an den Mittlerengel nach
dem Sinn des Geschauten entspricht 1,9; 2,2; 6,4; vgl. 2,6. Gemeint ist offenbar
5 nicht das zuletzt genannte Detail: die beiden Ölbäume, sondern entsprechend

---

[77] Darauf muß sich das Suffix beziehen, da die Position zu der auf dem Leuchter befindlichen
Schale anschließend angegeben wird.

[78] So schon A. J. Wensinck, Tree and Bird as Cosmological Symbols in Western Asia. Amsterdam
1921, 12f.

[79] Vgl. die Kritik von H. Weippert, BN 5 (1978) 43–58; dazu O. Keel, BN 6 (1978) 40–56.

[80] Vgl. z.B. BRL², 301, Abb. 10, 19, 22.

der Antwort in V. 10b das Gesamtbild. Daran an schließt sich zunächst eine
retardierende Gegenfrage des Mittlerengels (vgl. 1,9 u. u. V. 13), um die Spannung zu erhöhen, ehe dieser V. 6aα zur Erklärung ansetzt.

Die ursprüngliche Fortsetzung finden wir mit den meisten Auslegern in 10b
V. 10b. Die hier einsetzende Deutung befaßt sich zuerst mit den Lampen, auf
deren Darstellung der erste Teil des Bildes in V. 2 hinausgelaufen war. Ihre
Siebenzahl wird (im Unterschied zu 6,5, wo auf der Zahl vier kein besonderes
Gewicht liegt – gegen van der Woude), offenbar als Zahl der Vollkommenheit,
hervorgehoben, da sie, wie die Deutung fortfährt, die Augen Jahwes bezeichnen. Die Ansicht, die Deutung des Leuchters sei ausgefallen (Rost u. a.), ist
abzuweisen, da dieser kein eigenständiger Sinnträger war (vgl. o.). Daß die
Augen Jahwes auf der ganzen Erde umherschweifen, ist ein Bild für die Allwissenheit Gottes, der strafend oder helfend in das Geschick der Menschen eingreift. Man hat auch auf die „Augen des Königs", eine bildhafte Bezeichnung für
die Agenten und Spione altorientalischer Herrscher, Werkzeuge ihrer Allgegenwart, hingewiesen (vgl. Petersen). Doch geht es Sacharja offensichtlich um ein
helfendes Eingreifen Jahwes zugunsten seines Volkes (vgl. 2. Chron 16,9). Die
vielfach übernommene Auffassung H. Gunkels[81], mit den sieben Augen seien
die sieben Planeten gemeint, ist von C. Jeremias[82] mit Recht zurückgewiesen
worden. Von Sternen ist im Text nicht die Rede, auch nicht von sieben Augen
Jahwes, da zwischen den sieben Lampen und Jahwes Augen nur eine lose
Verbindung hergestellt wird.

Anschließend fragt Sacharja nach einem zweiten wichtigen Element des Bil 11
des, den beiden Ölbäumen. Hier wird klarer als in V. 3, daß die Ölbäume
jedenfalls kein Bestandteil des Leuchters selbst sind (gegen van der Woude). Die 13
Antwort darauf, vorläufig nochmals mit einer retardierenden Gegenfrage (vgl.
V. 5), folgt in V. 13. Zu V. 12 s. u. Daran schließt sich erst die inhaltliche Antwort 14
an. Hier ist die Identität der beiden „Ölsöhne" ein vieldiskutiertes Problem.
Gegen die klassische Auffassung (vgl. Wellhausen), die in den beiden Gestalten
die beiden Gesalbten, den künftigen König und den Hohenpriester sah, die mit
Serubbabel und Josua zu identifizieren seien, wurde eingewandt (Beuken), eine
gleichberechtigte Stellung beider als Gesalbter sei in frühnachexilischer Zeit
nicht denkbar. Auch sei eine Salbung weder für Serubbabel noch für den
Hohenpriester zu diesem Zeitpunkt vorstellbar (vgl. jedoch Lev 8,12 P). Hinzu
kommt neuerdings das Bedenken[83], der im Text verwendete Begriff für „Öl"
(jishar = frisches Öl) bezeichne niemals Salböl (šämän). Das ist allerdings
unsicher.[84] Nach dieser Auffassung ist Frischöl Zeichen der Heilszeit und sind
mit den beiden Ölsöhnen ihre Träger, der künftige messianische Fürst und
Hohepriester, nicht konkret Serubbabel und Josua gemeint (vgl. zu 3,8 und
6,9–14). Die Entscheidung muß offenbleiben, da die Kriterien für und wider

---

[81] Schöpfung und Chaos in Urzeit und Endzeit. Göttingen 1921², 125 ff.

[82] 185 ff.

[83] Vgl. A. S. van der Woude in FS M. A. Beek, Assen 1974, 262–268; ders., Komm. u. Serubbabel,
154f.; Petersen; Meyers/Meyers.

[84] Zur Kritik L. Köhler, ZAW 46 (1928) 218–20; Rudolph; Keel, 320.

nicht ausreichen. Doch muß bemerkt werden, daß die Formulierung in 14b, wonach die beiden „Ölsöhne" Jahwe selbst in seiner unmittelbaren Gegenwart dienen werden (vgl. dazu Jes 6,2; 1. Kön 22,19; Hi 1,6; 2,1) an die 3,7 dem Josua gegebene Zusage erinnert. Die Stellung zur Rechten und zur Linken Gottes bedeutet zudem einen gleichen Rang für beide Gestalten.

12   Dieser Vers ist überwiegend[85] als Zusatz erkannt worden. Auffällig ist, daß hier, das einzigemal in allen Nachtgesichten, der Prophet zum zweitenmal das Wort ergreift und nach einer im Bild überhaupt nicht erwähnten Einzelheit fragt. Außerdem geht die Antwort V. 14 auf diese zweite Frage gar nicht ein. Schwierig ist auch das Bild zu verstehen. „Ähren" (meist mit „Zweige" wiedergegeben) könnte nach ährenförmig stilisierten Siegelbilddarstellungen die ganzen Bäume bezeichnen (Keel, 309), Aber worin besteht dann der Unterschied zu V. 11? Das gewöhnlich mit „Röhren" wiedergegebene Wort kommt nur hier vor; Vrs bieten „Nasen" (Rüssel?). Als ihr Material wird Gold genannt. Was aber bedeutet das gleiche Wort für den Stoff, den sie entleeren? Goldenes Öl (so viele Ausleger)? Da zwei derart unterschiedliche Verwendungen direkt nebeneinander befremden, ist eher mit einer Textstörung zu rechnen. Technisch ist der Vorgang kaum erklärbar: Wenn gemeint ist, daß die „Ähren" ihr Öl auf den Leuchter ausgießen, ist dies nach dessen Konstruktion unverständlich, da die Schale nur Untersatz der sieben Einzellampen ist (s. o.). Auch ist der gemeinte Sinn nicht erkennbar, da der Leuchter selbst offenbar ungedeutet bleibt (s. o.). Für den Gedankengang ist der Vers offenbar entbehrlich.

4,6 aβ-10 a: Zwei Worte an Serubbabel

6aβ **Dies ist das Wort Jahwes über[86] Serubbabel:**
    Nicht durch Macht und nicht durch Gewalt,
    sondern durch meinen Geist!
    sprach Jahwe der Heerscharen.
  7 **Wer bist du, großer Berg[87]?**
    Vor Serubbabel (wirst du) zur Ebene,
    daß er[88] den Schlußstein hervorholt
    unter Rufen: Heil, Heil für ihn!
  8 **Da erging das Jahwewort an mich also:**
  9 **Die Hände Serubbabels haben dies Haus gegründet,**
    und seine Hände werden es vollenden.

---

[85] Anders neuerdings van der Woude, Petersen, Meyers/Meyers.
[86] 'äl = 'al, vgl. 2,12 (Beuken).
[87] G-K[28]§ 126x.
[88] Zur gramm. Form vgl. Amsler.

Und du wirst erkennen, daß Jahwe der Heerscharen mich zu euch
gesandt hat.
10 Denn wer auch immer[89] den Tag der kleinen Dinge verachtet hat,
der wird sich freuen[90], wenn er[91] den Zinnstein in der Hand Serubbabels
sehen wird.

In dem in den Text des vierten Nachtgesichtes eingefügten Wortabschnitt
kann man genauer zwei voneinander unabhängige von Serubbabel handelnde Worte unterscheiden: V. 6 aβ-7 und 8–10 a. Durch die Wortereignisformel in V. 8 ist das zweite vom ersten deutlich abgehoben.

a) 4,6 aβ-7: Nicht durch Kraft, sondern durch Gottes Geist!

Der Rumpfvers (ohne den zum Nachtgesicht gehörigen Versteil aα) beginnt   6 aβ-b
mit einer wohl redaktionellen Überschrift, die zudem in Anfangsstellung so
sonst nirgends vorkommt. Auf einen Anschluß an das Nachtgesicht (Beuken;
vgl. van der Woude) deutet das aber nicht. Das damit überschriebene Wort über
Serubbabel umfaßt wohl V. 6 b–7 und nicht nur 6 bα, da die Formel in V. bβ nur
einen Einschnitt innerhalb eines Wortes markiert (vgl. 1,3; 7,13; 8,14; Petitjean).
V. 6 b. Offenbar haben wir hier einen elliptischen Satz vor uns[92], in dem menschliche Kraft, die ohnmächtig, und Jahwes Geist, der allein wirksam ist, einander
gegenübergestellt werden. Umstritten ist, ob man die Aussage als unabhängige
Sentenz oder im Zusammenhang mit V. 7 deuten soll. Im ersteren Fall könnte sie
ein Mahnwort sein, in dem Sacharja dazu aufruft, nicht auf menschliche Eigen-
macht, sondern auf die Kraft des Geistes Gottes zu vertrauen (vgl. Horst[93]). Bei
einer Verbindung mit dem Tempelbau liegt es nahe, nach einem konkreten
Anlaß zu suchen, wie einem vermuteten Widerstand der Samaritaner (Elliger)
oder übergroßer Hast der am Bau Beteiligten (Sellin). Die erste Annahme war
unhaltbar (s. o. zu Hag 2,10–17); doch läßt sich eine Dialektik zwischen dem
„Nicht durch Kraft" und der Aussage in V. 7a erkennen, welche die Überwindung der durch den „großen Berg" sich in den Weg stellenden Hindernisse
ankündigt. Dieser „große Berg" ist wohl nicht der Trümmerhaufen des alten
Tempels, der erst weggeräumt werden muß, ehe der Neubau beginnen kann
(Sellin, Petitjean u. a.), vermutlich auch nicht der Tempelberg oder ein persönlicher Widersacher Serubbabels (Petersen: Josua), sondern ein Bild für die
Schwierigkeiten, die sich Serubbabel beim Tempelbau in den Weg stellen (nächste Parallelen: Jes 40,4; 42,16). Ihm wird verheißen, daß Gottes Geist (V. 6 b) sie

---

[89] G-K[28]§ 137 c.

[90] Vgl. Rudolph.

[91] Vgl. Rudolph.

[92] Anders, kaum überzeugend, B. Hartmann, OTS 14 (1965) 115–121.

[93] G. von Rad, Der heilige Krieg im alten Israel. Göttingen 1965[4], 66 f., denkt an eine letzte
prophetische Bezugnahme auf die Tradition vom heiligen Krieg, wo man alle Initiative Gott
überlassen muß.

überwinden wird. Der Tempelbau ist ein geistbewegtes Tun. V. 7b wird die
Vollendung des Tempels ankündigen (vgl. V. 9). Dann ist der Schlußstein, nicht
etwa der Grundstein gemeint, denn die Grundsteinlegung lag bereits zurück
(vgl. zu Hag 1,14).[94] Dagegen kann auch nicht der Einwand gelten, da es sich um
einen Flachbau handelte, habe es keinen Schlußstein gegeben. Freilich läßt sich
zu der von einem Jubelruf (vgl. bes. Jes 22,2) auf den Stein begleiteten, dem
modernen Richtfest vergleichbaren Zeremonie keine altorientalische Parallele
nachweisen.

b) 4,8–10 a: Die Vollendung des Tempels durch Serubbabel

Inhaltlich ist dieser Abschnitt dem vorangegangenen weitgehend parallel. Er
kündigt ebenfalls die Vollendung des Tempels durch Serubbabel an, wie V. 9a
mit klaren Worten sagt. Dadurch lassen sich auch die Schwierigkeiten von
V. 10a lösen. V. 9b fällt aus dem Zusammenhang heraus und ist offensichtlich
Zusatz.[95]

8   Die in der Ichform gehaltene, doch vermutlich redaktionelle Wortereignisformel deutet auf ein unabhängiges Wort, das von der Redaktion wegen seiner
9a inhaltlichen Parallelität zu V. 6aβ-8 hier eingereiht worden ist. V. 9a macht
zunächst deutlich, daß die Grundsteinlegung des Tempels durch Serubbabel
erfolgte; wenn vorher schon einmal durch Scheschbazzar, war dies jedenfalls
folgenlos geblieben. Auch wird im Unterschied zur Haggai-Endredaktion (vgl.
zu Hag 1,12–14) die Zuständigkeit für den Tempelbau ihm allein, als Nachfolger der früheren Könige, zugesprochen. Es handelt sich um ein an ihn persönlich
gerichtetes Verheißungswort, das im Orakelstil in der 3. Person von ihm spricht.
Im Hintergrund stehen offenbar Widerstände gegen den Tempelbau, wie sie bei
Haggai sichtbar werden, aber auch in Jes 66,1 f. offen artikuliert werden.[96] Ob
sie von einer organisierten Gruppe ausgehen, ist nicht deutlich. Die auf Plöger
aufbauende These Hansons vom Gegenüber zweier Parteien: einer hierokrati-
10 schen, die am Tempelbau festhält, und einer prophetisch-eschatologischen, die
ihn ablehnt, findet im Text keinen Anhalt. Vielmehr deutet die Aussage von
V. 10 auf den auch in Haggai 2,3 (s. o.) bezeugten Kleinmut. Wie in Haggai 2,4
wird dieser durch eine Heilsankündigung überwunden. Mit dem „Tag der
geringen Dinge“ wird offenbar ähnlich wie in Haggai 2,3 auf die bescheidenen
Fortschritte beim bisherigen Wiederaufbau des Tempels seit der Grundsteinlegung angespielt. Die folgende Verheißung blickt demgegenüber auf den Tag der
Vollendung, die nach V. 9a ebenfalls durch Serubbabel erfolgen soll. Dadurch
ergibt sich eine Vorgabe auch für die Deutung des umstrittenen „Zinnsteins“[97].
Die neuerdings häufige Erklärung, es handele sich, nach mesopotamischen

---

[94] Auch gegen Petersen; Meyers/Meyers, 246 ff.
[95] Vgl. BHS.
[96] Vgl. dazu zuletzt K. Koenen, Ethik und Eschatologie im Tritojesajabuch. WMANT 62, 1990, 183 ff.
[97] Zur Konstruktion vgl. G-K[28] § 127 h.

Vorbildern[98], um eine metallene Gründungsinschrift, wird dadurch unwahrscheinlich[99]. Wahrscheinlich handelt es sich um eine bei dem Bauabschluß angebrachte Plakette, möglicherweise mit einer Inschrift. Doch ist eine zuverlässige Identifikation nicht möglich.

Nicht unwahrscheinlich ist, daß Serubbabel als persischer Gouverneur tatsächlich bei der Tempeleinweihung im Jahre 515 noch im Amt war. Insofern wurde die Verheißung Sacharjas erfüllt, aber nicht mit den messianischen Assoziationen, die offenbar mit ihr verbunden waren.

5,1–4: Fünfte Vision: Die fliegende Schriftrolle

1 Da erhob ich wiederum meine Augen und sah, und siehe, eine fliegende Schriftrolle.   2 Und er sprach zu mir: „Was siehst du?" Da sprach ich: „Ich sehe eine fliegende Schriftrolle. Ihre Länge (beträgt) zwanzig Ellen[100] und ihre Breite zehn Ellen." 3 Da sprach er zu mir: „Dies ist der Fluch, der ausgeht über das ganze Land. Denn jeder Dieb hier blieb ihm entsprechend ungestraft, und jeder, der hier (falsch) schwor, blieb ihm entsprechend ungestraft.
4 Und ich will ihn aussenden,
   Spruch Jahwes der Heerscharen,
   und er wird kommen zum Haus des Diebes
   und zum Haus dessen, der in meinem Namen falsch schwört,
   und wird sich in seinem Haus festsetzen
   und es vernichten mitsamt seinen Balken und seinen Steinen."

Lit.: M. Barker, The Evil in Zechariah: HeyJ 19 (1978) 12–27.

Der Eingang (mit *schûb* als Formverbum[101]) zeigt, daß die Vision von vornherein im Zyklus der übrigen Nachtgesichte gestanden hat. Der Eingang entspricht im übrigen 2,1. 5; 5,9; 6,1. Auch hier handelt es sich wieder um ein stehendes Bild, eine Momentaufnahme aus der Bewegung heraus: Sacharja sieht eine in der Luft schwebende Schriftrolle.[102] Die Frage des Mittlerengels nach dem Geschauten entspricht 4,2 (s.o.) und damit der älteren Visionsform Am 7,8; 8,2; Jer 1,11. 13; 24,3. Dazu paßt auch, daß der Visionär auf die Frage das geschaute Objekt noch einmal nennt. Hinzugefügt sind die Maße der Rolle, die über eine normale Buchrolle erheblich hinausgehen: umgerechnet ergibt sich eine Größe von fast 10:5 m. Offenbar fliegt die Rolle in entrolltem Zustand

---

[98] Vgl. R. Ellis, Foundation Deposits in Ancient Mesopotamia, New Haven 1968.
[99] Aber auch die Deutung auf den Zion (van der Woude, FS Fensham, 243) ist unwahrscheinlich.
[100] Wörtlich „per Elle", vgl. G-K[28] § 134 n.
[101] Vgl. G-K[28] § 120.
[102] Vgl. H.P. Rüger, BRL[2], 289–292; C. Jeremias, 189.

durch die Luft. Über die Maße ist viel spekuliert worden; insbesondere wird immer wieder eine Beziehung zur Größe der Vorhalle des Tempels (1. Kön 6,3) vermutet. Doch bleibt dies unsicher. Jedenfalls deutet die Größe, ebenso wie ihr Schweben in der Luft , darauf hin, daß es sich um eine überirdische, nicht eine normale Buchrolle handelt. Ez 3,1–3 dürfte ein Vorbild gewesen sein, nur bleibt Sacharja ein von weitem zuschauender Betrachter? Der Deuteengel erklärt sofort, ohne Nachfrage (wie in der alten Form) die Bedeutung der Rolle. Sie bedeutet den Fluch, der schriftlich vorliegt (vgl. Dtn 29,19f.), vor allem aber automatisch alle verborgenen und dadurch der normalen Gerichtsbarkeit entzogenen Rechtsbrecher trifft (vgl. Dtn 27,15 ff.; Ri 17,2; Lev 5,1; Spr 29,24), wie V. 4 noch weiter ausführt. Mit *kol-hāʾāreṣ* ist nicht, wie 1,11; 4,10b; 6,5, die ganze Erde, sondern (in Entsprechung zu 2,5–9) ausschließlich das ganze Land Jerusalem-Juda gemeint, vgl. 5,6; 3,9. Der über dem Land schwebende Fluch ist für die bisher unbestraft gebliebenen[103] Lügner und Meineidigen hier und dort (van der Woude) im Lande bestimmt. Die letzteren werden elliptisch genannt; V. 4 bringt die volle Bezeichnung. Daß hier auf zwei Dekaloggebote angespielt wird (Ex 20,15 und 20,7), fällt auf; mehr noch, daß gerade diese beiden erwähnt werden. Offenbar ist Diebstahl und Meineid vor Gericht, mit dem sich ein Beschuldigter der Strafe entziehen kann, in der von Armut geprägten frühnachexilischen Periode besonders charakteristisch und am schwersten nachzuweisen. Von einem häufig vermuteten Konflikt zwischen zurückgekehrten Exulanten und Daheimgebliebenen um die Rückgabe von durch diese angeeignetem Landbesitz ist im Text nicht die Rede.

4   An die Vision und ihre Deutung schließt sich unmittelbar[104] eine Gerichtsankündigung aus dem Munde Jahwes an. Der Übergang von der Vision zu der Ankündigung des künftigen Handelns Jahwes entspricht der Grundstruktur der Gattung, in der jeweils etwas Zukünftiges gemeint ist, vgl. Am 7,8b; 8,2; Jer 1,14b–15. Die einleitende Verbform ist deshalb als perf. propheticum[105] futurisch aufzufassen, wie die Fortsetzung in den Verbformen und inhaltlich zeigt (gegen die meisten Ausleger). Im Unterschied zum Eingang wird in V. 4 aßb ein selbstwirkendes Handeln des Fluches geschildert. Das läßt einen ursprünglich unabhängigen Einzelspruch vermuten. Daß sich die Wirkung des Fluches gegen das Haus des Frevlers richtet, entspricht einer altorientalischen (noch heute im Libanon angewandten) Strafform, vgl. Dan 2,5; 3,29; Esr 6,11; auch Hab 3,13b. Wahrscheinlich ist damit hier aber auch die Vernichtung des Frevlers selbst gemeint. Durch die Einführung ist die magische Wirkung des Fluches jetzt in das eigene Handeln Jahwes hineingenommen.

Im ganzen kündigt das fünfte Nachtgesicht eine für die Vorbereitung der eschatologischen Heilszeit notwendige Beseitigung der noch im Lande verborgenen unerkannten Frevler gegen Gottes Gebote an. Erst wenn diese vernichtet sind, ist das Land für das kommende Heil gerüstet.

---

[103] Vgl. Barker; Rudolph. *kamona* „ihm entsprechend" bezieht sich auf den Fluch als Tatfolge.
[104] Gegen BHS.
[105] G-K[28] § 106 n.

5,5–11: Sechste Vision: Die Frau im Epha

5 Und der Engel, der mit mir redete, trat auf und sprach zu mir: „Hebe doch deine Augen auf und sieh, was das ist, das da auftritt." 6 Da sprach ich: „Was ist das?" Da sprach er: „Das ist das Epha, das auftritt." Und er sprach: „Das ist ihre Sünde[106] im ganzen Lande." 7 Und siehe, ein Bleideckel hob sich und, sieh da[107], eine Frau, die mitten im Epha saß. 8 Und er sprach: „Das ist die Bosheit"; und er warf sie in das Epha zurück und warf den Bleideckel auf seine Öffnung. 9 Und ich hob meine Augen auf und sah, und siehe, zwei Frauen traten auf; Wind war unter ihren Flügeln, und sie hatten Storchenflügel. Da hoben sie das Epha zwischen Erde und Himmel. 10 Da sprach ich zu dem Engel, der mit mir redete: „Wohin bringen sie das Epha?" 11 Da sprach er zu mir: „Ihm ein Haus zu bauen im Lande Sinear; wenn es (das Haus) errichtet ist, wird es (das Epha) dort aufgestellt werden auf seinem Podest."

Lit.: L. Rost, Erwägungen zu Sacharjas 7. Nachtgesicht: ZAW 58 (1940/1) 223–228 = ders., Das kleine Credo und andere Studien zum Alten Testament. Heidelberg 1965, 70–76; M. Barker (o. S. 36).

Ähnlich wie in 4,1, ist der Eingang dieses Nachtgesichts ausgebaut: Es tritt 5 sofort der Mittlerengel auf, und die Einleitungsformel aus 2,1. 5; 5,1. 9; 6,1 ist in einen Befehl umgeformt. Auch wird das geschaute Bild nicht sofort genannt, sondern zunächst eine Frage des Mittlerengels gebracht, der vom Visionär eine 6 Erklärung verlangt. Dieser gibt jedoch die Frage zurück, und nun nennt der Mittlerengel selbst den Gegenstand, der im Bild erscheint: ein Epha[108]. Anschließend erklärt er, was das Epha bedeutet. Entgegen vielen Änderungsvorschlägen ist der Text beizubehalten. Die Abweichungen von der Normalform erklären sich mit der Absicht, die Vision besonders geheimnisvoll zu gestalten: Der Visionär ist anfangs nicht in der Lage, das geschaute Objekt zu identifizieren. Auch handelt es sich nicht, wie einige Ausleger meinen, um eine Fortsetzung des vorausgegangenen Nachtgesichtes. Das Epha ist ein Getreidemaßgefäß unbekannter Größe.[109] Hier dürfte es sich ähnlich wie bei der Buchrolle 5,1f. um ein irdische Maße übersteigendes Objekt handeln, denn es bietet für eine Frau Platz (V. 7). In V. 6bβ wird man statt „ihr Auge" ein „ihre Sünde" lesen müssen.[110] Ob gerade das Epha wegen der damit möglichen Manipulationen (vgl. u. a. Am 8,5; Mi 6,10) als Schuldsymbol gewählt wurde, muß unsicher bleiben. In V. 8 wird nicht das Epha, sondern die in ihm sitzende Frau zum Sinnträger. Thematisch ist das sechste Nachgesicht dem fünften benachbart. Mit

---

[106] Vgl. BHS.

[107] Vgl. A. S. van der Woude, JEOL 18 (1964) 307–13; auch Rudolph; van der Woude.

[108] Zum Artikel vgl. G-K[28] § 126 q–t.

[109] Standardmaßeinheit höchstens 218 l, vgl. G. Schmitt, BRL², 204f.

[110] Anders Barker, 22.

'*äräṣ* ist wieder das Land Jerusalem/Juda, nicht die ganze Erde gemeint. Syntak-
7 tisch bezieht sich „*ihre* Sünde" auf die Bewohner des Landes (v. Orelli; Rudolph) In die Vision kommt jetzt Bewegung (ein neuer Zug gegenüber der
traditionellen Form des stehenden Bildes). Da in V. 9 ein weiterer Zug hinzu-
tritt, haben wir ein dreistufiges Visionsgeschehen vor uns. Der kreisrunde
Deckel[111] aus Blei, der sich hebt, ist offenbar von der Frau aufgestoßen worden,
8 die jetzt im Epha sitzend sichtbar wird. Der Mittlerengel gibt der Frauengestalt
sofort eine Deutung: sie verkörpert die Bosheit. Was damit gemeint ist, ist
umstritten: ein spezieller Begriff für Schuld vor Gericht im Unterschied zum
allgemeinen Schuldbegriff V. 6 b (Rost)? Speziell Götzendienst? Die Göttin
Ištar von Babylon, vgl. V. 11 (Galling, 120)? Doch widerspricht das der Verwendung des Begriffs im AT. So ist wohl doch die Schuld im Lande ganz allgemein
gemeint. Daß eine Frau die Bosheit verkörpert, mag an das späte Verständnis
von Gen 3 erinnern (vgl. auch Spr 2,16–19; 5,1–23; 6,24–29; 7,5 ff.; 9,13 ff.),
aber das Motiv wird nicht ausgeführt. Die Personifikation des Bösen als einer
überindividuellen Macht ist eine Vorstufe der späteren Figur des Teufels. Offenbar ist die Frau im Begriff, aus dem Epha auszusteigen, deshalb stößt der Engel
sie zurück und wirft den Deckel, wegen seines Gewichtes hier als „Stein"
bezeichnet, auf die Öffnung. Dramatik kommt in das Bild: die drohende Ver-
seuchung des Landes wird gerade noch verhindert! Aber im Geschehensablauf
ist das nur ein retardierendes Moment.
9   Die dritte Stufe wird mit einer neuen Einleitungsformel wie 2,1. 5; 5,1; 6,1
begonnen, stellt aber kein selbständiges Nachtgesicht dar. Vielmehr treten jetzt
nur zwei weitere Frauen ins Bild. Es sind Fabelgestalten: sie sind mit Storchen-
flügeln[112] ausgestattet (der Storch als ein Zugvogel, der weite Entfernungen
überwindet[113]) und Wind trägt sie durch die Luft. Mischwesen (Menschen mit
Tierflügeln) sind auch die Cheruben, die im Jerusalemer Tempel (1. Kön
6,23–28) und Zeltheiligtum (Ex 25,18–22) die Lade flankieren, auf deren Flügeln Jahwes Thron ruht (1. Sam 4,4; 2. Sam 6,2; Ps 18,11; 80,2; 99,1). Altorientalische ikonographische Beispiele für paarweise auftretende Flügelwesen gibt es
reichlich. Daß hier jedoch Frauen als Träger auftreten, bleibt unerklärbar. Zum
10 Wind vgl. Ps 18,11. Er könnte auch ein ekstatisches Moment enthalten, vgl. Ez
8,3 (auch zu „zwischen Erde und Himmel"); 11,1; 37,1. Die hier folgende Frage
11 des Propheten ist eine Abwandlung der üblichen „Was bedeutet dies?" (1,9; 2,2;
4,4; 5,6; 6,4), vgl. schon 2,4. Die Antwort des Mittlerengels setzt die Konstruktion der Frage fort. Das Wort „Haus" ist hier wie 1,16; 4,9 als „Tempel" zu
verstehen. Die Frau „Bosheit" wird ironisch als Göttin qualifiziert. „Sinear" ist
ein Name für Babylonien, hier exemplarisch für das Land der Bosheit und
Abgötterei (so auch Gen 11,2). Auch wenn die politische Bedeutung Babylons
zuende war, blieb es als Ort des Exils und der fremden Götter in Erinnerung.
Die Aufstellung des Götterbildes „Bosheit" auf einem Podest in einem dort

---

[111] Oder: Gewicht (=Talent)? Häufigste Bedeutung, vgl. HAL.
[112] Alle Vrs nennen andere Tiere.
[113] Nicht als ein unreines Tier (Lev 11,19; Dt 14,18).

eigens für es errichteten Tempel ist ein Gegenbild zum Tempelbau für den wahren Gott in Jerusalem.

Das Nachtgesicht als ganzes sagt aus, daß erst die Macht der Sünde, die überindividuell auf dem Lande lastet, weggeschafft werden muß, ehe dieses für die kommende Heilszeit bereit ist. Zu der zugrundeliegenden kultisch-materiellen Auffassung vgl. Lev 16,21 f.; 14,7. 53. Die Vision zeigt dem Propheten, daß der Sühneakt, der das Land von der Kollektivschuld befreien soll, bereits vorbereitet ist und in Kürze erfolgen wird. So spiegelt das Gesicht eine hochgespannte Naherwartung.

6,1–8: Siebte Vision: Die Wagen

1 Wiederum erhob ich meine Augen und sah, und siehe, vier Wagen traten auf von zwischen den beiden Bergen. Die Berge aber sind Berge von Erz. 2 Am ersten Wagen waren rote Pferde, am zweiten Wagen waren schwarze Pferde, 3 am dritten Wagen waren weiße Pferde, und am vierten Wagen waren gescheckte Pferde (starke[114]). 4 Da hob ich an und sprach zu dem Engel, der mit mir redete: „Was bedeuten diese, mein Herr?" 5 Da antwortete der Engel und sprach zu mir: „Das sind die vier Winde des Himmels. Sie sind ausgezogen[115], nachdem sie vor dem Herrn der ganzen Erde gestanden haben. 6 (Die), an denen die schwarzen Pferde sind, ziehen[116] in das Land des Nordens, und die weißen ziehen[116] hinter ihnen her. Aber die gescheckten ziehen[116] ins Land des Südens." 7 Als die starken (Gespanne) aufgetreten waren, waren sie im Begriff zu gehen, um auf der Erde umherzustreifen. Da sprach er: „Auf, streift auf der Erde umher!" Da streiften sie auf der Erde umher. 8 Da rief er mich und sprach zu mir: „Sieh, die ins Land des Nordens ausziehen, legen meinen Geist im Land des Nordens nieder!"

Lit.: H. Graf Reventlow, Tradition und Aktualisierung in Sacharjas siebentem Nachtgesicht Sach 6,1–8: FS H. D. Preuß, Stuttgart 1992, 180–190.

Die Abgrenzung dieser Vision ist nicht unumstritten; doch ist ein Anschluß von V. 15 an V. 8 (Rothstein u.a.; Rudolph: V. 15 a) wegen der unterschiedlichen Verbformen nicht möglich. Auch die Hinzunahme von V. 9–15 im ganzen, als Rede des Mittlerengels (van der Woude), ist abzuweisen.

Offensichtlich ist die letzte Vision mit der ersten u. a. durch das Motiv der verschiedenfarbigen Pferde verbunden. Dadurch wird für den Gesamtzyklus

---

[114] Glosse; vgl. BHS.

[115] Prädikat eines elliptischen Verbalsatzes, vgl. W. Richter, Grundlagen einer althebräischen Grammatik II, 1979, 47.

[116] „sind dabei auszuziehen"; das perf. setzt den Zeitaspekt des part. fort, vgl. G-K^{28} § 116 x.

eine Art von Inclusio gebildet. Doch muß auch ein entscheidender Unterschied zwischen beiden beachtet werden: In der ersten Vision erscheinen (Reit-)Pferde, in der letzten mit Pferden bespannte Wagen. Falsch wäre es deshalb, beide einfach zusammen zu behandeln (Jeremias) oder gar als eine Einheit zu sehen (Richter). Beide haben eine durchaus unterschiedliche Zielsetzung. Auch hat die siebente Vision eine komplizierte Struktur, die oft unzulässig harmonisiert worden ist. Nicht die dafür üblichen tiefen Eingriffe in den Text, sondern nur ein sorgfältiges Hören auf seine Aussagen in der vorliegenden Form kann seinen Sinn herausfinden.

1   Der Eingang der Vision gleicht genau 5,1. Wieder sieht Sacharja ein stehendes Bild; diesmal sind es vier Wagen. Zur Vierzahl vgl. schon 2,1. 3; auch 1,8. Obwohl das Wort auch Reisewagen, Staatskarossen oder Kultwagen bezeichnen kann, sind offenbar Streitwagen, bis zu ihrer Ablösung durch die Reiterei in der späten Perserzeit die stärkste Waffengattung[117], gemeint. Die vier Streitwagen sind zwischen den, durch den Artikel als bekannt bezeichneten, zwei Bergen hervorgekommen, die noch näher als aus Kupfer(erz) oder Bronze bestehend beschrieben werden. Die neuere Auslegung ist sich einig, daß es sich dabei um die mythologischen Berge am Tor des Himmels handelt, zwischen denen nach altbabylonischen und ägyptischen Darstellungen der Sonnengott hervorkommt; vgl. auch V. 5 bβ. Das Motiv der Wagen könnte mit Sonnenwa-

2–3 gen und Sonnenrossen zusammenhängen (vgl. auch 2. Kön 23,11). Die Wagen sind mit Pferden unterschiedlicher Farbe bespannt. Diese sind nicht mythologisch, sondern als natürliche Farben zu verstehen, vgl. zu 1,8. Das letzte Wort in V. 3 ist offenbar eine Glosse aus V. 7. Im weiteren Verlauf folgt der Visionsbe-

4 richt zunächst dem aus der ersten, zweiten, vierten und sechsten Vision bekann-

5 ten Schema mit der Frage des Visionärs (4) nach der Bedeutung des Geschauten und der Antwort des Mittlerengels (5 a). Das Vorliegen dieses Schemas erleichtert auch die Wiedergabe von V. 5 bα: es handelt sich nicht um eine Richtungsangabe („Diese gehen aus nach den vier Himmelsrichtungen" so viele Ausleger, gegen die mas. Akzentsetzung), sondern um die Bedeutung des geschauten Bildes. Zu Richtungsangaben vgl. V. 6. 8 b. Zu den Winden als Streitwagen, die Jahwes himmlisches Heer bilden (Ps 68,18), vgl. Ps 148,8; Jes 66,15. Jahwe hat hier Funktionen des Wettergottes Baal übernommen (Petersen). V. bβ spricht aus, daß die vier Winde zu den Mitgliedern des himmlischen Hofstaates gehören; zur Formulierung vgl. zu 4,14; Hi 1,6; 2,1. In dem Augenblick, als sie im Visionsbild erscheinen, sind sie bereits zu ihrer Mission aufgebrochen. Es

6 handelt sich um eine Momentaufnahme. V. 6 beginnt elliptisch; sinngemäß ist „die Wagen" zu ergänzen. Für das Verständnis seiner und der folgenden Aussagen ist grundlegend, daß sie zu der Deutung des Mittlerengels gehören. Diese gibt aber nicht einfach das Bild wieder, sondern kündigt ein sich aus der Vision ergebendes, sich in naher Zukunft ereignendes Geschehen an. Zwischen Bild und Deutung besteht nicht Deckungsgleichheit; vielmehr geht es um aktualisierende Interpretation einer vorgegebenen Tradition. Deshalb darf V. 6 nicht

---

[117] Vgl. H. Weippert, BRL², 250–255.

aufgefüllt werden, um auch hier vier Wagen zu haben; erwähnt werden nur noch
drei. Auch werden nicht vier, sondern nur noch zwei Himmelsrichtungen
genannt: der Norden und der Süden; auf diese beiden werden die drei Wagen
verteilt. Daß zwei Wagen nach Norden, nur einer nach Süden aufbricht, ist
offenbar Absicht, denn in V. 8 sind nur die ersteren von Bedeutung. Die zahllo-
sen Änderungsvorschläge der Ausleger sind sämtlich überflüssig. „Die Starken"   7
(7) ist eine Sammelbezeichnung für sämtliche Streitwagen (keine Farbbezeich-
nung; eine solche darf hier auch nicht eingetragen werden). Da in V. aβ offenbar
der Mittlerengel wieder das Wort nimmt, kann seine Rede aus V. 5b–6 in V. 7aα
nicht mehr fortgehen. So handelt es sich anscheinend um eine Fortsetzung des
Visionsberichts aus V. 1. Geschildert wird der Augenblick, in dem die Streitwagen im Aufbruch sind. Ähnlich wie in 2,8, spricht der Mittlerengel (nicht Jahwe,
so manche Ausleger) jetzt in das Bild hinein und fordert die Gespanne auf, ihre
Absicht auszuführen, auf der Erde umherzustreifen. Dies geschieht anschließend sofort.[118] Der Begriff ist der gleiche wie 1,10, wo er den Erkundungsauf-
trag an die Reiterspähtrupps bezeichnete. Hier kann, da jetzt Streitwagen beauf-
tragt werden, nicht das gleiche gemeint sein. Die Deutung wird sich erst von V. 8   8
her ergeben. Möglich wäre aber auch die Annahme einer nach 1,10f. erfolgten
Glosse, da V. 8 an V. 6 gut anschlösse und V. 7 den Gedankengang eher unterbricht. 8 Hier ist der Gebrauch des Verbums ṣ'q mit Akk für „rufen" ganz
singulär, recht selten auch das folgende dbr für „sprechen". Die Funktion ist
aber wohl die gleiche wie in der sonst häufigen Verbindung von qr' mit 'mr: Der
Engel erregt zunächst die Aufmerksamkeit des Propheten, dann folgt die Einleitung zu wörtlicher Rede. Viel Diskussion hat hervorgerufen, daß in dieser das
Wort „mein Geist" sich nur auf Jahwe beziehen läßt. Liegt also direkte Jahwerede vor? Oder muß in „Geist Jahwes" geändert werden?[119] Nun beschließt zwar
auch in 1,14f.; 2,9; 5,4 (nicht 4,14) eine Jahwerede die Vision, aber eine direkte
Folgerung daraus ist nicht zwingend. Auch ohne eine ausdrückliche Botenformel kann sich der Bote mit Jahwe identifizieren.[120]

Wichtig ist, daß die Aufmerksamkeit des Propheten ausschließlich auf die in
Richtung auf das „Land des Nordens" ausziehenden Wagen gelenkt wird. Das
bedeutet eine weitere Zuspitzung des Skopus. Das vorgegebene Bild der vier
Winde wird immer mehr auf die aktuelle Situation hin eingeengt. „Land des
Nordens" ist Babylon, vgl. 2,10. Ob dies wörtlich gemeint ist oder der Norden
vielleicht nur Symbol für alle gottfeindlichen Mächte ist – die Weltmacht Persien
dürfte kaum so gewertet werden (gegen Meyers/Meyers) –, dürfte sich an der
Deutung der Wendung „meinen Geist legen" entscheiden. Die ältere Auffassung: „Zorn" (vgl. Ri 8,3; Spr 16,32; 29,11): Jahwe wolle seinen Zorn auslassen
am Nordland= an Babel als dem Erzfeind Israels das Gericht vollstrecken (vgl.
Ez 5,13; 16,42; 21,17 (22); 24,13, aber mit anderem Objekt) würde aber nur die
Botschaft des zweiten Nachtgesichtes (2,4)wiederholen. Eine zweite Auffas-

---

[118] Der Übergang in die 3. pers. fem. plur.(Subjekt jetzt: Wagen) hat keine sachliche Bedeutung.
[119] Vgl. u.a. BHS.
[120] Seybold, 50, Anm. 7

sung (Rothstein u. a.) sieht den „Geist" als lebensschaffende Kraft (Ez 37,12 ff.);
dieser werde ins Nordland gebracht, um die Exulanten zur Heimkehr zu
bewegen. Andere betonen die Streitwagen als Machtinstrumente: Jahwes Macht
werde eschatologisch über die Weltmächte, auch das Nordland, triumphieren.
Mehrdeutigkeit ist denkbar. Auf jeden Fall ist der Geist Garant für Gottes
Gegenwart; sein Eifer für Jerusalem (1,14b=8,2) bedeutet Heil für Israel wie
Unheil für die feindseligen Völker (1,15).

     Damit rundet sich die Botschaft der Nachtgesichte, die von der Ungewißheit
der Gegenwart und der scheinbaren Interessenlosigkeit Jahwes für Jesusalem-
Juda (1,12) aus den Blick auf sein unmittelbar bevorstehendes helfendes Eintreten öffnen. Die Feindmächte werden niedergeworfen (2,1–4), so daß Jerusalem
als offene Stadt daliegen kann (2,5–9). Die zentrale Vision (4,1–6aα. 10b–14)
spricht von der Gegenwart des allwissenden Gottes in Stadt und Tempel und
dem künftigen Platz der beiden Ölsöhne zur Rechten und Linken Jahwes. Mit
der Beseitigung der Sünder (5,1–4) und dem Fortschaffen der Kollektivschuld
aus dem Lande (5,5–11) werden die Voraussetzungen dafür geschaffen, daß
Jahwe seine Macht in alle Welt ausdehnen kann (6,1–8).

6,9–15: Die Krönungshandlung

9 Und es erging das Wort Jahwes an mich also: 10 Nimm von den Exulanten, von Cheldai, von Tobia und von Jedaja, und geh du an jenem Tage, geh
in das Haus Josias, des Sohnes Zephanjas, die von Babel kamen.   11 Und
nimm Silber und Gold und mache eine Krone[121] und setze sie auf das Haupt
Josuas, des Sohnes Jozadaks, des Hohenpriesters.   12 Und sprich zu ihm
also: So spricht Jahwe der Heerscharen:
     Siehe, ein Mann, Sproß ist sein Name,
          und unter ihm sproßt es,
          und er wird den Tempel Jahwes bauen.
13 Und er wird den Tempel Jahwes bauen,
     und er wird Hoheit an sich tragen
     und wird sitzen und herrschen auf seinem Thron;
     und ein Priester wird sein auf seinem Thron,
     und friedliches Einvernehmen wird zwischen ihnen beiden herrschen.
14 Und die Krone wird für Chelem und für Tobia und für Jedaja und für die
Freundlichkeit des Sohnes Zephanjas zum Andenken im Tempel Jahwes
bleiben.
15 Und die Fernen werden kommen und am Tempel Jahwes bauen, und ihr
werdet erkennen, daß Jahwe der Heerscharen mich gesandt hat. (Es wird
geschehen, wenn ihr wirklich auf die Stimme Jahwes, eures Gottes, hört...)

---

[121] S. Auslegung.

Lit.: G. Wallis, Erwägungen zu Sacharja VI,9–15: VT. S. 22 (1972) 232–237.

Der Abschnitt ist in der Auslegungsgeschichte oft einschneidend verändert worden. Ein verbreiteter Vorschlag (Wellhausen; noch Elliger, auch BHS) meint, ursprünglich sei im Text von einer Krönung des Thronprätendenten Serubbabel die Rede gewesen; nach dem Scheitern aller Hoffnungen auf ihn sei der Text so verändert worden, daß die Zeichenhandlung nun auf den Hohenpriester Josua übertragen wurde. Die Wiederherstellung des angeblich ursprünglichen Wortlautes verlangt aber derart starke Eingriffe ohne textkritische Stützen, daß diese Lösung heute skeptischer beurteilt wird. Einen anderen Weg beschreiten die literarkritischen Analysen, wie die Aufteilung bei Wallis in zwei Schichten: I. Anfertigung von Diademen, die Josua aufs Haupt gesetzt und anschließend im Tempel aufbewahrt werden (V. 9. 10 aβγ. 11. 14), II. Messianische Weissagung auf Serubbabel (V. 10 bβ. 12 f. 15).[122] Neuerdings sucht man aber immer häufiger mit dem überlieferten Text auszukommen und seine Anstöße durch inhaltliches Verständnis zu überwinden.

Es handelt sich um den Auftrag zu einer prophetischen Zeichenhandlung. 9 Eingeleitet wird der Abschnitt mit einer Wortereignisformel. Jahwe redet hier, wie in der klassischen Prophetie, mit dem Propheten unmittelbar. Es folgt aber 10 kein Jahwewort, sondern ein Handlungsauftrag. Es geht um eine Symbolhandlung[123]. Der inf. abs. steht hier anstelle des imp.[124] Das „Nimm" wird am Anfang von V. 11 wiederaufgenommen und durch das zunächst fehlende Objekt ergänzt. „Nehmen von" ist ein priesterlicher Begriff bei Opfermaterialien (Ex 25,2 f.; 35,5; Num 7,5; 18,26–28; Lev 7,34).Zunächst liegt das Interesse darauf, von wem Sacharja etwas nehmen soll: Es ist die Exulantenschaft in Babylonien, deren zusammen mit dem Zephanjasohn Josia nach Jerusalem gekommene Repräsentanten Cheldai, Tobia und Jedaja sind. Josia besitzt bereits wieder in Jerusalem ein Haus, in dem die Zeichenhandlung vorgenommen werden soll. Die anderen wohnen wie offenbar die meisten Angehörigen der Exulantenschaft noch in Babel und sind, anscheinend in offizieller Mission, nur vorübergehend in Jerusalem anwesend. Ihre Vatersnamen werden wohl deshalb nicht genannt, weil sie bekannte Persönlichkeiten sind. Zu Chelem begegnet aus unbekannten Gründen eine andere Namensform in V. 14. Tobia könnte Angehöriger der bekannten Familie der Tobiaden sein.[125]

Die Wiederholung des „Geh" mit einem betonten „Du" drückt Emphase aus.[126] „An jenem Tage" ist hier nicht eschatologisch gemeint, sondern bezeichnet einen konkreten nicht identifizierbaren Termin. Silber und Gold (vgl. o. zu 11

---

[122] Andere Aufteilungen u. a. bei Petitjean, 268–303; Schöttler, 150–163.

[123] Zur Gattung vgl. G. Fohrer, Die symbolischen Handlungen der Propheten (AThANT 54), 1968[2], 70 f.

[124] Vgl. G-K[28], § 113 bβ.

[125] Vgl. Esr 2,60; Neh 7,62; Neh 2,10. 19 u. ö.; B. Mazar, The Tobiads: IEJ 7 (1957) 137–45. 229–38.

[126] Zur Konstruktion vgl. Gen 37,10; 1. Sam 4,12 f. u. ö.; Petitjean 278.

Hag 2,8) sind offenbar freiwillige Spenden der Exilsjudenschaft für den Tempel, vgl. Ex 25,2 ff..(=35,4 ff.); 2. Kön 12,5; Esr 1,4–6; 2,68f. Sacharja soll daraus eine Krone herstellen. MT scheint von Kronen (plur.) zu sprechen. Doch steht die gleiche Form[127] in V. 14 mit einem singularischen Verb. Auch läßt sich die Handlung in V. 11 nicht mit mehreren Kronen (eine Anzahl wäre nicht genannt) ausgeführt denken. Offenbar ist -ot eine archaische Singular-Endung.[128] Demnach erhält Sacharja den Auftrag, in einer Zeichenhandlung dem Hohenpriester Josua eine Krone aufs Haupt zu setzen. Daß an dessen Stelle ursprünglich Serubbabel gestanden hätte, läßt sich nicht nachweisen. Auch ist Josua offenbar der Empfänger einer stellvertretenden Symbolhandlung für den in der Deutung
12 V. 12 genannten „Sproß" (Rignell u. a.) und wird nicht selbst in eine königliche Position erhoben. Mit einem Wortauftrag an Sacharja und einer Botenformel wird das zur Zeichenhandlung gehörige Deutewort (vgl. 3,8–10) eingeleitet. In ihm wird bewußt unbestimmt[129] von einem „Mann" gesprochen, der den Namen „Sproß" tragen soll. Zu dem Wort vgl. o. zu 3,8. Ein künftiger Herrscher aus dem Davidshaus („Messias") wird angekündigt, der noch nicht identifiziert werden kann. V. bβ enthält offensichtlich ein Wortspiel auf den Begriff „Sproß", dessen Sinn allerdings nicht ganz leicht zu verstehen ist. Heißt es: er wird der Gründer einer blühenden Dynastie sein (Wellhausen)? Oder: er bringt Fruchtbarkeit im Lande (Hitzig u. a.)? Eindeutig läßt sich das nicht entscheiden. Auch die Aussage am Schluß des Verses dürfte ursprünglich sein, trotz der Doppelung zu V. 13 aα. Ein geprägtes Trikolon im Versmaß 3+3+3 scheint vorzuliegen. An den Sproß (nicht mehr an Serubbabel, gegen 4,9) knüpft sich
13 jetzt die Sacharja wichtige (vgl. auch 1,6) Tempelbauerwartung. Sie steht auch im folgenden Vers an erster Stelle neben der Erwartung von Herrscherwürde (V. aβ). Daß hier ein anderer Begriff für „Tempel" steht, könnte mit der Verwendung eines geprägten Spruches durch Sacharja zusammenhängen (vgl. 2. Sam 7,13a; 1. Kön 5,19; 8,19f.; 1. Chron 22,10; 28,5–7). Der Begriff bezeichnet im allgemeinen das Zentralheiligtum Israels (Silo: 1. Sam 1,9; 3,3; sonst den Tempel in Jerusalem: 2. Kön 18,16; 23,4; 24,13; Jer 7,4; 24,1; das Allerheiligste 1. Kön 6f./2. Chron 3–4), Hag 2,18; Esr 3,10 den zweiten Tempel. Daß er, der Sproß, den Tempel erbauen wird, wird durch ein doppeltes PP unterstrichen. Der Thron ist äußeres Zeichen seiner Würde. Dieses Stichwort wird in V. b wiederaufgenommen. Er fügt einen weiteren Aspekt hinzu. Hier wird wohl absichtlich (ähnlich wie in V. 12 von einem Mann) unbestimmt (ohne Artikel) von einem (obersten) Priester gesprochen. Statt „auf seinem Thron" bringt G „zu seiner Rechten", eine (seit Wellhausen) von vielen übernommene Lesart. Das würde eine Würdestellung mit Teilhabe an der königlichen Macht bedeuten (vgl. Ps 110,1; 1. Kön 2,19). Doch gibt es gute Gründe, an MT festzuhalten. Auch die Wiedergabe: „neben seinem (des Königs) Thron" (Jepsen u. a.) empfiehlt sich nicht, da sie die Wendung anders als die unmittelbar vorhergehende versteht.

---

[127] Defektiv-Schreibung.
[128] Lipinski, 34f. (Belege).
[129] Ohne Art., gegen BHS.

Mit „Thron" kann auch der des (Ober-) Priesters gemeint sein (vgl. 1. Sam 1,9; 4,13. 18). So ist hier das gleiche wie in dem Bild von den beiden „Ölsöhnen" (4,14) gemeint: eine Teilung von Macht und Würde zwischen König und Priester. In der Heilszeit soll zwischen ihnen ein ungetrübtes Einvernehmen herrschen. Die spätere Vorstellung von den beiden Messiassen (dem königlichen und dem priesterlichen)[130] bereitet sich vor.

V. 14 regelt den Verbleib der Krone nach der Zeichenhandlung. Sie soll zur   14 Erinnerung an die Stifter im Tempel verbleiben. Neben der schon genannten Namensvariante fällt auf, daß der Zephanjasohn nur noch mit Vaternamen genannt wird. Das davorstehende Wort bedeutet hier „Freundlichkeit, Großzügigkeit"(in finanzieller Hinsicht als Stifter). Von dem abschließenden Vers kann   15 wenigstens V. aα noch als Schlußaussage zum Zeichenhandlungsauftrag gehören. Mit den „Fernen", die am Tempelbau mitwirken sollen, können sowohl Juden im Exil (vgl. Jes 43,6; 57,19; Dan 9,7) wie Nichtjuden (Jes 49,1; Dtn 13,8; vgl. auch Sacharja 2,15; 8,20–23; Hag 2,6–9) gemeint sein. Daß auch die Fremden zum Ruhme Jahwes und seines Volkes beitragen müssen, ist Begleiterscheinung des Heilsgeschehens (vgl. Ex 11,2; 12,35; Jes 60,9f.). Aber die Fremden wirken nur mit, sie tragen keine Verantwortung am Bau. Ob die „Erkenntnisformel" (vgl. 2,13. 15; 4,9) in V. aβ ursprünglich ist, ist umstritten. Triftige Gegengründe gibt es aber nicht. V. 15 b ist dagegen eine (unvollständige) Glosse im dtn Stil (vgl. Dtn 28,1).

III. Hauptabschnitt: Weitere Wortverkündigung

Kap. 7: Die Fastenfrage

1 Und es geschah im vierten Jahre des Königs Darius, da erging das Wort Jahwes an Sacharja am vierten des neunten Monats (im Kislev)[131]. 2 Da sandte[132] Bet-el-sar-eser und Regem-melech und seine Leute, um Jahwes Angesicht zu begütigen, 3 mit folgender Anfrage: „An die Priester, die zum Haus Jahwes der Heerscharen gehören, und an die Propheten: Soll ich weinen im fünften Monat, indem ich faste, wie ich nun schon seit Jahren getan habe?"
4 Da erging das Wort Jahwes der Heerscharen an mich also:
5 „Sprich zum ganzen Volk des Landes und zu den Priestern:
Wenn ihr fastetet und klagtet im fünften und siebten Monat diese siebzig Jahre, habt ihr denn etwa mir gefastet?

---

[130] Q Sa 2,11–14; TestJud 21,2.
[131] Vgl. BHS.
[132] „Distributiver" Singular, vgl. G-K[28], § 145,1; 145 a. o.

6 Und wenn ihr eßt und trinkt, seid dann nicht ihr es, die eßt, und ihr, die
   trinkt?

7 Sind dies nicht die Worte[133], die Jahwe durch die früheren Propheten
   verkündet hat, als Jerusalem noch bewohnt und unversehrt war und
   seine Städte um es herum und der Negeb und die Küstenebene bewohnt
   waren?"

8 (Da erging das Wort Jahwes an Sacharja also:)

9 So sprach Jahwe der Heerscharen:
   „Übt rechtes Gericht
      und übt Liebe und Barmherzigkeit
      jeder gegenüber seinem Bruder.

10 Witwe und Waise, Fremdling und Armen bedrückt nicht
      und sinnt nicht Böses in euren Herzen
      jeder gegen seinen Bruder.

11 Aber sie weigerten sich, darauf zu achten, und zeigten eine störrische
Schulter, und ihre Ohren verstockten sie, so daß sie nicht hörten.   12 Und
ihr Herz machten sie zu Diamant, um nicht zu hören die Weisung und die
Worte, die Jahwe der Heerscharen gesandt hatte in seinem Geist durch die
früheren Propheten. So kam ein gewaltiger Zorn von Jahwe der Heerscharen her.   13 Und es geschah, wie er rief und sie nicht hörten, so werden sie
rufen und ich werde nicht hören, sprach Jahwe der Heerscharen,   14 und
werde sie zerstreuen[134] unter allen Völkern, welche sie nicht kannten, so daß
das Land wüste hinter ihnen liegt, daß niemand darin hin- und herzieht. So
machten sie ein köstliches Land zur Wüstenei."

Gegenüber vielen unterschiedlichen Vorschlägen zur Aufteilung des Kapitels
empfiehlt es sich, es als ein Ganzes zu nehmen, wobei jedoch zwischen einer
Anlaßerzählung (V. 1–3) und dem Bericht über die sog. Fastenpredigt Sacharjas
(V. 4–14) zu unterscheiden ist. Bis auf V. 8 (s. u.) handelt es sich in V. 4–14 um
die Antwort Sacharjas auf die Fastenfrage in V. 3 b.

1   Die hier vorliegende, in der jetzigen Gestalt offenbar auf die Endredaktion
zurückgehende Überschrift (vgl. 1,1; 1,7) ähnelt in der Form am ehesten der für
Ezechiel üblichen Struktur, wobei allerdings die Wortereignisformel das Datum
zwischen Jahreszahl und Tagesangabe unterbricht und offenbar an die falsche
Stelle geraten ist. Ähnlich wie in Hag 1,1–3 ist ein äußerer und ein innerer
Rahmen zu unterscheiden: Läßt man die Wortereignisformel weg, leitet das
Datum die in V. 2 fortgeführte Erzählung ein, die den Anlaß schildert, welcher
die mit einer, nun in der Ichform gestalteten Wortereignisformel (V. 4) angeschlossene „Predigt" Sacharjas hervorgerufen hat. Nur in Hag 1,1 und Sach 7,1
wird Darius „der König" genannt; ob dadurch eine die Bücher Haggai-Sacharja
1–8 umgreifende Gesamtrahmung angedeutet wird (Petersen), muß unsicher

---

[133] Nom. mit *'et*; vgl. R. Polzin, Late Biblical Hebrew. HSM 12 (1976) 32–37; Petitjean 319;
Rudolph.
[134] Zur Form vgl. G-K[28], § 23 h. 52 n.

bleiben. Am Ende von V. 1 hat ein Glossator den babylonischen Monatsnamen nachgetragen. Das angezeigte Datum ist der 7. Dezember 518 v. Chr., das späteste in Haggai-Sacharja, ungefähr zwei Jahre nach Beginn des Tempelbaus (vgl. Hag 2,10) und rund zwei Jahre vor seiner Vollendung (515 v. Chr.). Die im folgenden berichtete Anfrage hängt mit den Baufortschritten unmittelbar zu- 2 sammen. Zwei Männer (mit ihrer Klientel) werden genannt, die eine Gesandt- schaft nach Jerusalem entsandt haben. Am besten faßt man Bet-el-sar-eser und Regem-melech als je einen Personennamen auf. Betel ist ein Gottesname[135]; der erste Name bedeutet dann: „Betel beschirme den König".[136] Ähnliche Namen Dan 5,1; Jer 39,3. 13. Regem-melech bedeutet wahrscheinlich „Der König (Gott) hat gesprochen" (Rudolph); vgl. 2. Kön 23,11; Jer 38,7; 1. Chron 2,47. Offensichtlich handelt es sich um hochgestellte Persönlichkeiten, die Boten ausgeschickt haben; ob sie noch im Exil wohnen, ist nicht ganz deutlich. Als Absicht der Mission wird zunächst die kultische Verehrung Jahwes (im Tempel) genannt, die vermutlich auch mit Opfern verbunden war. Die Hauptabsicht der 3 Mission ist jedoch eine Anfrage bei den Priestern am Tempel und den Prophe- ten. Der Wortlaut verrät nicht eindeutig, ob letztere auch zum Tempelpersonal gehören, aber zumindest nehmen sie auch eine amtliche Funktion in seiner Umgebung wahr (vgl. Am 7,10 ff.; Jer 29,26). V. b gibt möglicherweise den Wortlaut eines Dokumentes zusammengefaßt wieder. Es handelte sich dann um eine schriftliche Anfrage an das Tempelpersonal, die vermutlich im Tempelar- chiv aufbewahrt wurde. Auffällig ist die 1. Person, die wohl am besten so zu verstehen ist, daß jeder Absender für sich die gleiche Frage stellt. Das Wehkla- gen und Fasten im 5. Monat bezieht sich offensichtlich auf die Zerstörung Jerusalems und des Tempels im 5. Monat des Jahres 587 oder 586.[137] Dies ist die erste Nachricht darüber, daß im Exil (und vermutlich auch im Lande; vgl. Jer 41,4 f.) derartige Klagefeiern abgehalten wurden, wie wir sie auch aus dem Alten Orient bei ähnlichem Anlaß kennen.[138] Die Anfrage ist in diesem Augenblick verständlich, wo der Wiederaufbau des Tempels schon sichtbare Fortschritte 4 gemacht hat. Nicht 8,18 f. (wo von ganz anderen Fastentagen die Rede ist; gegen Elliger), sondern das Jahwewort V. 4–7 enthält die Antwort. Die Wortereignis- formel[139] (vgl. 4,8; 6,9, jedoch vermehrt um „der Heerscharen") leitet zu einem 5 Wortauftrag (5 a) über, der die Anfrage zum Anlaß an eine breite Hörerschaft nimmt. Zu „Volk des Landes" vgl. zu Hag 2,4. Gemeint sind die Laien Judas im Unterschied zu den anschließend genannten Priestern. Auffällig ist, daß das Prophetenwort in 5 bα außer dem fünften noch den siebenten Monat nennt. Hier denkt man gewöhnlich mit der Tradition an die Ermordung des judäischen

---

[135] Theophorer Bestandteil in mehreren Namen aus Elephantine, vgl. M. Noth, Die israelitischen Personennamen. BWANT III,10 (Nachdruck Hildesheim 1966),127 f.

[136] Bab Bit-ili-sar-uṣur, vgl. J. P. Hyatt, JBL 56 (1937) 387–94.

[137] Unterschiedliche Angaben 2. Kön 25,8 und Jer 52,12.

[138] Vgl. u. a. das sumerische Klagelied über die Zerstörung von Ur: W. Beyerlin, Hg., Religions- geschichtliches Textbuch zum Alten Testament. Göttingen 1985², 140–42.

[139] Der Übergang in die 1. sg. deutet auf andere Herkunft als 7,1, also nicht von der Endredak- tion, kaum von Sach selbst (gegen Beuken).

Statthalters Gedalja im siebenten Monat wohl 587 (586), vgl. 2. Kön 25,25; Jer
41,1–3. Wenn nach 7,1 das Datum des Wortes Anfang Dezember 518 wäre,
würde die Zahl von 70 Jahren ziemlich genau zutreffen, die allerdings wahrscheinlich als runde Zahl gemeint ist, vgl. zu 1,12. Die Spitze liegt in der am Ende
des Verses formulierten Suggestivfrage, ob dieses Fasten denn tatsächlich Jahwe
gegolten habe.[140] Vgl. Am 5,25. Die Antwort muß „nein" lauten. Fasten und
andere Kultbräuche können auch der Befriedigung eigener Bedürfnisse dienen,
6 ein typisches Thema vorexilischer prophetischer Kultkritik, vgl. Am 4,4f.; Hos
8,13; Jes 1,10–17; auch Jer 7,21; Ps 50,13. Dasselbe wird dann noch einmal in
einer weiteren Frage formuliert, in der ein zweimaliges betontes „ihr" das „mir"
aus V. 5 alternierend aufnimmt: auch wenn man ißt und trinkt, geschieht es im
eigenen Interesse. Im ganzen wird hier der Stil der Disputation sichtbar, wie er
später besonders bei Maleachi hervortritt (s. dort). Sinn der Gesamtaussage ist
es, aus Anlaß der vorliegenden Anfrage, die Sacharja als auch an sich gerichtet
empfindet, dem Volk klarzumachen, daß es Gott auf das Fasten unter den
gegebenen Umständen (anders Zeph 2,1–3!) keinesfalls ankommt. Damit
nimmt er deutlich eine Thematik der vorexilischen Prophetie auf.
7   Der folgende Vers sagt das ausdrücklich. Damit wird das bereits in 1,4–6
behandelte Thema noch einmal aufgegriffen. Erneut zieht Sacharja aus der
früheren Geschichte Jerusalem-Judas eine Lehre für seine Hörer in der Gegenwart. Der Gedankengang wird mit V. 7 offenbar nicht unterbrochen; auch die
Frageform setzt sich fort. So beginnt hier kein vollkommen neuer Abschnitt.[141]
Pädagogisch geschickt verweist Sacharja darauf, daß die „früheren Propheten"
zu einer Zeit aufgetreten seien, als die Welt für Jerusalem-Juda noch in Ordnung
war. Das beschriebene Gebiet umfaßt neben Jerusalem und den umliegenden
(befestigten) Städten den Negeb (die südliche Wüste) und die südliche Küstenebene, vor der Abtrennung des Negeb durch Nebukadnezar II 598 v. Chr.
Offenbar war die Geschichte Sacharja und seinen Hörern noch bekannt. Rechtzeitig haben die Propheten gewarnt, ehe die traurigen Ereignisse einsetzten,
deren Ergebnis die augenblickliche räumlich eingeschränkte und wirtschaftlich
8 bedrängte Lage des nun nicht mehr unabhängigen Landes ist. V. 8, der von
Sacharja in 3. Person spricht, ist offensichtlich eine Ergänzung, denn in V. 9f.
9 folgt als wörtliches Zitat, was die Propheten gesagt haben. Nach der Botenformel, die wohl absichtlich mitzitiert wird, um auf das Gotteswort im Prophetenwort hinzuweisen, steht ein vierteiliges Mahnwort in einer lose poetischen,
gedanklich die Glieder miteinander verknüpfenden Form (V. 9bα setzt sich in
10a fort; der Rahmen 9bβ/10b ist durch die Stichworte „jeder seinen Bruder"
verbunden). Indem er sie anführt, macht Sacharja sich diese Forderungen zu
eigen, ein weiteres Zeichen dafür, daß seine Verkündigung keineswegs einen
totalen Umbruch gegenüber der vorexilischen Prophetie bedeutet. V. bα zitiert
einen offenbar vorgeformten Kultbescheid, der sich, darin den vorexilischen
Forderungen entsprechend, vgl. bes. Jer 7,5f. 9; Am 5,24; Jes 1,17, auf eine

---

[140] Zur Konstruktion vgl. G-K[28] § 117x; 135e.
[141] Auch ist V. 7 nicht Abschlußvers des vorangegangenen Abschnitts (gegen Petersen).

gerechte Rechtssprechung bezieht. Im Torgericht hatte der Vollbürger die
größte Macht gegenüber seinen Mitbürgern in Händen; dort war er auch der
Versuchung des Machtmißbrauchs am stärksten ausgesetzt. Die Fortsetzung　10
findet sich in V. 10a, vgl. Jes 1,17: Unrechtsurteile trafen meist die Hilfsbedürf-
tigen, die selbst keinen Rechtsstatus besaßen und im alten Orient unter besonde-
rem göttlichen (und königlichen) Schutz standen: Witwen, Waisen,[142] Fremde
und Arme. Sie soll der Bürger (im Gericht) nicht unterdrücken. Für die Predigt
charakteristisch ist, daß dieses Verbot durch sich an das „Herz" der Hörer
richtende Mahnungen gerahmt wird: positiv zu Güte und Erbarmen gegen den　11–12
„Bruder"=Volksgenossen (9bβ), negativ, nichts Böses gegen ihn zu planen
(10b). V. 11–12 schildern die negative Reaktion der damaligen Hörer auf diese
Mahnungen in Form einer Geschichtsparänese. Vielfach werden dtr Wendungen aufgenommen. Auf eine allgemeine Aussage (zu „sich weigern" vgl. bes. Jer
3,3; 5,3; 8,5; 9,5; 11,10; 13,10; Hos 11,6; Neh 9,17) folgen drei bildhafte
Ausdrücke, die alle das Nichthörenwollen umschreiben. Zu „störrische Schul-
ter" vgl. Neh 9,29; zu den „schweren"=tauben Ohren Jes 6,10; 59,1; zur
„Hartherzigkeit" Jer 17,1; Ez 3,9; 11,19; 36,26. So konnten sie die Weisung
(Tora) Jahwes durch die Propheten und die Worte, die er durch seinen Geist
geschickt hatte, nicht hören. Zur Vermittlung der Prophetenworte durch den
Geist vgl. Num 24,2; 2. Sam 23,2; Joel 3,1f.; Neh 9,30. Zum „großen Zorn"
Gottes als Reaktion darauf vgl. 1,2. 15; er führte zur Zerstörung Jerusalems. Der　13
folgende Vers schildert den Übergang von der vorexilischen zur exilischen
Situation. V. a faßt zunächst noch einmal das Vorangegangene zusammen:
Jahwe hat verkündigt (vgl. V. 7), aber die vorexilische Generation hat nicht
gehört. In V. b wechseln Person und Tempus: er blickt in einem als solchen
gekennzeichneten Zitat eines Gotteswortes auf die damals zukünftige Exilszeit
und schildert die dann eingetretene Situation mit den gleichen Verben als
Entsprechung. Der Übergang in einen futurischen Aspekt und in die 1. Person
Jahwes lassen die Lage im Exil für die Hörer noch einmal lebendig werden:
Dann waren sie es, die zu Gott riefen, aber er wollte nicht hören. Von der
Begründung wird zur Gerichtsankündigung übergegangen.

Diese wird anschließend mit überwiegend traditionellen Formeln ausgeführt.　14
Doch ist der Gebrauch von „auseinanderfegen" (vom Sturm) für die Zerstreuung ungewöhnlich. „Unter die Völker, die sie nicht kannten" meint vorwiegend
Babylon, ist aber eine Formel aus der Fluchtradition (vgl. Dtn 28,36; Jer 16,13);
ähnlich die Verwüstung des Landes (vgl. Ex 23,29; Lev 26,33; zu der folgenden
Wendung auch Ez 33,28; 35,7; 36,34). Zum „köstlichen Land" vgl. Jer 3,19; Ps
106,24; daß es zur Wüste wird, ist Auswirkung des Zornes Jahwes.

Das ganze ist eine Predigt im Stile von 1,1–6. Wie dort benutzt Sacharja den
Rückblick auf die Vätergeneration und die früheren Propheten, seine Vorgänger, um seine eigenen Hörer aus der Geschichte zu belehren. Er führt ihnen die
schrecklichen Folgen daraus, daß die Bewohner des vorexilischen Juda auf die
Warnungen der Propheten nicht hören wollten, vor Augen und läßt sie ihre

---

[142] Diese Reihenfolge sonst nur Ex 22,21.

eigene Situation als Resultat dieser Verstocktheit erkennen. Implizit ist darin die
Aufforderung ausgedrückt, sich nicht wie die Vätergeneration zu verhalten, auf
die Warnung zu hören und die Tora Gottes zu befolgen. Tora meint (hier im
Parallelismus zu „Worte") in prophetischer Tradition (Hos 4,6; 8,1. 12; Jes 5,24;
8,16, vgl. 8,20; Jer 6,19; 8,8, vgl. 31,33 u.ö.) hier den Gesamtwillen Gottes.[143]
Auch darin setzt Sacharja die Botschaft seiner Vorgänger fort.

8,1–17: Eine Sammlung von Prophetenworten

Für die Gliederung von Sach 8 sind zahlreiche Vorschläge gemacht worden,
doch legt sich eine Einteilung nach den Einleitungsformeln nahe: die „Wortereignisformel" V. 1. 18 steht am Anfang der Sammlungen 1–17 und 18–23,
während die „Botenformel" die kleineren, ursprünglich voneinander unabhängigen Worteinheiten einleitet. Erwägenswert ist auch der neuerdings von Mittmann gemachte Vorschlag, V. 1–8 als eine kompositionelle Einheit zu sehen, die
dann allerdings redaktioneller Art wäre. Die Redaktion hat wohl das Datum in
7,1 für beide Kapitel gelten lassen wollen, doch dürfte es ursprünglich nur zu der
Anfrage wegen des Fastens in 7,2–3 gehört haben. So wissen wir über die
(vermutlich unterschiedliche) Entstehungszeit der in Kap. 8 enthaltenen Worte
nichts.

Lit.: S. Mittmann, Die Einheit von Sacharja 8,1–8: FS Fensham (o. S. 51), 269–282.

a) 8,2: Jahwes Eifer für Zion

(1 **Da erging das Wort Jahwes der Heerscharen also:**)
2 **So sprach Jahwe der Heerscharen:**
  Ich eifere für Zion mit großem Eifer,
  mit großem Zorn eifere ich für es.

Die erste Hälfte dieses Doppelverses begegnete schon fast wörtlich in 1,14a,
dort eingebettet in einen größeren Zusammenhang. Die Fortsetzung 1,15
spricht von den Völkern, die sich über ein vorübergehendes Strafhandeln Jahwes
weit hinausgehend gegen Jerusalem und den Zion gewandt haben. Gegen die
Fremdmächte richtet sich offensichtlich auch nach diesem Spruch der Zorn des
mit Eifer für sein Heiligtum auf dem Zion eintretenden Gottes. So reiht sich
dessen Aussage in die Zion-Thematik ein, die offenbar eine große Rolle bei
Sacharja spielt.

---

[143] Vgl. G. Liedke/C. Petersen, Art *tora* Weisung, THAT II, 1032–43, 1038f.

b) 8,3: Jahwes Rückkehr nach Jerusalem

3 **So sprach Jahwe:**
Ich kehre zurück zum Zion
und wohne inmitten Jerusalems.
Dann wird Jerusalem genannt die Stadt der Verläßlichkeit[144]
und der Berg Jahwes der Heerscharen Berg der Heiligkeit.

Diesmal haben wir einen aus zwei Doppelversen bestehenden Spruch vor uns, dessen erster Jahwes angekündigtes Handeln, der zweite dessen Folgen für Jerusalem und den Zion (den Berg Jahwes) schildert. Zu 3a finden sich enge Entsprechungen in 1,16a und 2,14b: Jahwe verheißt seine Rückkehr zum Zion und sein Wohnen dort inmitten Jerusalems. Diese Wiederkehr wird bewirken, daß Jerusalem und der Zion je einen neuen Ehrentitel erhalten. Schwer zu entscheiden ist der Sinn von 3bα. Der Jerusalem zugesprochene neue Status ist durch Jahwes Handeln bewirkt, kann aber auch ein entsprechendes menschliches Tun einschließen: eine Stadt, auf die man sich verlassen kann, da Gott in ihr wohnt, aber auch, weil ihre Bürger Gerechtigkeit üben (vgl. Jes 1,26(21); Jer 31,23). Ähnlich doppeldeutig ist V. bβ, da die neue Bezeichnung des Tempelberges (Zions) „Berg des Heiligtums" oder „der Heiligkeit" meinen kann. Möglicherweise ist das beabsichtigt: Gottes Gegenwart wird eine Verwandlung der gesamten Stadt bewirken; auch ihre Menschen werden dann andere sein.

c) 8,4–5: Die künftige Lebensfülle in Jerusalem

4 **So sprach Jahwe der Heerscharen:**
Noch werden alte Männer und alte Frauen sitzen auf den Plätzen Jerusalems, jeder mit seinem Stab in der Hand wegen der Menge der Tage.
5 **Und die Plätze der Stadt werden voll sein von Jungen und Mädchen,**
die auf ihren Plätzen spielen.

Auch dieser Spruch blickt auf die künftige Heilszeit Jerusalems. Sie wird eine Zeit des Friedens sein. Im Gegensatz zu den Totenklagen, die in den vergangenen Kriegszeiten, besonders nach dem Fall Jerusalems, Straßen und Plätze erfüllten (vgl. Jer 9,20; Kgl 2,11f.; 4,18; Am 5,16), werden jetzt die Menschen ungestört alt werden können (vgl. Jer 65,20; 1. Makk 14,19). Auch werden zahlreiche Kinder aufwachsen. Zahlreiche Nachkommenschaft bedeutet Segen, vgl. Gen 15,5; Jer 30,19; 31,4. 27; 33,10f.; Jes 49,18–21. Daß weder Alte noch Kinder arbeiten müssen – damals wie heute in armen Ländern üblich – ist Zeichen besonderer wirtschaftlicher Blüte. Die natürlichen Beschwerden des Alters sind allerdings nicht aufgehoben; von Auferstehung weiß der Text nichts (vgl. auch Jes 65,20).

---

[144] Vgl. zuletzt E. Kellenberger, häsäd wä'ämät als Ausdruck einer Glaubenserfahrung. AThANT 69, 1982, 82 ff.

d) 8,6: Bei Jahwe ist nichts unmöglich!

6 So sprach Jahwe der Heerscharen: Wenn es zu wunderbar ist in den Augen des Restes dieses Volkes (in jenen Tagen), ist es dann auch in meinen Augen zu wunderbar?
Spruch Jahwes der Heerscharen.

Dieser Spruch richtet sich wider die zur Zeit Haggais (2,3) und Sacharjas (4,10) weitverbreitete Skepsis gegen die Erfüllbarkeit der Heilsverheißung beider Propheten. Sacharja spricht vom „Rest" dieses Volkes, weil es schon soviel Unglück hinter sich hat. Auch sonst redet die Bibel vom Gott, der Wunder tut (vgl. Gen 18,14; Jer 32,17. 27; Hi 42,2; Matth 19,26; Luk 1,37). Die Aussage begegnet hier (wie Gen 18,14) im Disputationswort.

e) 8,7f.: Die Heimführung des Volkes

7 So sprach Jahwe der Heerscharen:
Siehe, ich rette mein Volk vom Land des Aufganges
und vom Land des Unterganges der Sonne
8 und bringe sie heim, daß sie mitten in Jerusalem wohnen.
Und sie werden mir zum Volk sein,
und ich will ihnen zum Gott sein,
in Treue und in Gerechtigkeit.

Jahwe verheißt die Heimführung der judäischen Exulanten von Ost und West (vgl. Mal 1,11; Jes 59,19; Ps 50,1): aus der gesamten Diaspora, deren Schwerpunkte in Babylonien und Ägypten lagen. Vgl. 2,10 und das letzte Nachtgesicht. Das Thema war in der Zeit populär: vgl. Jer 30,10f.; 31,7–9; Jes 43,5–7. Der Spruch endet mit der sog. „Bundesformel"[145], die das engste Verhältnis zwischen Gott und seinem Volk für die Zukunft in Aussicht stellt. Der neue Bund (vgl. auch Jer 31,31 ff.) wird, wie die Hinzufügung am Ende ankündigt, gegenüber dem alten eine neue Qualität besitzen, die ihm von Gott verliehen wird: Treue (vgl. 8,3) und Gerechtigkeit werden ihm Beständigkeit sichern (vgl. Hos 2,21f.; negativ: Jes 48,1).

f) 8,9–13: Aus dem Fluch wird Segen

9 So sprach Jahwe der Heerscharen:
Laßt eure Hände kräftig sein, die ihr in jenen Tagen jene Worte aus dem Munde der Propheten gehört habt, welche an dem Tage (auftraten), als das

---

[145] Vgl. o. zu 2,15.

Haus Jahwes der Heerscharen begründet wurde, damit der Tempel wiederaufgebaut würde.

10 Fürwahr, vor jenen Tagen
   gab es keinen Lohn für die Menschen,
      und Lohn für das Vieh war nicht vorhanden,
   und wer aus- und einging, hatte keinen Frieden vom Feinde,
      denn ich hatte gehetzt die Menschen, einen gegen den anderen.
11 Aber jetzt bin ich nicht (mehr) wie in den früheren Tagen
   für den Rest dieses Volkes,
   Spruch Jahwes der Heerscharen.
12 Fürwahr: die Saat des Friedens (wird aufgehen):
   Der Weinstock wird seine Frucht geben;
      das Land wird seinen Ertrag geben
      und der Himmel wird geben seinen Tau,
   und ich will dem Rest dieses Volkes dies alles zum Erbe geben.
13 Und es wird geschehen:
   Wie ihr zum Fluch unter den Völkern geworden seid,
   Haus Juda und Haus Israel,
      so will ich euch retten, und ihr werdet zum Segen werden.
   Fürchtet euch nicht und laßt eure Hände kräftig sein!

Es gibt mehrere Gründe für die Annahme, daß dieser Abschnitt nicht von
Sacharja stammt. Er spricht vom Auftreten der Propheten am Tage der Grundsteinlegung des Tempels (Hag 2,15, vgl. 18); damit können nur Haggai und
Sacharja gemeint sein. Sprache und Inhalt ähneln stark der Botschaft Haggais.
Es geht auch hier um das Gegenüber der wirtschaftlichen Zustände vor und nach
dem Beginn des Tempelbaus (vgl. Hag 1,6–11; 2,15b–19). Es handelt sich
offensichtlich um Fortschreibung der Botschaft beider Propheten, die hier
schon als eine Einheit betrachtet wird. Entstanden sein muß sie jedoch zwischen
520 (Grundsteinlegung) und 515 v. Chr. (Einweihung des Tempels), wahrscheinlich Anfang 519, da das Werk noch im Anfang steht. Ähnlich wie bei
Haggai finden wir Mahnung und Ermutigung zur Fortsetzung der Bauarbeiten.
   Gerahmt wird das Stück von der Aufforderung zum Zupacken, vgl. 13 bβ. 9
Angeredet sind alle Hörer der beiden Propheten. V. bβ mit der genaueren
Zeitbestimmung dürfte jüngere Ergänzung sein. Die Aussage blickt zurück auf 10
die Tage vor der Grundsteinlegung (V. 9). Zu V. aβ vgl. Hag 1,6b; hier wird
jedoch vom Ausbleiben jeglichen Lohnes gesprochen. Die Gegenüberstellung
von Mensch und Tier (vgl. Hag 1,11; Sach 2,8) ist poetisch geformter Parallelis-
mus (Rhythmus: V. aβ 3+3; V. bα 2+2). V. bα spricht von Handel und Wandel
(Dtn 31,2; 2. Kön 19,27; Ps 121,8), der durch Feindeinwirkung (mangelnden
Frieden) unterbrochen war. Auch der innere Friede war durch die Einwirkung
Jahwes gestört (bβ). Hier wird offenbar auf bürgerkriegsähnliche Zustände in
Juda in den ersten Jahren nach Ende des Exils zurückgeblickt, von denen wir im 11
übrigen nichts Genaueres wissen. Dem Einst tritt das Jetzt gegenüber: die

Vergangenheit (die „früheren Tage") war durch Gottes Zorn, durch seine
Abwesenheit geprägt, nun wird er für das Volk da sein. Man kann auch übersetzen: wird dem Volk „gehören". Der Begriff „Rest" (vgl. V. 6) nimmt auch die
12 Begrifflichkeit der Haggai-Redaktion auf (Hag 1,12. 14; 2,2). Das Stichwort
„Frieden" aus V. 10 verbindet den ersten mit dem zweiten Gedankengang: nach
dem Ende der früheren Friedlosigkeit wird man nun die Früchte des Friedens
ernten. Die folgende dreigliederige Beschreibung (Rhythmus: 3+3+3) ist dem
Segen- und Fluchformular offenbar schon vorgeformt entnommen (vgl. bes.
Lev 26,3 ff.; Ez 34,26 f.). Wie bei Haggai wird vorausgesetzt: auch der Ertrag des
Landes ist von Gottes Gnade abhängig (vgl. auch Hos 2,10). Die Formulierung
läßt freilich eine ältere Vorstellung durchscheinen, in der die Natur selbst
Subjekt ihrer Gaben war. V. b unterstreicht demgegenüber noch einmal, daß
Gott selbst dem Volk alles zuteilt.[146]

13   Der abschließende Vers ist noch einmal kunstvoll gestaltet und faßt das
Vorangegangene einerseits zusammen, andererseits fügt er ihm einen weiteren,
den universalen Aspekt hinzu. Die Vergangenheit steht unter dem Zeichen des
Fluches, die Zukunft wird unter dem des Segens stehen. Auffallend ist das
Nebeneinander von „Haus Juda" und „Haus Israel", das bei Sacharja sonst nicht
vorkommt. Eine Wiederherstellung auch des Nordreichs wurde von manchen
jedoch noch erwartet, s. u. zu Sacharja 9–10 und vgl. Jer 30–31; Ez 37,15 ff. Der
Passus ist nicht zu streichen, zeigt aber die Sacharja fremde Herkunft des
Abschnittes. V. b rundet mit dem Heilsorakel und dem Rückgriff auf V. 9 aß das
Ganze.

g) 8,14–17: Jahwes neues Handeln und seine Bedingungen

14 Fürwahr, so sprach Jahwe der Heerscharen:
   Wie ich gedachte euch Böses zu tun, als eure Väter mich erzürnten,
   sprach Jahwe der Heerscharen, und es mich nicht gereuen ließ,
15 so will ich wiederum in diesen Tagen darauf sinnen,
   Jerusalem und dem Haus Juda Gutes zu tun.
   Fürchtet euch nicht.
16 Dies sind die Worte, die ihr tun sollt:
   Sprecht Wahrheit jeder zu seinem Nächsten
   (Wahrheit) und heilvolles Gericht übt in euren Toren.
17 Sinnt nichts Böses ein jeder gegen seinen Nächsten in euren Herzen.
   Und habt nicht lieb betrügerischen Eid!
   Denn all dieses ist es, was ich hasse, Spruch Jahwes.

Der zweiteilige Spruch verbindet Verheißung (14–15) und Mahnung (16–17);

---

[146] Zur Landverleihung als theologischer Vorstellung vgl. G. von Rad, Verheißenes Land und
Jahwes Land im Hexateuch: ZDPV 66 (1943) 191–204= Ges. Studien (ThB 8), 1958, 87–100.

er stellt eine „bedingte Heilszusage"[147] dar und darf nicht auseinandergerissen
werden (gegen Elliger u. a.). Im ersten Teil stellt Sacharja die Zeit der Väter und 　14–15
die Gegenwart („in diesen Tagen") in vergleichender Antithese („wie – so"; vgl.
1,6; 7,13) einander gegenüber. Zu den „Vätern" vgl. 1,4–6, auch 7,7 ff.; zu
„gedenken" 1,6 (Jer 4,28; 51,12; Kgl 51,12). Nicht auf dem Damals liegt der Ton,
sondern auf dem Heute: Jahwe verspricht, seinen Entschluß, Jerusalem-Juda
Gutes zu tun, genauso konsequent durchzuhalten wie das damalige durch ihr
Verhalten erzwungene Böse (=Unheil; vgl. Mi 4,6; Jer 25,6 u. ö.) gegenüber den
Vätern. Die Aussage schließt deshalb mit dem Heilsorakel. Auffällig ist die 　16–17
Übereinstimmung der Aussagen in der anschließenden Mahnung mit 7,9 f.: Was
die „früheren Propheten" den Vätern als Willen Gottes verkündeten, gilt unver-
ändert auch heute! Das zugesagte Heil wird also nicht bedingungslos gegeben.
Im einzelnen werden zwei positiv und zwei negativ formulierte Vorschriften
genannt. Wie auch die Parallelen mit 7,9 f. zeigen, handelt es sich großenteils um
Traditionsgut. Für 8,16 f. ist charakteristisch die vorangestellte Forderung, die
Wahrheit zu sagen (ohne Entsprechung in 7,9 f.). Die Wiederholung des Wortes
dürfte Schreibfehler sein (Dittographie). In 16bβ geht es um die Rechtsprechung, vgl. 7,9. Die Mahnungen in V. 17 betreffen Gedankensünden und nochmals die Rechtsprechung (zu aα vgl. 7,10; zu aβ Dtn 5,20/Ex 20,16; Lev 19,12).
Die alten Gebote werden in der von den Persern ermöglichten inneren Autono-
mie Judas erneut wichtig. 17b fügt noch eine motivierende Begründung an. Die
Gattung des Wortes entspricht der „Fastenpredigt" in Kap. 7.

h) 8,18–19: Fastentage sollen Freudentage werden

18 Da erging das Wort Jahwes der Heerscharen zu mir also:　19 So sprach
Jahwe der Heerscharen:
　Das Fasten im vierten (Monat) und das Fasten im fünften und das
　Fasten im siebten und das Fasten im zehnten soll für das Haus Juda zu
　Freude werden und zu Wonne und zu schönen Festen.
　Aber liebt Treue und Frieden!

Das Wort behandelt ebenfalls die Fastentage, hängt aber mit der „Fastenpredigt" in Kap. 7 nicht zusammen (gegen Elliger; Petersen). Hier werden nicht nur
zwei, sondern vier Fastentage aufgezählt. Das Fasten im vierten Monat bezog
sich vermutlich auf den Durchbruch der babylonischen Truppen in die Stadt
Jerusalem (Jer 39,2), das Fasten im zehnten Monat auf den Beginn der Belagerung durch Nebukadnezar II (Jer 39,1; 2. Kg 25,1 f.). Das Fasten wird nicht, wie
in 7,5 f., kritisiert, sondern die Umkehr der Trauer in Freude verheißen. Es
handelt sich erneut um ein Heilswort. Wieder, wie in 8,16 f., wird mit einer
Mahnung geschlossen.[148] Das Verb „lieben" begegnet in ähnlichem Kontext

---

[147] Vgl. C. Westermann, o. S. 54, Anm. 61.
[148] Deshalb ist V. b nicht sekundär (gegen Beuken; Horst).

Am 5,15; vgl. auch Ps 4,3; Spr 1,22; es ist charakteristisch für das Mahnwort (vgl. auch V. 17 aβ). Der Inhalt der Mahnung ist mit den Stichworten „Treue, Wahrheit" (vgl. 7,9; 8,3. 8. 16) und „Frieden" (vgl. 6,13; 8,10. 12. 16) für die Gattung typisch allgemein formuliert (vgl. Am 5,15).

i) 8,20–22: Die Wallfahrt der Völker nach Jerusalem

20 So sprach Jahwe der Heerscharen:
   Noch[149] werden Völker kommen und die Bewohner großer Städte,
21 und die Bewohner der einen werden zur anderen gehen und sagen:
   „Laßt uns doch gehen, um Jahwes Angesicht zu begütigen und um
   Jahwe der Heerscharen (kultisch) aufzusuchen!
   Auch ich will gehen."
22 Und es werden kommen große Völker und starke Nationen, Jahwe der
Heerscharen in Jerusalem aufzusuchen und das Angesicht Jahwes zu begü-
tigen.

Die Herkunft dieses Stückes von Sacharja wird wegen seines Heils-Univer-
salismus häufig angezweifelt, doch begegnete ein solcher schon 2,15 und gehört
offenbar zur traditionellen Zions-Ideologie (zu den Parallelen s. dort). Der
Aufbau entspricht auffallend Jes 2,2 b–3 a: auch dort werden die Absichten der
Fremdvölker als wörtliche Rede zitiert. Allerdings fehlen die Aspekte allgemeinen Weltfriedens von Jes 2,1–4; vielmehr geht es um die universale Verehrung
Jahwes. Die weitgehende Entsprechung zwischen 20 b–21 aα und 22 ist beabsichtigt als Rahmung des Stückes. Dadurch ergibt sich auch die Synonymität
zwischen „Völkern" und „Nationen".[150] Die Bewohner der „großen Städte"
(zur Wiedergabe des Begriffes vgl. Jos 11,8; 19,28; Am 6,2, außerdem den
synonymen Parallelismus in 22 aα)[151] werden in das kleine Jerusalem kommen,
das dadurch seinen Rang als „Nabel der Welt" (Ez 38,12; Jub 8,19; Hen 26,1)
anerkannt erhalten wird. Ihr Ziel wird sein, den Gott Israels, Jahwe der Heerscharen, zu verehren und seinen verdienten Zorn zu besänftigen. Die Lebhaftig-
keit ihres Wunsches wird durch das wörtliche Zitat in V. 21 unterstrichen: sie
werden sich gegenseitig zu dieser Wallfahrt ermuntern. Der Erfolg dieser Kam-
pagne wird durch die in V. 21 b angeführte Reaktion eines einzelnen noch
lebendiger gestaltet. So haben wir hier ein kleines literarisches Kunstwerk vor
uns, das die für die Endzeit von Sacharja erwartete universale Anerkennung
Jahwes ausmalt.

---

[149] Zu 'ō d ʾªschär vgl. 2. Sam 14,15 u. u. V. 23.
[150] Gegen die weitergehenden Behauptungen bei Meyers/Meyers.
[151] Gemeint sein werden Weltstädte wie Babylon und Theben.

j) 8,23: Mitpilger aus allen Völkern

23 So sprach Jahwe der Heerscharen:
In jenen Tagen[152] werden zehn Männer aus allen Zungen der Völker fassen
und greifen an den Mantelzipfel eines jüdischen Mannes mit den Worten:
„Wir wollen mit euch gehen, denn wir haben gehört, daß Gott mit euch ist."

Der Abschlußvers des Protosacharjabuches blickt noch einmal in die erwartete Heilszeit voraus. Die Wendung „in jenen Tagen" (vgl. Jer 3,16. 18; 5,18; 50,4;
Joel 3,2; 4,1; Neh 13,15; sonst nicht bei Sacharja) meint wie „an jenem Tage"
(3,10) die Endzeit. Zehn, d.h. eine sehr große Zahl (vgl. Lev 26,26) von Leuten
aus Völkern aller Sprachen (vgl. Jes 66,18) werden einen jüdischen Mann (ein
später Begriff, vgl. Jer 43,9; Esth 2,5) beim Zipfel seines Obergewandes ergrei-
fen, um, wie wieder ein wörtliches Zitat aussagt, an seiner Wallfahrt nach
Jerusalem teilzunehmen. Der Gewandzipfel (vgl. schon zu Hag 2,12), dessen
Quasten nach Num 15,38 einen Juden als solchen kenntlich machen, wird als mit
einer Person besonders eng verbunden angesehen (vgl. Ez 16,8; Ruth 3,9); wer
ihn packt, sucht selbst eine solche Verbindung zu ihr (vgl. 1. Sam 15,27). Die
Geste besagt, daß sich die fremden Männer den jüdischen Pilgern – ihr ungen-
anntes Ziel dürfte Jerusalem sein – anschließen wollen. Den Grund nennt das
Zitat: die Fremden haben gehört, daß „Gott" mit den Juden sei. Auffällig ist die
Verwendung des Begriffes Elohim (anscheinend bewußt im Munde von Nichtjuden gebraucht) und daß das Mit-Sein Gottes von Ausländern den Juden
zugeschrieben wird. In der Formel[153] spiegelt sich eine ganze Geschichte des
Gottesverhältnisses Israels, von den Patriarchen bis nach Jerusalem. Die Jerusalemer Tradition mag hier eine besondere Rolle spielen.[154] Gemeint ist der
Beistand Gottes in allen Situationen für die Juden, an dem auch die Fremden
teilhaben wollen. Nationales und universales Denken sind in dem Wort eng
miteinander verknüpft.

---

[152] Zu *ᵃschär* vgl. o. zu V. 20.
[153] Vgl. H.D. Preuß, Art. *'et*:ThWAT I, 485–500 (Lit.)
[154] Gern wird an Jes 7,14; 8,8. 10 erinnert, aber ein direkter Bezug ist nicht erkennbar.

Deuterosacharja (Sacharja 9–14)

Einleitung

1. Der Komplex Deuterosacharja

Daß die Kapitel Sacharja 9–14 nicht auf den Propheten Sacharja zurückgehen können, sondern einen Anhang zu Sacharja 1–8 darstellen, ist eine sehr alte Erkenntnis. Schon Matth 27,9 zitiert Sacharja 11,12f. als ein Jeremiawort, und wenn das auch eine Verwechslung sein dürfte, ist doch seit dem Aufkommen kritischer Forschung im 17. Jahrhundert[155] immer deutlicher geworden, daß die Unterschiede zwischen Sacharja 1–8 und 9–14[156] eine gleiche Herkunft beider Komplexe ausschließen. Nicht nur die Daten, sondern auch die Erwähnung konkreter Umstände wie des Tempelbaus oder von Personen wie Serubbabel, Josua, Darius fehlen im zweiten Teil des Buches. Die Überschrift 9,1 (vgl. 12,1; Mal 1,1) nennt keinen namentlich bekannten Propheten als Urheber; offenbar ist diese Prophetie anonym. Andererseits gibt es zwischen beiden Teilen des Sacharja-Buches auch Verbindungslinien[157]: In beiden spielt die Zionstradition eine zentrale Rolle, wird ein allein von Gott beschütztes neues Jerusalem erwartet (2,5; 9,8; 14,11), dessen Heraufkommen mit paradiesischer Fruchtbarkeit verbunden sein wird (8,12; 14,6. 8). Die Exilierten sollen heimkommen (8,7; 10,9f.), die Fremdvölker gestraft (1,18–21; 14,12) und/oder zu Jahwe bekehrt werden (2,11; 8,20. 22; 14,16). Jahwe will seinen Geist ausgießen (4,6; 12,10) und einen Messias senden (3,8; 9,9f.). So wird man die Zuordnung von Sacharja 9–14 zu Sacharja 1–8 nicht als einen Zufall ansehen können, sondern im zweiten Teil des Buches das Produkt einer Sacharja-Schule sehen können, die, in einer veränderten Situation, die Botschaft des Propheten fortführte. Doch sollte man wohl weniger den Aspekt persönlicher Schülerschaft als vielmehr die Bindung an die gemeinsame Tradition hervorheben, durch die, bei allen Unterschieden im einzelnen, verwandte Themen in beiden Hälften des Buches angesprochen werden.

Umstritten ist, ob man noch zwischen den beiden Komplexen Sacharja 9–11 und 12–14 unterscheiden muß. Das Auftreten einer neuen Überschrift in 12,1

---

[155] Vgl. Otzen, 11–34; Sæbø, StTh 23 (1969) 115–140.

[156] Vgl. Stuhlmueller, 113 f.

[157] Vgl. R. A. Mason, The Relation of Zech 9–14 to Proto-Zechariah: ZAW 88 (1976) 227–339; B. S. Childs, Introduction to the Old Testament as Scripture. Philadelphia 1979, 482 f.

legt eine solche Annahme nahe. Andererseits gibt es zwischen 9–11 und 12–14 neben Gegensätzen auch zahlreiche inhaltliche Verbindungslinien. Dafür sind sowohl 9–11 wie 12–14 alles andere als einheitlich. So besteht zwischen Kap. 12 und 14 ein erheblicher inhaltlicher Unterschied. Das Problem verliert an Gewicht, wenn man die vermutlich uneinheitliche Herkunft der einzelnen Stücke berücksichtigt, die ebensogut wie als fertige Sammlung nach und nach an Sacharja 1–8 angehängt sein können.

2. Sprache und Überlieferung im Deuterosacharjabuch

Auch in diesem Teil des Sacharja-Buches sind poetische Stücke, die durch das Auftreten von Parallelismus und Metrum als solche kenntlich sind, neben Abschnitten mit Prosa enthalten. Der Übergang ist nicht an allen Stellen leicht zu erkennen, da auch gehobene Prosa vorkommt, die nur teilweise poetische Stilmerkmale enthält.

Auffälligerweise scheint poetische Formung mit traditionsgebundener Herkunft der betreffenden Stoffe in Zusammenhang zu stehen. Durch das gesamte Deuterosacharjabuch hindurch läßt sich eine traditionsgeschichtlich verwandte Schicht beobachten, die (überwiegend) poetische Stilmerkmale wie Metrum und Parallelismus und inhaltliche Prägung verbindet. Themen wie Epiphanie Jahwes und Jahwekrieg, Völkersturm gegen Jerusalem, Vernichtung der fremden Heere, aber auch Bekehrung des „Restes" der Völker und Völkerwallfahrt zum Zion sowie der Einzug des davidischen Herrschers charakterisieren diese Stoffe; ihre Herkunft aus dem vorexilischen Jerusalem legt sich nahe. Dieser Schicht gehören an: 9,1–8*.9–10*.14f.; 10,3b–5. 11; 11,1–3; 12,2a. 3a. 4a. 6. 9–14; 13,1 (aber gehobene Prosa!); 13,7aα*; 14,1–3* 4a*.5aα. b. 6–7. 8f. 11aβ. 13. 14b. 16. 20. Die inhaltlichen Differenzen zwischen den einzelnen Stücken schließen, wie auch manche Unterschiede in der stilistischen Gestaltung, eine literarisch durchlaufende Quelle aus, offenbar sind die Einzelstücke unabhängig voneinander tradiert worden. Diese Vorlagen sind abgesehen von einer Anzahl von Einzelglossen in nachexilischer Zeit zusammengeordnet und durch verschiedene Bearbeiter aktualisiert worden. In Kap. 12 und 14 sind zudem noch kürzere, ursprünglich einmal selbständig gewesene Untereinheiten zu erkennen; wann sie zu den jetzigen Gesamtkompositionen zusammengefügt wurden: ob schon vor der aktualisierenden Bearbeitung oder erst durch sie, ist nicht mehr sicher zu entscheiden. 11,1–3 ist anscheinend unbearbeitet geblieben.

Neben den bearbeiteten Traditionsstoffen finden sich Abschnitte mit selbständiger Thematik, die an die Botschaft vorexilischer Gerichtspropheten erinnert, wie 10,1–2; 11,4–17 (davon V. 15–17 eine jüngere Ergänzung), 13,2–6. Ganz für sich steht der Bericht von einer Zeichenhandlung als doppelte Unheilsankündigung in 11,4–14. 10,1–2 behandeln das Phänomen falscher Prophetie; eine Datierung scheint kaum möglich. Vor allem in 11,4–14 wird das Wirken eines, wenn auch anonymen Propheten sichtbar, den man den zweiten Sacharja nennen könnte. Mit den Bearbeitern der älteren Stoffe scheint er nicht identisch zu sein.

3. Zur Datierungsfrage

Die traditionsgeschichtliche Untersuchung, welche die Herkunft vieler Stoffe aus dem vorexilischen Jerusalem wahrscheinlich gemacht hat und die jüngeren Schichten als deren aktualisierende Bearbeitung erklärt, erlaubt zugleich eine vorsichtige Datierung der jetzt vorliegenden Form des Deuterosacharjabuches. Als ganzes ist es sicher nachexilisch, aber man darf auf keinen Fall in die Diadochenzeit hinuntergehen, wie es in der Nachfolge Stades viele Forscher getan haben. Weder 9,1–8 noch 11,4–15, noch die anderen ähnlich gedeuteten Abschnitte sind tatsächlich ex-eventu-Prophetie; wenn man sie als nachträgliche Interpretation zeitgeschichtlicher Ereignisse (der hellenistischen Epoche) deutet, verkennt man ihre Intention. Aus dem engen Verhältnis zwischen Tradition und Interpretation in den die Zions-Ideologie aktualisierenden Abschnitten geht vielmehr hervor, daß deren Endform nicht allzuweit von der Zeit des ersten Sacharja entfernt entstanden sein kann. Manches von der Thematik begegnet ja bereits bei diesem. Andererseits ist der Tempel offenbar seit längerem wieder geöffnet. Noch wird in bestimmten Kreisen mit einer Wiederherstellung Gesamt-Israels aus Nord- und Südreich gerechnet (9,1–8. 10. 13; 10,6f.; dagegen 11,14 und die Abgrenzung 14,10). Die ersten Jahrzehnte des 5. Jh.s kommen deshalb am ehesten für den Abschluß des Sacharja-Buches infrage.

4. Zum Problem der Apokalyptik

Die Frage, ob wir es bereits mit apokalyptischer Literatur zu tun haben, ist für den zweiten Teil des Sacharja-Buches noch heißer umkämpft als für den ersten. Die Mehrheit der Forscher ist geneigt, für Dt-Sacharja diese Frage zu bejahen. Doch führt auch hier die traditionsgeschichtliche Untersuchung zu einem anderen Urteil. Die meist für apokalyptisch gehaltenen Züge in Dt-Sacharja entstammen vielmehr den traditionellen Zionsmythen: den Vorstellungen vom „Tag Jahwes", seiner Epiphanie als Krieger, der Unverletzlichkeit Jerusalems beim Ansturm der Völker oder seiner endlichen Befreiung, schließlich der Völkerwallfahrt zum Zion, die einen schon in diesen Traditionen angelegten Heilsuniversalismus weiter ausmalt. Zwar wird in 14,6f. 8(10).20, vgl. auch 9,8; 13,1 eine wunderbare Verwandlung der Natur und der Verhältnisse in Jerusalem vorausgesagt, und in 14,2 findet sich die Vorstellung einer der Heilszeit vorausgehenden letzten Bedrängnis, aber die für die Apokalyptik charakteristische Periodisierung, die Berechnung der Zukunft, die Bildersprache und der Enthüllungsstil fehlen. Auch ist die erwartete Heilszeit, obwohl sie die wenig heilvolle Gegenwart ablösen soll, eine Periode innerhalb der Geschichte. Je nach Definition kann man den Begriff „eschatologisch" für eine derartige Erwartung verwenden, nicht aber den der Apokalyptik. Daß neben den Heilserwartungen auch Gerichtsprophetie in Dt-Sacharja vorkommt (s. o.), unterstützt diese Erkenntnis.

Einige Abschnitte bei Dt-Sacharja sind durch ihre Verwendung im Neuen Testament besonders bekannt geworden. Wenn auch dieser späte Schriftgebrauch über ihre ursprüngliche Bedeutung wenig aussagt, lenken sie doch mit Recht die Aufmerksamkeit auf diese kleine Sammlung, in der sich einige bemerkenswerte Zeugnisse aus einer uns wenig bekannten Periode der Glaubensgeschichte Israels finden. Daß das kleine Volk der Juden auch in einer wenig Ermutigung bietenden Zeit, unter der Herrschaft einer fremden Weltmacht und in schwierigsten wirtschaftlichen Verhältnissen an seinem Glauben festgehalten hat, dazu haben auch die unbekannten Propheten und Tradenten, die im zweiten Teil des Sacharja-Buches zu Worte kommen, ihr Teil beigetragen.

9,1–8: Jahwes erweitertes Herrschaftsgebiet

Ausspruch.
1 **Das Wort Jahwes (ergeht) im Lande Hadrach,**
    und Damaskus ist sein Ruheplatz.
Denn Jahwe gehört[158] **[...] und alle Stämme Israels.**
2 **Auch Hamath, das daran grenzt**[159]**,**
    Tyrus und Sidon, obwohl es so weise ist.
3 **Tyrus hat sich ein Bollwerk gebaut,**
        sich Silber aufgehäuft wie Staub
        und Feingold wie Straßendreck.
4 **Doch siehe, der Herr wird es beerben;**
        er wird seine Streitmacht im Meer schlagen,
        und es wird im Feuer verzehrt.
5 **Askalon wird es sehen und sich fürchten,**
    Gaza, und heftig zittern,
    Ekron, da seine Hoffnung[160] **zunichte ist.**
    Verschwinden wird der König aus Gaza,
    und Askalon wird nicht bleiben.
6 **In Asdod wird ein Mischvolk wohnen.**
    Ich rotte aus den Stolz der Philister.

---

[158] S. die Erklärung.
[159] Asyndetischer Relativsatz, vgl. G-K[28], § 155 b.
[160] Zur Form vgl. BL § 69 z.

7 Ich reiße ihm das Blut aus seinem Munde
und seine Greuel zwischen seinen Zähnen weg.
So bleibt auch er als Rest für unseren Gott
und wird wie ein Sippenangehöriger in Juda,
und Ekron wie ein Jebusiter.
8 Ich aber lagere mich als Wache[161] für mein Haus (vor dem, der hin- und
herzieht), daß nie mehr ein Zwingherr bei ihnen durchzieht, denn jetzt sehe
ich (nach) mit eigenen Augen.

Lit.: K. Elliger, Ein Zeugnis aus der jüdischen Gemeinde im Alexanderjahr 332 v. Chr.:
ZAW 62 (1949/50) 63–115; M. Delcor, Les allusions à Alexandre le Grand dans Zach
9,1–8: VT 1 (1951) 110–124; A. Malamat, The Historical Setting of Two Biblical Prophe-
cies on the Nations: IEJ 1 (1950) 149–159; Otzen, 62–123; Sæbø, 135–175; P. D.
Hanson, Zechariah 9 and the Recapitulation of an Ancient Ritual Pattern: JBL 92 (1973)
37–59; ders., Dawn, 292 ff.; Z. J. Kapera, Biblical Reflections of the Struggle for Philistia
at the End of the Eight Century B. C.: Folia Orientalia 22 (1981–84) 295–308; R. Hanhart, Das Land in der spätnachexilischen Prophetie, in: G. Strecker, Hg., Das Land Israel
in biblischer Zeit. Göttingen 1983, 126–140, bes. 130 f.

Bereits am ersten Abschnitt des Deuterosacharjabuches entscheidet sich eine
methodische Grundsatzfrage: Entweder man unternimmt eine zeitgeschichtliche Deutung, oder man sucht einen anderen Zugang zu dem schwer verständli-
chen Text. Der erste Ansatz hat einen langen forschungsgeschichtlichen Hintergrund[162] und findet bis heute Vertreter (vgl. noch Deissler); der andere ist relativ
neu, gewinnt aber zunehmend Einfluß.

Die zeitgeschichtliche Deutung, für die besonders Stade einflußreich war,
versucht meist, die in 9,1–8 erwähnten Gebiete und Orte mit dem Eroberungs-
zug Alexanders des Großen durch Syrien/Palästina 332 v. Chr. in Verbindung
zu bringen. Dabei treten jedoch erhebliche Schwierigkeiten auf, die mehrfach
Anlaß zu andersartigen Ansetzungen, wie der von Otzen in die spätvorexilische
Zeit Judas, oder der von D. R. Jones[163] ins 5. Jh. in Damaskus, geboten haben.
Doch ist überhaupt fragwürdig, ob man dieser Art von Literatur mit einer
zeitgeschichtlichen Erklärung gerecht wird.[164] Offenbar ist für sie ein anderes
Verhältnis zur Geschichte als in älteren Prophetentexten typisch; statt durch
aktuelle Bezugnahmen ist sie durch eine weitgehende Traditionsbindung charakterisiert. Damit steht sie allerdings keineswegs im absoluten Gegensatz zur
älteren prophetischen Überlieferung. Das wird an einem Vergleich zwischen
deuterosacharjanischen Stücken und dem ersten Teil des Buches deutlich, in
dem ebenfalls schon zahlreiche Traditionsbezüge erkennbar wurden, deren
Wurzeln in die vorexilische Periode zurückreichen.

---

[161] Vgl. BHS.
[162] Seit J. Eichhorn, Einleitung in das Alte Testament. Göttingen 1824⁴, 445 ff.
[163] A Fresh Interpretation of Zechariah IX–XI: VT 12 (1962) 241–259.
[164] Vgl. Hanson, 290 f.

Entgegen der mas. Akzentsetzung ist das erste Wort „Ausspruch" wohl als 1
Überschrift über Kap. 9–11 aufzufassen (vgl. Jes 13,1; 15,1; 17,1; 19,1; 21,1;
22,1; 23,1). Der Rest von V. a, durch Parallelismus kenntlich, ist bereits eine
inhaltliche Aussage: Das Jahwewort befindet sich (soll sich befinden) im Lande
Hadrach; Damaskus wird als sein (künftiger) Ruheplatz bezeichnet. Auffällig
ist die Vorstellung vom Wort als einer quasi selbständigen Größe (Hypostase),
die geradezu an die Stelle Jahwes tritt; vgl. noch Jes 9,7; 55,10–11. Gesagt soll
werden, wie noch aus dem Fragment V. b erkennbar ist, daß Jahwe auch die
genannten Gebiete in Syrien gehören, sein Wort dort gelten soll. Hadrach ist
eine Stadt in Nordwestsyrien; Damaskus behielt seine Rolle als syrische Hauptstadt bis heute. Die damit bezeichnete Gegend gehörte zwar nie zu Israel, wurde
aber zu seinem idealen Territorium gerechnet (vgl. Gen 15,18; Ex 23,31; Num
13,21; 34,7–11; Dtn 1,7; 1. Kön 5,1. 4; 2. Kön 14,25. 28). Kühn ist die Aussage,
die Damaskus zu Jahwes Ruheplatz erklärt. Jahwes Ruheplatz ist sonst der
Tempel auf dem Zion (Ps 132,8. 14), von daher auch das verheißene Land (Dtn
12,9; 1. Kön 8,56). Nun soll Damaskus, lange ein gefährlicher Gegner Israels (2.
Kön 10,32f.; 12,18f.; 13,3 ff.), ein Zentrum der kultischen Gegenwart Jahwes
werden! Möglicherweise wirkt hier die mythische Vorstellung vom Gottesberg
im Norden ein (vgl. Ps 48,3; Jes 14,13f.). V. b ist teilweise im Text zerstört und
kann nicht rekonstruiert werden. Erkennbar ist noch die Aussage, daß Jahwe
außer den Stämmen Israels (V. bβ)[165] weitere Völker (Gebiete) gehören. Im 2
Folgenden werden weitere bedeutende Städte genannt: zunächst Hamat am
Orontes, ebenfalls in Syrien. Umstritten ist der Rückbezug des „Angrenzens"
(des Suffixes in bah); wenn nicht auf ein Wort im zerstörten V. 1bα, bezieht es
sich wohl auf das Reich von Damaskus in 1aβ als ein in der Tat benachbartes
Gebiet. Tyrus[166] und Sidon (zusammen genannt auch Joel 4,4) sind die bekann-
ten Phönizierstädte; die grammatisch nur auf Sidon bezogene „Weisheit" (vgl. 3
Ez 28,3f.) meint technische Fertigkeit (vgl. V. 3; Ez 28,4). Sie bezieht sich bei
Tyrus, von dem im Folgenden allein die Rede ist, vor allem auf den Festungsbau
(im Hebräischen ein Wortspiel: Zor-mazôr). Tyrus war im Altertum als durch
Insellage und enorme Befestigungsanlagen fast uneinnehmbar bekannt (vgl. Ez
29,17ff.). Jetzt soll ihm dies und sein sprichwörtlicher (durch weitreichenden
Handel erworbener) Reichtum (vgl. Ez 27; 28,4f.) nicht nützen, wenn Jahwe
persönlich gegen es eingreift.

Dem Reichtum der Handelsstadt entspricht es, wenn ihre Eroberung als 4
„Beerben, in Besitz nehmen"[167] bezeichnet wird. Vaß ist mehrdeutig, doch
dürfte die Seestreitmacht von Tyrus gemeint sein. Dies ergibt sich aus der
häufigen Bedeutung für chajil = „Heer", die hier durch die Beifügung „im
Meere" abgewandelt erscheint. Da die Macht von Tyrus auf seiner Flotte
beruhte, wird es durch deren Vernichtung besiegt. Nach der Eroberung einer

[165] Weder als Glosse zu str. (Duhm u.a.) noch als nordwestsyrisches Gebiet zu deuten (van der Woude).
[166] Nicht zu str.!
[167] Qal.

5   Stadt in der Antike wird diese meist verbrannt[168] (zu Tyrus vgl. Am 1,10; Ez
    28,18f.). Der Fall von Tyrus hat Auswirkungen auf die südlicher gelegenen
    Philisterstädte: zunächst psychologische (V. a): Furcht. In einem dreigliederi-
    gen Vers (Trikolon) werden Askalon, Gaza und Ekron (vgl. auch Jer 25,20)
    genannt, die in Schrecken versetzt werden. Der Grund: der Gegenstand ihrer[169]
    Hoffnung, das scheinbar unbesiegbare Tyrus, ist vernichtet. Alte Verbindungen
    zwischen den Phöniziern und den Philistern stehen wohl im Hintergrund. Ein
6a zweiter dreigliedriger Vers in 5b–6a nennt Gaza und Askalon in umgekehrter
    Reihenfolge (von Süden nach Norden) und fügt Asdod hinzu. Wie in Am 1,6 ff.;
    Zeph 2,4; Jer 25,20 fehlt Gat aus der ursprünglichen philistäischen Pentapolis; es
    hatte offenbar keine politische Bedeutung mehr. Die chiastische Struktur zeigt,
    daß kein (von Norden nach Süden erfolgender) Feldzug gemeint sein kann. Im
    zweiten Trikolon werden einige scheinbare Konkretionen genannt, die aber für
    eine historische Identifizierung nicht taugen. Vielmehr liegen in V. 5–6a offen-
    bar Wortspiele mit den hebräischen Städtenamen vor (vgl. Rudolph): so bei
    Askalon mit 'esch = Feuer (vgl. V. 4b); bei Gaza = die Starke: daß gerade diese
    zittern muß, bei Ekron vermutlich mit 'aqar = unfruchtbar: Die Unfruchtbare
    hat keine Hoffnung. Aschkalon erinnert an šakal = Gewicht haben; die Ironie
    besteht darin, daß die Gewichtige nicht an Ort und Stelle bleiben wird. Bei
    Asdod erinnert der Ortsname an dod = Onkel, naher Verwandter. Aus der
    homogenen wird eine Mischbevölkerung werden, auch dies ist nicht historisch
    nachprüfbar. Unklar bleibt die Erwähnung des Königs bei Gaza; in früherer
    Zeit wurden die Philisterstädte durch je einen Stadtkönig regiert. }
6b–8 In 6b–8a verschränken sich unterschiedliche Formen: zwei Trikola, in denen
    Jahwe in 1. Person spricht, rahmen eines, in dem von „unser Gott" in 3. Person
    gesprochen wird und wie bis V. 6a offenbar philistäische Städte Subjekt sind.
    Jedenfalls taucht in 7bβ nochmals Ekron als Subjekt auf. Das deutet auf Bearbei-
    tung einer Vorlage hin (vgl. van der Woude), die man allerdings nicht viel älter
    als die in V. 6b7aα. 8 vorliegende Endbearbeitung einschätzen muß. Dadurch
    erklären sich offensichtliche Unstimmigkeiten: 6b nennt die Philister im Plural,
    dagegen 7aα das Objekt im Singular, das dann in V. aβ zum Subjekt wird. 7b
    enthält einen Doppelausdruck mit synonymen Hälften. Nach V. bβ soll Ekron
    wie ein Jebusiter werden: man erwartet im vorangegangenen Glied den Namen
    einer anderen Philisterstadt, aber er fehlt. Hier läßt sich der ursprüngliche
    Wortlaut nicht mehr rekonstruieren.

    Nach dem vorliegenden Text will Jahwe den Hochmut der Philister ausrotten
    (V. 6b). Der Begriff ist verschieden ausgelegt worden, aber wegen der literari-
    schen Schichtung von V. 7aα her zu verstehen. Dann legt sich die Deutung nach
    dem üblichsten, negativen Sinne nahe: gemeint ist der Übermut eines Landes/
    einer Stadt, die sich gegen Jahwe auflehnt (vgl. 10,11; Hos 5,5; 7,10; Jer 16,6; Jer
    48,29 u. ö.). Mit V. 7aα, den beiden Parallelgliedern, ändert sich der Ton: Jahwe
    will die Philister nach den Maßstäben der jüdischen Speisegesetzgebung reini-

---

[168] Vgl. BHH I, Abb. Sp. 477f.
[169] Grammatischer Bezug wieder nur auf das letzte Glied.

gen: Blutgenuß ist nach Gen 9,4 sogar Nichtjuden verboten; vgl. weiter Lev 3,17; 7,26; 19,26; Dtn 12,16. 23; Ez 18,6; 33,25. Mit „Greuel" (vgl. Ez 20,7) sind unreine Speisen gemeint (Lev 11; Dtn 14; Jes 65,4; 66,17). Die Philister (in der Vorlage wahrscheinlich eine einzelne Philisterstadt) sollen den Speisevorschriften der Tora unterworfen werden. Dann sollen sie sogar zum heiligen „Rest" für den Gott Israels (hier wird plötzlich in Wirform gesprochen!) werden (7aβ). Der Begriff „Rest" wird hier (stärker als in 8,6. 11), wenn auch verbal formuliert, in prägnant theologischem Sinne gebraucht. Das erinnert an die positive Wertung des „Restes" bei Deuterojesaja (Jes 46,3) und in jüngeren Zusätzen im JesBuch (Jes 10,20–22; 6,13bβ; 4,3; 28,5f.; 37,31f.; vgl. Zeph 3,12f. Außerdem u. zu Sach 14,16).[170] Was dort vom „Rest" Israels gesagt wird, wird hier auf die Philister übertragen, die ehemaligen Erzfeinde Israels! Ihre völlige Eingliederung in Juda/Jerusalem wird angekündigt (7b). Der Vergleich Ekrons mit den Jebusitern erinnert an die vorisraelitischen Bewohner Jerusalems, die auch nach der Einnahme der Stadt durch David dort wohnen bleiben konnten (Jos 15,63; Ri 1,21). V. 8 geht wieder in die 1. Person Jahwes über. Jahwe verspricht, sich als Schutzwache vor sein „Haus" zu lagern, vgl. 2,4; Ps 34,8 (umgekehrt Jes 29,3). „Haus" kann den Tempel bedeuten, aber auch das Land (Hos 8,1; 9,15; Jer 12,7). Primär dürfte wegen der vorliegenden Traditionsbindung der Tempel gemeint sein, aber mit Ausstrahlung auf das Gesamtgebiet. Die folgenden Wörter „vor denen, die hin- und herziehen" meinen (im Unterschied zu 7,14) die feindlichen Heere, die den Frieden im Lande stören könnten. Dies ergibt sich aus dem Parallelglied V. aβ. Zum „Bedränger", einem übermächtigen Feind, vgl. Jes 9,3. Die Schlußaussage V. 8b unterstreicht, daß Jahwe selbst jetzt nach dem Rechten sehen wird.

Hanson (der allerdings 9,1–17 als Einheit ansieht) bezeichnet die Gattung des Stückes als „Hymnus vom göttlichen Krieger" (mit dem Hintergrund des altorientalischen Konflikt-Mythos). Andere Beispiele findet er in Jes 59,15b–20; 66,15f.; 63,1–6; 63,19b–64,2. Es trifft zu, daß es Jahwe selbst ist, der Tyrus und Sidon einnimmt und das Gesamtgebiet von Nordsyrien bis ins südliche Philistäa unter seine Oberherrschaft bringt. Das Motiv des Gottesschreckens, durch den die Philister überwältigt werden, ist typisch für den Vorstellungsbereich des Heiligen Krieges.[171] Dieser wiederum hängt mit den Traditionen des Jerusalemer Heiligtums zusammen.[172] Sacharja 9,1–8 zeigt in vielen Zügen eine Verbindung zu diesen Traditionen. Dazu paßt die Erwähnung des Heiligtums in V. 8. Dennoch weist das Stück manche Besonderheiten auf. Wichtig ist vor allem, daß die Völker nicht vernichtet, sondern (so besonders V. 7) in die verheißungsvolle Zukunft des Gottesvolkes einbezogen werden sollen. Auffällig ist, daß hier wie bei Sacharja nur Juda und Jerusalem (mit einer archaisierenden Bezeichnung) genannt werden. Außerdem wird in V. 1 ange-

---

[170] Vgl. H. Wildberger, Art. šʾr übrig sein: THAT II, 844–855.
[171] Vgl. F. Stolz, Jahwes und Israels Kriege. AThANT 60 (1972) 187–191.
[172] Vgl. zum Völkerkampf F. Stolz, Strukturen und Figuren im Kult von Jerusalem. BZAW 118 (1970) 86 ff.; zum Chaoskampf 60 ff.

deutet, daß Jahwes Wort, das diesen selbst repräsentiert, im Zentrum Syriens einen zweiten Wohnplatz erhält, der neben das Heiligtum in Jerusalem tritt. Von daher muß die Bestimmung Hansons modifiziert werden: es handelt sich um eine abgewandelte Gattung. Beherrschend ist der Aspekt eines Heilswortes für (das vergrößerte) Juda/Jerusalem.[173] Elemente des Fremdvölkerwortes (vgl. Sæbø) spielen hinein, die aber durch die positive Erwartung für die Völker neutralisiert werden.

Gegenüber Gese, Hanson u. a. wird man sagen müssen, daß der Abschnitt noch nicht apokalyptisch ist. Die geschilderte Heilszukunft wird innergeschichtlich erwartet, ist keine absolute Endzeit. Auch fehlt jede Periodisierung der Geschichte wie in Dan 2; 7; 8; 11 oder Zahlenspekulation wie in Dan 9,24 ff.; 12,6 ff. usw. Statt dessen handelt es sich um prophetische Naherwartung klassischer Art.

In der Haltung gegenüber den Fremdvölkern erinnert Sacharja 9,1–8 an einige Passagen im dritten Teil des Jesajabuches (Tritojesaja, Jes 56–66); vgl. bes. Jes 56,3–8; 60; 66,18–24, wobei jedoch zeitlich und sachlich noch zu differenzieren ist. Der älteste Text, Jes 60, gehört in die Zionstradition und spricht von der Verherrlichung des Zion, zu der die Völker und ihre Schätze beitragen werden. Sie erfüllen nur eine dienende Funktion. Die jungen Zusätze[174] zum Tritojesajabuch 56,3–8 und 66,18–24 sehen dagegen für die Jahwegläubigen aus den Völkern (Proselyten) eine gleichberechtigte Zugehörigkeit zum Gottesvolk vor. Sacharja 9,1–8 steht zwischen beiden Positionen: Noch geht es um die Demütigung der widergöttlichen Fremdmächte und die Verherrlichung des Zion, doch erhalten die gereinigten Fremden bereits Zutritt zum Gottesvolk. Wenn Jes 60–62 in die Zeit vor 521 fällt[175], die Zusätze zu Tritojesaja vielleicht in den Anfang des 5. Jh.s gehören, ergäbe sich für Sacharja 9,1–8 eine Entstehung davor, wohl nach Vollendung des Tempels 515, aber nicht allzulange danach. Manche Verbindungen zu Protosacharja zeigen, daß der Verfasser sich durchaus als Fortsetzer der Botschaft des Propheten gefühlt haben mag und die Zuordnung zu dessen Buch nicht zufällig ist.

9,9–10: Die Ankunft des Messias

9 Juble laut, Tochter Zion,
  jauchze, Tochter Jerusalem.
  Siehe, dein König kommt zu dir,
  ein Gerechter und einer, dem geholfen wurde, ist er,

---

[173] Westermann, 154f., zählt Sach 9,1–8 zu den „zweiseitigen Ankündigungen" (Gericht über die Feinde, Heil für Israel). Doch ist auch für die Feinde das Gericht nicht das letzte Wort.
[174] Vgl. C. Westermann, Das Buch Jesaja. Kap. 40–66 (ATD 19). Göttingen 1966, 244f.
[175] Vgl. Westermann, a. a. O., 237.

demütig und auf einem Esel reitend,
nämlich[176] auf einem Hengst, dem Sohn einer Eselin.[177]
10 ich beseitige die Streitwagen aus Ephraim
  und die Rosse aus Jerusalem
  und ausgerottet wird der Kriegsbogen.
  Er wird den Völkern Frieden sprechen,
  und seine Herrschaft wird reichen von Meer zu Meer
  und vom Strom bis an die Enden der Erde.

Lit.: M. Rehm, Der königliche Messias im Licht der Immanuel-Weissagungen des Buches Jesaja. Kevelaer 1968, 333–338; ders., Der Friedensfürst in Zach 9,9–10: BiLe 9 (1968) 164–176; W.H. Schmidt, Die Ohnmacht des Messias: KuD 15 (1969) 18–34; K.D. Schunck, Die Attribute des eschatologischen Messias: ThLZ 111 (1986) 641–652.

Das Stück Sacharja 9,9–10 ist vermutlich von V. 1–8 unabhängig.[178] Es besteht aus Doppelversen (Bicola) im Dreiermetrum mit synonymem Parallelismus. Die Gattung ist der „Aufruf zur Freude"[179]; er ergeht offenbar aus dem Munde eines Herolds (vgl. Jes 40,9 ff.) und richtet sich an das wie häufig (vgl. Jes 1,8; 10,32; 16,1; 23,12; 52,2; Jer 4,31 u.ö.) als „Tochter" personifizierte Zion/Jerusalem. Mit dem „siehe" kündigt der Herold das Kommen eines Königs an. Gemeint ist offenbar der davidische König, der so in einer anzunehmenden älteren Vorlage aus dem Kampf siegreich in seine Hauptstadt zurückkehrt. Wenn dieses Traditionsstück in nachexilischer Zeit wiederaufgegriffen wird, bekommt die Ankündigung einen messianischen Sinn: erwartet wird der Heilskönig der Zukunft. „Dein" König hebt hervor, daß es Jerusalems König ist im Gegensatz zu den Fremdherrschern, unter denen sich jetzt die Perserkönige verstehen ließen. Dieser König wird durch eine Reihe innerer und äußerer Merkmale charakterisiert. „Gerechtigkeit" ist sowohl eine dem altorientalischen König traditionell zukommende Aufgabe (vgl. 2. Sam 23,3f.; Jes 9,6; 11,4f.; Jer 22,3. 15; 23,5; 33,15–17; Ps 72,2. 4. 7. 12–14) wie eine Gabe Gottes (vgl. Ps 72,1; 1. Kön 3,9). Letzteres wird noch deutlicher in dem anschließenden „einer, dem geholfen wird". Entgegen G (und Luther) ist die passivische Form von MT beizubehalten: der Heilskönig wird einer sein, der Gottes Beistand genießt. *'ānī* heißt hier nicht „arm", jedenfalls nicht in wirtschaftlichem Sinne, sondern als Geisteshaltung: „demütig". Auch damit ist die Gottesbeziehung gemeint: der wahre König weiß seine Macht von Gott abhängig. Das heißt aber nicht, daß er ohnmächtig sein wird (gegen W.H. Schmidt, M. Rehm u.a.). Dagegen spricht, daß er auf einem (wie die Erläuterung in V. 9bβ betont, reinrassigen) Eselshengst[180] reiten wird. Das ist ein edles, königliches Reittier

---

[176] Waw epexegeticum, vgl. G-K[28], § 154 a, Anm. b.

[177] Plural der Gattung, vgl. G-K[28], § 124 o.

[178] Auch Hanson, 293f., rechnet mit Übernahme aus älterer Tradition in den jetzigen Zusammenhang.

[179] Vgl. o. zu 2,14.

[180] Nicht: Füllen (G,V u.a.); vgl. L. Köhler, Kleine Lichter. Zürich 1945, 56 u.a.

(vgl. Gen 49,11; 22,3; Ri 10,4; 12,14). Pferde wurden im alten Orient und in Israel zunächst nur vereinzelt als Reittier verwandt (2. Kön 9,18); sie dienten in Israel seit Salomo (1. Kön 9,19; 10,26–28) als Zugpferde für die Streitwagen und gelegentlich Reisewagen und seit den Persern als Reitpferde der Kavallerie. Ein Ergänzer, wie man an der plötzlich auftretenden 1. Person Jahwes erkennen kann, die in V. aβ wieder verschwindet, hat in V. aα nachgetragen, daß Jahwe Streitwagen und Pferde aus Ephraim (dem ehemaligen Nordreich) und Jerusalem (dem Südreich) entfernen wird. Eine solche Demilitarisierung wird sonst (Jes 2,4b; 9,4; Ps 46,10; Ez 39,9f.; Hos 2,20) nur von den Fremdvölkern ausgesagt und bedeutet dort den Sieg der von Jerusalem ausgehenden Friedensmacht. Das gleiche wurde offenbar in dem ursprünglichen Text V. aβ von dem künftigen Heilskönig erwartet. Wie V. b zeigt, wird er selbst keineswegs entmachtet! Der Ergänzer fällt auch durch die parallele Erwähnung der beiden Reiche auf, deren Wiederherstellung er offenbar erwartete (s. o. 8,13 u. u. 9,13; 10,6f.; 11,14). Die Abschaffung von Streitwagen und Pferden in Gesamtisrael kündigt er offenbar im Sinne der prophetischen Kritik gegen deren Gebrauch an, die sie als Sinnbild widergöttlichen Hochmuts verstand (vgl. Jes 2,7; 30,16; 31,1. 3; Mi 5,9; Hos 14,4). Im ursprünglichen Text V. aβ. b wird die Erwartung ausgesprochen, daß in der Herrschaftszeit des zukünftigen Heilskönigs die feindliche Streitmacht (zum Sinnbild des Kriegsbogens vgl. Hos 1,5; Jer 49,35) vernichtet sein und der König in Jerusalem als „wortgewaltiger Schiedsrichter" (Rudolph) die Gegensätze zwischen den Völkern schlichten wird. Auf diese Weise wird er die Weltherrschaft ausüben. Der in Ps 72,8 für den König erbetene, in der Jerusalemer Königsideologie verwurzelte Herrschaftsanspruch soll nach der Verheißung in der Heilszeit Wirklichkeit werden. Der Ausdruck „von Meer zu Meer" hat wahrscheinlich das antike Weltbild zur Grundlage, das die Erde auf allen Seiten von Wasser umgeben sieht; der „Strom" meint gewöhnlich den Euphrat als Grenze möglichen israelitischen Lebensraumes.[181]

Auffällig an dem kurzen Stück ist, daß es die traditionelle Jerusalemer Königserwartung lange nach dem Ende der davidischen Monarchie in sehr viel ungebrochenerer Form als bei Sacharja selbst aufrechterhält und sogar eine Verwirklichung der utopischen Ansprüche des Zionsthrons auf die Weltherrschaft für die bevorstehende Heilszeit in Aussicht stellt. Auch von einer Teilung der Herrschaft des Königs mit dem Hohenpriester (Sach 6,13; vgl. 4,14) ist nicht mehr die Rede. Das macht die Aussagen sehr viel realitätsferner als bei Sacharja. Eine Datierung ihrer Entstehungszeit ist deshalb unmöglich, würde aber auch ihrem Charakter als Traditionsgut widersprechen. Dieses wird offenbar unverändert aus dem vorexilischen Jerusalem überliefert. Daß es in dieser späten Periode wiederauftaucht, beweist die durch alle geschichtlichen Umbrüche bewahrten, auf die davidische Monarchie gerichteten Hoffnungen. Da sie sich nicht mehr in der konkreten Situation verwirklichen lassen, werden sie in eine als nahe erhoffte zukünftige Heilszeit projiziert. Das ist noch nicht Apokalyptik, aber Eschatologie (Endzeiterwartung). Da kein konkreter Herrscher der

---

[181] Die Einschränkung auf Palästina (Lipinski,53) ist unrichtig; dagegen Rudolph.

Gegenwart mehr im Blick ist, kann man zur Unterscheidung gegenüber der vorexilischen Königsideologie von einer Messiaserwartung sprechen. Dafür ist Sacharja 9,9–10 wohl das älteste Beispiel.

Der Ergänzer in V. 10a hat einen gesamtisraelitischen Blickpunkt eingeführt. Er erweitert die Hoffnung auf ein wiederhergestelltes Gesamtisrael. Diese Tendenz ist für eine Reihe von Texten im zweiten Teil des Sacharja-Buches charakteristisch (vgl. 9,13; 10,6f.), aber nicht für alle (anders 11,14!). Das zeigt, daß diese Sammlung keineswegs einheitlich ist.

9,11–17: Jahwes Eintreten für Israel

11 Was dich angeht[182], wegen deines Bundesblutes lasse ich frei deine Gefangenen aus der Grube (in der kein Wasser ist).
12 Kehrt zurück zur festen Burg,
  ihr Gefangene auf Hoffnung!
  Auch heute verkündige ich: Doppeltes erstatte ich dir.
13 Denn ich spanne mir Juda,
  den Bogen fülle ich mit Ephraim.
  Ich schwinge deine Söhne, Zion
  (gegen deine Söhne, Griechenland)
  und mache dich wie das Schwert eines Helden.
14 Und Jahwe wird über ihnen erscheinen,
  und sein Pfeil geht aus wie der Blitz.
  Der Herr Jahwe stößt ins Horn
  und zieht einher in Stürmen des Südlandes.
15 Jahwe der Heerscharen wird sie beschützen;
  sie werden fressen (und niedertreten), wie'[183] Schleudersteine;
  sie werden ‚Blut'[184] trinken ‚wie' Wein,
  (davon) voll sein wie die Opferschale, wie die Ecken des Altars.
16 So wird Jahwe, ihr Gott, sie befreien an jenem Tage, als[185] die Schafe, sein Volk[186], ja, als[187] funkelnde Diademsteine auf seinem Land.
17 Denn was ist seine (des Volkes) Güte und seine Schönheit? Das Getreide läßt junge Männer und der Wein junge Mädchen gedeihen.

---

[182] *gam* bezieht sich auf das zur Verstärkung des Suff. in *beriteka* dienende PP; vgl. G-K[28] § 154, Anm. 1 c; § 135f.; Sæbø, 54.
[183] Vgl. die Auslegung.
[184] Vgl. BHS.
[185] Sog. *Kaph* veritatis, vgl. G-K[28], § 118x.
[186] Genetivus explicativus, vgl. G-K[28], § 128 l–m.
[187] Vergleich ohne *k^e*, vgl. G-K[28], § 118 r.

Dieser Abschnitt ist wohl weder eine direkte Fortsetzung von 9,9–10 noch eine Sammlung von unterschiedlichen Ergänzungen (Rudolph), vielmehr ein zusammenhängender Text, dessen Akzent auf die Befreiung Israels gelegt ist. Dieses Hauptthema (vgl. schon 6,8; 8,7) rahmt das Stück in V. 11 f. und 16. Dazwischen eingeschoben ist (mit Überleitung in V. 13) eine anscheinend ältere Theophanieschilderung, die Jahwe als Krieger im Heiligen Kriege auftreten läßt. Der Text ist an einigen Stellen offenbar gestört; es sind sehr unterschiedliche Wiederherstellungen versucht worden.

11   Das Stück beginnt mit einer direkten Anrede Jahwes in 1. Person an Israel, dem er in bildhafter Sprache die Freilassung seiner Gefangenen, d. h. die Heimkehr der Exulanten, ankündigt. Zu einer (wie eine offensichtliche Glosse, in Anlehnung an Gen 37,24, ausdrücklich erläutert) wasserlosen Zisterne als Gefängnis vgl. Gen 37,22 f.; 40,15; 41,14; Jes 24,22; Jer 38,6 ff. Der Begriff kann auch das Grab, die Unterwelt bezeichnen (Jes 14,15; 38,18; Ez 26,20 u.ö.), zugleich als Bild für eine aussichtslose Lage. Umstritten ist der Begriff „Bundesblut". Sind die Opfer gemeint, die Israel um des Bundes willen darbringt (Nowack u.a.)? Oder das beim Sinaibundesschluß ausgegossene Blut (Ex 24,3 ff.; Stade, Otzen, Rudolph)?

Auch „Bundesgemeinde" ist vorgeschlagen worden (van der Woude), aber dafür fehlt es an überzeugenden Belegen. Da der Begriff „Bundesblut" sonst nur noch Ex 24,8 vorkommt, ist eine Bezugnahme darauf am naheliegendsten. Die Tora (Pentateuch) lag in der Entstehungszeit unseres Stückes wahrscheinlich schon schriftlich vor. Das Jahwewort erinnert an Gottes am Sinai mit Israel

12   eingegangene, mit Blut besiegelte Beistandsverpflichtung, die er bei der Rückführung der Exilierten einlösen will. Diese, als „Gefangene auf Hoffnung" bezeichnet, weil sie sich auf Jahwes Hilfe verlassen können (vgl. Jer 29,11; 31,17), werden aufgefordert, nach Jerusalem zurückzukehren. Dieses muß mit dem singulären Ausdruck „Burg" gemeint sein (vgl. 2. Sam 5,7. 9, mit anderer Vokabel). Wir haben erneut ein Element der Zionstheologie vor uns. In V. b ist schwierig, daß kein Subjekt genannt wird; doch wird das „Ich" Jahwes zu ergänzen sein, der inhaltlich das Gleiche wie Jes 40,2; 61,7 ansagt: eine zwiefache

13   Entschädigung für das erlittene Unrecht. Anschließend wird zum Mittelteil in V. 14 f. übergeleitet, der das Thema der Theophanie Jahwes zum Heiligen Kriege in einer älteren Formulierung enthält. Der Verfasser spricht noch in der 1. Person Jahwes und erwartet wie 9,10 die Wiederherstellung der auch hier im Parallelismus genannten beiden Reiche. Kampfbilder werden verwandt: der Bogen, der mit dem Fuß gespannt und mit einem Pfeil „gefüllt" wird, die geschwungene Lanze, das Schwert eines Einzelkämpfers. Jahwe will im Kampf gegen die Fremdvölker mit seinem (zweigeteilten) Volk kooperieren. „Gegen deine Söhne, Jawan" fällt aus dem Dreiermetrum heraus und ist offensichtlich eine Glosse. Das Wort bezeichnet ursprünglich die Jonier, dann allgemein die Griechen (Gen 10,2. 4; Ez 27,13; Jes 66,19; Joel 4,6; 1. Chron 1,5. 7), später auch speziell die hellenistischen Seleukiden (Dan 8,21; 10,20; 11,2). Da in einer Glosse stehend, kann das Wort nicht zur Datierung des gesamten Abschnittes

herangezogen werden; vermutlich wollte ein Leser das Wort für seine, die Diadochenzeit, aktualisieren. Die Erwartung der Wiederherstellung der beiden Reiche ist dagegen nur früh (um 500 v. Chr.?) denkbar. Eine Abwertung der 14 Samaritaner wird nicht vorgenommen. Das ältere Traditionsstück ist daran erkennbar, daß es von Jahwe und den Israeliten (der fehlende Rückbezug zeigt, daß es sich um ein Fragment handelt) in 3. Person handelt. Die Theophanieschilderung zeigt Jahwe als den Kriegsmann, der im Wetter zum Kampf gegen seine Feinde heranzieht. Der Blitz ist Jahwes Pfeil (vgl. 2. Sam 22,15 = Ps 18,15; Ps 144,6; auch 77,18; Hab 3,11), das Widderhorn, das vor (Ri 7,8. 16. 20; vgl. Hos 8,1; Jes 58,1) oder während des Kampfes (2. Sam 2,28; 18,16) geblasen wird, meint den Donner, der heftige Südwind ist Jahwes Wagen (vgl. Dtn 33,26; Jes 66,15; Nah 1,3; Ps 18,10f.). Die Herkunft Jahwes vom Sinai könnte angedeutet 15 sein. Anschließend wird deutlich, daß es sich um einen Kampf der Israeliten unter dem Schutz Jahwes handelt.[188] Ihr Sieg über (ungenannte) Feinde wird sehr drastisch als Fressen und Blutsaufen geschildert. Abschwächungen (es handele sich um ein Opfermahl nach der Schlacht, Sæbø; die „Schleudersteine" seien Subjekt, Elliger u.a.; oder Jahwe sei dies selbst, Rudolph) mißdeuten den Wortlaut. Da zweimal ein vergleichendes „wie" im Text steht, dürfte es vor „Schleudersteine" ausgefallen sein (vgl. Hanson). „Essen" und „trinken" sind offenbar parallel; das „Vollsein" tritt als drittes Glied dazu. „Niedertreten" könnte ergänzt sein, es fällt aus Metrum und Bild heraus. Zum „Fressen" als Vernichten der Feinde vgl. Dtn 7,16; Hos 7,7; Jer 10,25; 30,16; 50,7. 17; 51,34; Spr 30,14. Steinschleudern waren gebräuchliche Waffen von Hirten (1. Sam 17,40. 50), Jägern (Hi 41,20) und Soldaten (Ri 20,16; 2. Chron 26,14) und besonders weitreichend.[189] „Trinken" und „Vollsein" bezieht sich auf (im Text ursprünglich enthaltenes) Blut. Die „Opferschale" (Ergänzung?) dient zum Besprengen des Altars mit Blut beim Opfer (Ex 38,5; Num 4,14; 7,13; Am 6,6; Sach 14,20). Daneben werden die Hörner (Ecken) des Altars erwähnt (vgl. Ex 27,2; 38,2).[190] Die Anspielung auf das Opfer entspricht der Tradition, die den Jahwekrieg als Opferhandeln deutet (vgl. Jes 30,27-33; 34,5-8; Ez 39,17-20). 16 Der folgende Vers dürfte auf den Verfasser des Rahmens (vgl. V.11f. 13) zurückgehen, der den Stil von V. 14f. hier noch fortsetzt. Die allgemeine Rettungsverheißung (vgl. 8,13) knüpft aber an den Anfang an. Ein klares Metrum ist nicht mehr zu erkennen. Zu „an jenem Tage" vgl. zu Haggai 2,23. „Schafe"[191] ist eine häufige Metapher für das Volk, wie erläuternd hinzugefügt wird. Hier braucht nichts geändert zu werden, wie auch die Entsprechung zu „auf seinem Lande" in V. b zeigt. Die Suffixe beziehen sich auf Jahwe zurück. Das Bild der Schafe hängt mit der alten Metapher vom Hirten zusammen, mit der im alten Orient seit alters her Götter und die von ihnen eingesetzten Könige bezeichnet werden konnten, wie auch im Alten Testament Jahwe (Ps 23,1-4 u.ö.) und der

---

[188] Zur Herkunft der Theophanieschilderung aus dem Siegeslied vgl. J. Jeremias, 136 ff.

[189] Vgl. H. Weippert, BRL², 282.

[190] Vgl. BRL², Abb. 2, S. 8.

[191] Eigentlich: Kleinvieh (Schafe und Ziegen).

verheißene König (Jer 23,4; Ez 34,23f.; 37,24; Mi 5,3).[192] Von Jahwe als Krieger (V. 14f.) wird also zu Jahwe als Hirten, unterstrichen durch den Zusatz „ihr Gott", übergeleitet. Noch ein anderes, mit dem ersten jedoch durch die Vorstellung von Jahwe als König verbundenes Bild enthält V. b: Der Vergleich mit dem Funkeln der Edelsteine am Stirnreif (Diadem)[193] deutet die Wert-
17 schätzung Israels im Urteil Gottes an (vgl. auch Hag 2,23). Zur Verbindung mit der Paradiesesvorstellung vgl. auch Ez 28,13. Der Schlußvers des Abschnittes hat den alten Übersetzungen, die ihn ganz unterschiedlich wiedergeben, und den modernen Auslegern große Schwierigkeiten bereitet. Aber wir können bei MT bleiben, wenn wir, wie es grammatisch und vom Sinn her allein möglich ist[194], V. a als Frage (Junker, Gaide) auf das in V. 16 genannte Volk beziehen und V. b als die darauf erteilte Antwort verstehen. Die Qualität des Volkes wird ganz direkt an der Kraft und Schönheit seiner jungen Männer und Mädchen abgelesen, die bei reichlicher Ernährung (zu Getreide und Wein als Gaben der Heilszeit, bes. für junge Leute, vgl. Jer 31,12f.) in einem von keinem Krieg mehr zerstörten Lande (vgl. V. 16) prächtig gedeihen werden. Die Erdgebundenheit israelitischer Heilserwartung kommt hier deutlich zum Ausdruck.

10,1–2: Nur Jahwe spendet Regen

1 Erbittet von Jahwe Regen zur Zeit des Spätregens!
  Jahwe ist's, der die Wetterwolken schafft
    und den strömenden Regen ihnen[195] gibt,
  jeder der Pflanzen des Feldes.
2 Denn die Terafim reden Falsches
    und die Wahrsager schauen Lüge;
  nichtige Träume reden sie,
    eitlen Trost spenden sie.
  Deshalb brechen sie auf wie Schafe;
    sie verelenden, denn kein Hirte ist da.

Entgegen manchen Versuchen, dieses Stück mit den folgenden Versen zu verbinden oder den Zusammenhang von Kap. 9 her durchlaufen zu lassen, muß man zugeben, daß es ein ganz isoliert stehendes Mahnwort ist. Offensichtlich ist das von den „Hirten" handelnde Wort V. 3 ff. nur durch Stich-

---

[192] Vgl. H. Weippert, BRL², 287 f. u. Abb. 75.
[193] Vgl. J. A. Soggin, Art. r'h weiden, THAT II,791–94 (Lit.).
[194] Das Suff. 3 sg. masc. kann sich nur auf 'ammo beziehen, da Jahwe niemals schön genannt wird. „Wie" im Ausruf nur mit Adjektiven.
[195] Vorausweisendes Suffix, vgl. Jos 1,2; BrSynt § 68 b.

wortverknüpfung an es angehängt worden, und zu 9,17 könnte die thematische Nähe eine Brücke gebildet haben.

Das Thema erinnert an Hos: Es geht darum, wer der wahre Geber von Regen 1 – in Palästina eine Lebensfrage, vgl. 1. Kön 17–18; Jer 14,2–5 – und Fruchtbarkeit ist (Hos 2,10). Das Mahnwort fordert seine Hörer auf, Regen allein von Jahwe zur Zeit, wenn er normalerweise zu erwarten ist (März/April) und doch ausbleibt, zu erbitten. Die Aufforderung ist wörtlich und nicht symbolisch-übertragen zu verstehen (gegen Chary; Elliger u. a.). Jahwe als der Schöpfer ist auch Herr über den Regen (Dtn 11,14; Jer 5,24; 10,13), und er gibt ihn allen, für 2 die Ernährung erforderlichen, Pflanzen. Statt an Jahwe wenden sich die Leute noch immer an die Terafim. Das sind Götzenbilder (Gen 31,19. 35; Ri 17,5; 18,14) oder auch kultische Gesichtsmasken (1. Sam 19,13. 16), die zur Orakelbefragung benutzt wurden (Ez 21,26). Wie auch die Wahrsager (Jer 27,9; 29,8f.; Jes 44,25) sind sie als Verstoß gegen das erste Gebot in Israel verboten. V. b weist auf die Folgen hin, die aus diesem Verhalten entstanden sind. Es geht hier nicht um das Exil (Rudolph u. a.), sondern um die gegenwärtige Situation der Hörer. Der Hirte, Jahwe, wird nicht anerkannt, deshalb ist die Herde, das Volk, führerlos.

10,3–12: Befreiungskampf und siegreiche Heimkehr der Diaspora

3 Gegen die Hirten ist mein Zorn entbrannt
   und die Böcke suche ich heim.
Denn Jahwe der Heerscharen kümmert sich um seine Herde, das Haus Juda,
   und macht sie gleich einem Prachtroß im Kampfe.
4 Aus ihm kommt der Eckstein,
   aus ihm der Zeltpflock,
   aus ihm der Kriegsbogen.
Aus ihm kommt jeder Herrscher. Allesamt
5 werden sie sein[196] wie Helden,
   die (den Feind) niedertreten[197] in den Dreck der Straßen
   und kämpfen, denn Jahwe ist mit ihnen,
   und zuschanden werden die Rossereiter.
6 Und ich stärke das Haus Juda
   und dem Haus Joseph helfe ich.
Ich lasse sie wohnen/heimkehren[198],
   weil ich mich ihrer erbarmt habe,

---

[196] Str. w^e (Dittographie).
[197] Part. act. von $b\bar{u}s$, vgl. G-K[28], § 72 p.
[198] Vgl. die Auslegung.

und sie werden sein, als hätte ich sie nie verstoßen,
denn ich bin Jahwe, ihr Gott, und werde sie erhören.
7 Wie ein Held wird sein Ephraim,
   sich freuen ihr Herz wie von Wein.[199]
Ihre Angehörigen werden es sehen und sich freuen.
   Ihr Herz wird jubeln in Jahwe.
8 Ich will ihnen pfeifen und sie sammeln, denn ich habe sie freigekauft,
   und sie sollen zahlreich sein, wie sie waren.
9 Ich zerstreute sie[200] (säte sie aus) unter die Völker,
   aber in der Ferne werden sie meiner gedenken;
   sie werden mit ihren Söhnen am Leben bleiben[201] und zurückkehren.
10 Ich will sie zurückführen aus dem Lande Ägypten
   und aus Assur will ich sie sammeln.
Zum Lande Gilead und zum Libanon will ich sie bringen,
   doch es reicht ihnen nicht.
11 Und er wird das Meer[202] der Not durchschreiten
   und die Wogen im Meer schlagen,
   und es werden austrocknen alle Tiefen des Nils.
Gestürzt wird der Hochmut Assurs
   und das Zepter Ägyptens weicht.
12 Ich werde sie stärken in Jahwe,
   und sie werden in seinem Namen wandeln, Spruch Jahwes.

Auch in diesem Abschnitt lassen sich zwei Stilformen unterscheiden: V. 3 b-
(7)11(12) spricht in 3. Person von Jahwe, in V. 3 a. 6. 8–10 redet Jahwe selbst in 1.
Person. Zwischen beiden Versgruppen besteht ein deutlicher Unterschied in der
Thematik: Während die Er-Schicht von den Redeformen des Heiligen Krieges
geprägt ist, handelt die Ich-Schicht von der Heimführung Juda/Israels aus dem
Exil durch Jahwe. Auch im Wortgebrauch unterscheiden sich beide Schichten.
Damit ähnelt die Struktur dem Abschnitt 9,11–17. Einige Ausleger (Horst u. a.)
haben die Schichtung erkannt, doch urteilen sie unterschiedlich über das Alter
der Schichten und ihr Verhältnis zueinander. Aufschlußreich ist, daß die Ich-
Schicht literarische Berührungen zu Jer und Ez aufweist, während die Er-
Schicht der Tradition des Jes-Buches nahezustehen scheint. Bedenken wir weiter, daß das Thema der Er-Schicht mit 9,14–15, das der Ich-Schicht mit 9,11–12
übereinstimmt, legt sich nahe, daß auch in 10,3–12 die Jahwerede, die eine
Heimführung der Exulanten ankündigt, eine Bearbeitung der vom Jahwekrieg
handelnden Vorlage darstellt. Ob Vorlage und Bearbeitung die gleiche sind wie
in 9,11–17, muß offen bleiben, da die terminologische Übereinstimmungen
nicht zahlreich genug sind.

3a   Das Stück beginnt mit der Ich-Rede Jahwes in V. 3 a. Daß diese eine Bearbei-

---

[199] Vgl. G-K[28], § 118 w.
[200] L. *wa'ezra'ēm* (Marti): dem Sinn nach Vergangenheit, vgl. Lacocque.
[201] MT=V. GS: „sie sollen ihre Söhne aufziehen" (Piel).
[202] Lies *be̓jâm*.

tung des in V. 3 b–5 folgenden, in Er-Form gehaltenen Abschnittes darstellt, erkennt man außer am Personenwechsel an der Aufnahme des Begriffes „Herde" aus V. b. Im Folgenden spielen Hirten und Böcke keine Rolle mehr.

Aufgegriffen wird auch der Begriff „heimsuchen" aus V. 3 b, aber negativ gewendet: Jahwe will gegen die „Böcke" (Leithammel, vgl. Jes 14,9; Jer 50,8) einschreiten. Die Terminologie scheint an Jer 23,1–4; vgl. auch Ez 34 anzuknüpfen. Im Unterschied zu dort sind aber nicht die eigenen Führer des Volkes (Hitzig u. a.), sondern, im Kontext von V. 3 bff., fremde Oberherrscher gemeint. Der Bearbeiter verknüpft damit sein eigenes Thema: die Befreiung Israels von den Fremdmächten.

Mit V. 3 b beginnt die Vorlage. In ihr ist Jahwe der Hirte seiner Herde (vgl. 3 b–5 9,16), der sie fürsorglich „heimsucht" (vgl. Ex 3,16; 4,31; 13,19 u. ö.). Die Herde wird – wohl kein Zusatz! – mit dem Haus Juda identifiziert. Es kann sich um ein vorexilisches judäisches Stück handeln, doch fehlen Anhaltspunkte zu einer genauen Datierung. In V. bβ wird sofort das Thema des Jahwekrieges angeschlagen: Jahwe macht die Judäer (suff. plur.) zu seinem Prachtroß, auf dem er selbst 4 in den Streit zieht (Hab 3,8). Aus dem Volk[203] sollen tüchtige Anführer hervorgehen. Das archaische Stilmittel der stereotypen Wiederholung in aufzählenden Kurzsätzen fällt auf. „Eckstein" ist nach Ri 20,2; 1. Sam 14,38; Jes 19,13 ein Anführer des Volkes; ebenso ist der „Zeltpflock" ein solcher Leiter (Jes 22,23. 25). „Kriegsbogen" ist kein geprägter Begriff für einen Anführer (für eine Streitmacht: Hos 1,5; Jer 49,35; vgl. auch o. 9,10), dürfte aber nach dem Zusammenhang einen Heerführer bezeichnen. „Bedränger" kann keine Fremdmacht sein, wie 9,8, sondern meint (wie Jes 3,12; 14,2. 4; 60,17) offenbar Machthaber in Juda. Das letzte Wort aus V. 4 gehört anscheinend schon zum 5 Folgenden. V. 5 beschreibt Anführer und Volk Juda als Kriegsheer, das mit Jahwes Hilfe (zur „Mitsein"-Formel vgl. Ps 46,8. 12; Jes 7,14; im Kampf: Ri 6,16; Jos 1,9) die Feinde in den Boden stampft und sie besiegt („kämpfen"=„siegen", vgl. 14,3). Die Reiter (im Kontext Ägypten und Assyrien, vgl. V. 11) sind Repräsentanten der mythischen widergöttlichen Militärmacht, vgl. Ez 38,15. Sie werden beschämt durch ihre Niederlage (vgl. Jer 50,2).

An der 1. Person Jahwes ist wieder die Bearbeitung zu erkennen. Trotz der 6 das Stichwort „Held" in V. 5 aufnehmenden Vokabel „stärken" im Eingang geht es nicht mehr um den Heiligen Krieg, sondern um Jahwes Beistand für Juda und Joseph und ihre Rückführung aus dem Exil. Auffällig ist die Bezeichnung „Haus Joseph" für das Nordreich; sie ist offenbar bewußt archaisierend (vgl. Jos 17,17; 18,5; Ri 1,22f. 35; 25,19. 21; 1. Kön 11,28; Am 5,6; Ez 37,16; Ps 78,67; 80,2; Ob 18). Dagegen wird das ehemalige Nordreich in V. 7 als „Ephraim" bezeichnet (vgl. 9,13). Der Überarbeiter glaubt wie der in 9,11–17 an die Wiederherstellung des Gesamtvolkes aus Nord- und Südreich. Zu „helfen" vgl. 9,16. In V. aβ findet sich eine Wahllesart: „wohnen lassen" (vgl. G) oder „zurückkehren lassen" (vgl. S,T,V.). Zu letzterer Lesart vgl. V. 10. Möglich wäre in V. 7 auch die erstere, da

---

[203] Nicht aus Jahwe (so viele Ausleger). „Ausgehen von" wird nie von Jahwe gesagt (van der Woude).

auch die andren Aussagen: Gottes Erbarmen, das Ende der Verwerfung (vgl.
Klgl 3,31), seine Zuwendung (Jes 41,17) sehr allgemein gehalten sind.

7   Dieser Vers spricht zwar in 3. Person von Jahwe, gehört aber vermutlich nicht
zur Vorlage. Zwar wird das Stichwort „Held" aufgegriffen, aber sonst ist nicht
von kriegerischen Vorgängen, sondern allgemein von Freude („wie von Wein",
vgl. Ps 104,15) die Rede. Auch wird nicht von Juda, sondern ausschließlich von
Ephraim, dem Nordreich, gesprochen. Es handelt sich offenbar um ein Element
formal ausgleichender Bearbeitung. Ob „ihre Söhne" die Ephraemiten selbst
meint, bleibt unklar. Die Freude im Herrn ist Psalmensprache (vgl. bes. Hab
3,18; Ps 32,11; 33,1; 35,9; 64,11; 97,12; 104,37).

8   Auch dieser Vers gehört zur Bearbeitung. Hier geht es wieder um die Heimführung der Exulanten. Zum Pfeifen als Aufbruchssignal vgl. Jes 5,26; 7,18:
Jahwe will sein Volk versammeln (Mi 2,12; 4,6; Zeph 3,20; Jer 23,3; 31,10; Jes
9   40,11; 54,7) und es wie ehedem zahlreich machen (Jer 23,3; 30,19; Ez 36,10f.).
Der Vers muß kein Zusatz sein (gegen Rudolph, van der Woude), sondern blickt
(bei leichter Änderung der mas. Vokalisierung am Anfang) auf die vergangene
Exilierung zurück. Der Beginn einer Rückkehr wird mit einer Rückerinnerung
der Exulanten an Jahwe einsetzen. Diese Verheißung wird als solche begreiflich,
wenn man bedenkt, daß viele Exulanten niemals zurückkehrten, sondern in
Babel und Ägypten blieben, viele auch ihre jüdische Identität aufgaben; die
Verschleppten des Nordreichs von 722 wurden im Völkergemisch Mesopota-
10   miens offenbar vollständig assimiliert. Das Überleben in der Diaspora, gesicher-
te Nachkommenschaft (vgl. Jer 29,6) war von zentraler Bedeutung. Jahwe will
die Exulanten aus Ägypten und Assur zurückführen und einsammeln. Diese
Aussage hat in der Datierungsfrage für Deuterosacharja eine bedeutende Rolle
gespielt. Die älteren Ausleger und wieder Otzen nahmen das Auftauchen der
beiden Großmächte, von denen Assur bereits 612 (609) v. Chr. unterging, als
sicheres Anzeichen einer Entstehung des Textes im 8.-7. Jh. Stade und viele
Nachfolger verstanden dagegen unter „Ägypten" das Ptolemäerreich und (unter
Hinweis auf Jes 27,12f.; Ps 83,9) „Assur" als Namen für das seleukidische
Syrien. Damit wurde der gesamte Text in die Diadochenzeit nach Alexander
dem Großen (Stade um 306 v. Chr.) versetzt. Aber die historisierende Auslegung ist ebenso unbefriedigend wie in 9,1–8, und wenn eine vorexilische Datierung unwahrscheinlich ist, dann erst recht eine späte in der hellenistischen
Periode. „Ägypten" und „Assur" sind hier wie in V. 11, den der Bearbeiter
kommentiert, in der Tat Chiffren (wie Ninive in Jon 1,2; 3,1 ff.), aber für zwei
Weltgegenden, in denen sich bereits in frühnachexilischer Zeit Diasporajuden
befanden. So spricht nichts gegen eine Ansetzung in dieser Periode. Zu 9,1–8 hat
V. 10b eine Beziehung, indem hier der rückkehrenden Diaspora Siedlungsge-
biete versprochen werden, die zum idealen Anspruchsgebiet Israels gehörten.
Gilead (das ostjordanische Gebiet etwa zwischen Jarmuk und Jabbok, vgl. Jos
12,2. 5) gehörte zum Nordreich (Am 1,3. 13; Ob 19) und wurde von den
Assyrern zuerst exiliert (2. Kön 15,29). Das Libanongebiet (mit Antilibanon),
obwohl nie dem Nordreich einverleibt, war doch nach Dtn 1,7; 3,25; 11,24; Jos
1,4 (dtr) ein Teil des Israel verheißenen Territoriums. Der Vers schließt mit der

Aussage, daß auch das erweiterte Siedlungsgebiet für die Israeliten in der kommenden Heilszeit wegen ihrer Vermehrung nicht ausreichen wird.

Hier kommt wieder die Er-Quelle zu Wort. Subjekt ist Jahwe, dessen „Hin- 11 durchziehen" zum Motivkreis der Theophanie gehört.[204] Das Stichwort, sonst vom Vorüberziehen Jahwes an Personen gebraucht (vgl. Gen 18,3. 5; Ex 33,19; 34,6; Ez 16,6. 8; Hos 10,11; 1. Kön 19,11), ist hier jedoch mit einem anderen, dem Chaoskampfmotiv[205] verbunden. Wenn angekündigt wird, Jahwe werde „das Meer der Not" durchschreiten, scheint damit, wie im Motivzusammenhang nicht selten[206], auf den Auszug aus Ägypten angespielt zu werden. Die folgenden Aussagen gehören unverkennbar zum Chaoskampfmythos: Jahwe besiegt die Wellen, Verkörperung der widergöttlichen Macht des Urmeeres (Jer 5,22; Ps 65,8; 89,10; 107,29; Hi 38,11); im Parallelglied erscheinen die Tiefen des Nils, die austrocknen werden. Ein Austrocknen des Nils war eine schwere Strafe für Ägypten, dessen Lebensader der Strom ist (vgl. Jes 19,5; Ez 30,12). Doch spielt auch das Chaoskampfmotiv der Austrocknung des Meeres hinein (Jes 50,2b; vgl. 104,6f.; 106,9). Hochmut ist bei Personen ein Kennzeichen von Frevlern, bei ganzen Völkern widergöttliche Hybris, die von Jahwe niedergeworfen wird (Jes 2,12; 23,9; 25,11; Ez 30,6. 18; von Israel: Ez 7,24; 33,28; Lev 26,19; vgl. auch Am 6,8; Hos 5,5). Symbolisch für die mesopotamische Weltmacht trifft dies Assur, während Ägypten durch das Zerbrechen des Zepters seine Selbständigkeit verlieren soll (vgl. Gen 49,10).

Im Schlußvers kommt noch einmal der Bearbeiter zu Wort, s. den Übergang 12 zur Ich-Rede Jahwes und das Stichwort „stärken" (vgl. V. 6).[207] Daß dann wieder von Jahwe in 3. Person gesprochen wird, mag Einfluß der Vorlage sein. Im übrigen sind die Aussagen recht allgemein. Gemeint ist offenbar wie in V. 8. 10 Ephraim, das gestärkt werden soll (nicht die in der Vorlage zuletzt genannten Mächte Assur und Ägypten). „Wandeln in Jahwes Namen" bedeutet Leben mit seiner Hilfe (Mi 4,5; vgl. auch 1. Sam 17,45; Ps 124,8; 2. Chron 14,10).

Im ganzen ist der Abschnitt ein Beispiel für die Aktualisierung älterer, hier mythischer Überlieferung in einer veränderten Zeit. Es ist offenbar kurz nach Ende des Exils. Noch ist die Hoffnung, daß auch die ehemaligen Nordreichsbewohner in die Heimat zurückkehren werden, nicht ganz erloschen. Indem der Bearbeiter Süd- und Nordreich parallelisiert, drückt er die Erwartung einer Wiederherstellung ganz Israels aus.

---

[204] Vgl. H.-P. Stähli, Art. ʾbr. THAT II,203; H.F. Fuhs, Art. ʾabar, TWAT V, 1028f.

[205] Vgl. O. Kaiser, Die mythische Bedeutung des Meeres in Ägypten, Ugarit und Israel (BZAW 78), 1962; S. Norin, Er spaltete das Meer (CB OTS 9), 1977; H. Ringgren, Art. jâm, TWAT III, 645–657.

[206] Belege bei Ringgren, a.a.O.

[207] Eine Textänderung (Wellhausen u.a.) ist unangebracht.

11,1–3: Bildrede: Das Ende aller Hybris

1 Öffne, Libanon, deine Tore,
  daß Feuer fresse in deinen Zedern.
2 Heule, Zypresse, daß[1] die Zeder gefallen,
  daß[208] die Herrlichen verheert sind;
  heulet, ihr Basanseichen,
  daß der unzugängliche Wald gestürzt ist.
3 Horch, das Geheul der Hirten,
  weil ihre Herrlichkeit verheert ist;
  horch, das Gebrüll der Junglöwen,
  weil verheert ist die Pracht des Jordan.

Die kurze Bildrede ist offensichtlich ein unabhängiges Stück. Vor allem wegen des Stichwortes „Libanon", vgl. 10,10, scheint es an den vorangegangenen Abschnitt angehängt worden zu sein, wie der folgende Abschnitt 11,4–17 eine Stichwortverknüpfung zu „Hirten", V. 3, aufweist. Eine ursprüngliche Verbindung ist gegen manche Ausleger weder nach vorn noch nach hinten erkennbar.

Eine Gerichtsankündigung gegen menschliche Hybris ist die theologische Grundaussage des mit dem Stilmittel der Wortwiederholung (dreimal „heulen", dreimal „verwüsten", zweimal „horch!" (Stimme)) arbeitenden Liedes. Die Motivik verrät das Thema: die Vernichtung feindlicher Mächte durch Jahwe. Die Hauptbilder verweisen auf Hochmut der Mächtigen als die widergöttliche Haltung, gegen die Jahwe einschreiten wird. Vor allem der Abschnitt Jes 2,12–17, der ein solches Einschreiten für den „Tag Jahwes" ankündigt, hilft zum Verständnis. Konstitutiv sind Vorstellungen aus dem Bereich der Theophanie. Jahwe wird in 11,1–3 nicht ausdrücklich genannt, doch ist die passivische Formulierung eine übliche Form der Umschreibung göttlichen Handelns.

1   Das bis über 3000 m aufsteigende, im Winter schneereiche Libanongebirge war im Altertum schwer zugänglich. Der Libanon (Jes 10,34 selbst Symbol für eine jahwefeindliche Macht) wird höhnisch aufgefordert, wie eine besiegte Stadt dem Sieger Jahwe ihre Tore zu öffnen, damit das Feuer seine Zedern verzehren kann. Mehrere Bildebenen mischen sich: der Libanon mit seinen Zedern – nach 2. Kön 19,23 sind sie für seine höheren Regionen charakteristisch, und sie liefern ein für Prachtbauten geschätztes Holz (vgl. u.a. 1. Kön 7,2 ff.); die belagerte, dann eroberte Stadt, deren im Altertum übliches Schicksal es ist, verbrannt zu werden[209]; Feuer aber auch als Begleiterscheinung einer Theophanie (Jes 9,17f.; 10,17; Jer 4,4; 15,14; 21,12; Nah 1,6). Die Zeder als besonders ansehnlicher, immergrüner Baum ist ein Bild für Hoheit, aber auch für widergöttliche Anmaßung (Jes 2,13; Ez 31), gegen die Gottes Gericht ergeht. Dieses Gericht hat die Form des Jahwekrieges.

---

[208] Kausale Konjunktionen, vgl. G-K[28], § 158 b.
[209] Vgl. BHH I, 477f.; Abb. 3.

Die Aufforderung an die Zypressen[210] (wahrscheinlicher: Wachholder[211]),   2
über den Fall der Zedern[212] zu heulen, weist mit diesem typischen Stichwort auf
die Form des prophetischen Leichenliedes. Die Vokabel wird am häufigsten mit
Bezug auf fremde Völker gebraucht (Jes 13,6; 14,31 u.ö.; Jer 25,34; 47,2 u.ö.; Ez
30,2). So geht es auch hier bildhaft um die politische Klage über den Fall der
Fremdmächte. Auch die Eichen des Basan (einer Hochebene im Ostjordanland
beiderseits des Jarmuk samt dem anschließenden Waldgebiet), eine als besonders kräftig berühmte Baumsorte (Jes 2,13), werden zur Klage aufgefordert, weil
der Wald, den sie bildeten, gestürzt ist. Sie verkörpern also Mächte, die über
ihren eigenen Fall trauern müssen. Ursache dafür ist hier nicht Feuer, sondern
offenbar ein Sturmwind. Auch dieser ist ein charakteristisches Begleitelement
der Theophanie, mit dem Jahwe auch gegen seine Feinde kämpft (Ps 83,16; Jes
29,6; Ez 13,13 u.ö.).[213] Da auch das Motiv der Basanseichen traditionell ist,
kann man wohl kaum die hier gemeinten Mächte auch dort lokalisieren.

Der abschließende Vers bezieht noch zwei weitere Gruppen in die Aufforde-   3
rung zur Klage ein: Hirten und Junglöwen. Zum Motiv vgl. Jer 25,34–38 (nicht
als literarisches Vorbild zu verstehen!). „Hirten" dürfte, wie im alten Orient
üblich, eine Metapher für Herrscher sein; es geht um die Zerstörung ihrer
Länder. Hier haben wir wiederum einen Bildwechsel, aber kein neues Thema.
Die Klage der Junglöwen wegen des Verlustes ihrer Verstecke in den Dickichten
am Jordan (vgl. Jer 12,5) lenkt noch einmal zur ursprünglichen Bildebene
zurück.

Das ganze ist offenbar ein geprägtes Traditionsstück, deshalb ist eine Datierung kaum möglich. Ein Bezug auf bekannte Zeitereignisse liegt nicht vor; die
von Jahwe bekämpften Fremdmächte werden nicht identifiziert. Offensichtlich
liegt das an dem bildhaften Charakter des Stückes und seinem mythischen
Vorstellungshintergrund. Ein Vergleich mit anderen Traditionsstücken in Dt-
Sacharja läßt vorexilische Herkunft wahrscheinlich erscheinen.

11,4–17: Auftrag zu Zeichenhandlungen: Die Rolle des Hirten

4 So sprach Jahwe, mein Gott: „Weide die Schlachtschafe,   5 die deren
Besitzer töten[214], ohne sich schuldig zu fühlen, und ihr Käufer spricht:
Gepriesen sei Jahwe, ich bin reich geworden! Ihr Hirte aber schont sie
nicht."   6 (Denn ich schone nicht mehr die Bewohner der Erde, Spruch
Jahwes, und siehe, ich lasse die Menschen jeden in die Hand seines Nächsten

---

210 Kollektiver Singular.
211 Vgl. HAL s.v.
212 Kollektiver Singular.
213 Zu dem Motiv und seinen altorientalischen Parallelen vgl. J. Jeremias, 69 ff.
214 Zur Verbform vgl. G-K[28], § 47 m.

und in die Hand seines Königs geraten. Sie werden die Erde kurz und klein schlagen, und ich werde nicht aus ihrer Hand retten.) 7 Da hütete ich die Schlachtschafe für die Schafhändler[215] und nahm mir zwei Stäbe. Den einen nannte ich „Güte", den anderen nannte ich „Verbindung"[215] und weidete die Schafe. 8 (Und ich entfernte die drei Hirten in einem Monat) Aber ich[216] wurde ungeduldig mit ihnen und auch sie[217] wurden meiner müde.[218] 9 Da sprach ich: „Ich will euch (nicht länger) weiden.

> Was sterben will, mag sterben,
> und was verloren gehen will, mag verloren gehen,
> und was übrig bleibt, mag eines des anderen Fleisch fressen."

10 Und ich nahm meinen Stab „Huld" und zerbrach ihn, um meinen Bund zu brechen, den ich mit allen Völkern geschlossen hatte. 11 Und er wurde an jenem Tage zerbrochen. Da wußten die Schafhändler[219], die mich beobachteten, daß es ein Wort Gottes war. 12 Da sprach ich zu ihnen: „Wenn es euch recht ist, gebt mir meinen Lohn, wenn nicht, laßt es sein!" Da wogen sie mir meinen Lohn dar: dreißig (Schekel)Silber. 13 Da sprach Jahwe zu mir: „Wirf ihn zum Schmelzer[220] hin, den herrlichen Wert, den ich ihnen wert bin!" Da nahm ich die dreißig (Schekel) Silber und warf sie im Hause Jahwes zum Schmelzer hin. 14 Dann zerbrach ich meinen zweiten Stab, den „Huld"[221], um die Bruderschaft zwischen Juda und Israel zu zerbrechen. 15 Da sprach Jahwe zu mir: „Nimm dir nochmals das Gerät eines Hirten, eines bösen. 16 Denn siehe, ich lasse erstehen einen Hirten im Lande: Um die Verlaufenen kümmert er sich nicht, das Verirrte sucht er nicht, das Gebrochene heilt er nicht, das Gesunde versorgt er nicht, aber das Fleisch des Fetten ißt er und spaltet ihnen sogar die Klauen."[222]
17 Wehe dem unfähigen Hirten[223],

> der die Schafe im Stich läßt![223]
> Das Schwert (komme) über seinen (rechten) Arm
> und über sein rechtes Auge.
> Sein Arm verdorre, ja verdorre,
> und sein rechtes Auge verlösche, ja verlösche!

Lit.: J. Kremer, Die Hirtenallegorie im Buche Zacharias auf ihre Messianität hin untersucht (ATA XI/2), 1930; C. Brouwer, Wachter en herder, Wageningen 1949; M. Rehm, Die Hirtenallegorie Zach 11,4–14: BZ NF 4 (1960) 186–208; G. Wallis, Pastor Bonus. Eine Betrachtung zu den Hirtenstücken des Deutero- und Tritosacharja-Buches: Kairos 12 (1970) 220–234; Gese, 231–238; L. V. Meyer, An Allegory Concerning the Monar-

---

[215] Vgl. BHS.
[216] Wörtlich: meine Seele.
[217] Wörtlich: ihre Seele.
[218] Vgl. HAL s. v.
[219] Vgl. BHS.
[220] Vgl. HAL s. v.
[221] Vgl. BHS.
[222] Zum plur. masc. vgl. van der Woude.
[223] *chirek* compaginis, vgl. G-K[28], § 90 k–n.

chy: Zech 11:4–17; 13:7–9: Scripture in History and Theology: Essays… J. C. Rylaars-
dam. Pittsburg, Pa. 1977, 225–240; A. S. van der Woude, Die Hirtenallegorie von Sach
XI: JNMS 12 (1984) 139–149; A. Caquot, Brèves remarques sur l'allégorie des pasteurs
en Zacharie 11: Mélanges bibliques et orienteaux en l'honneur de M. Delcor (AOAT
215). Kevelaer/Neukirchen 1985, 45–55.

Zur Abgrenzung ist zu sagen, daß mit 11,4 offenbar ein neuer Abschnitt
beginnt, der mit 11,1–3 nichts zu tun hat (s. o.). Auch darf, wie seit Ewald
vielfach üblich, der weit entfernt stehende und inhaltlich verschiedene Abschnitt 13,7–9 nicht als Fortsetzung verstanden werden. Innerhalb 11,4–17
beginnt offenbar mit V. 15 ein neues Stück, das anscheinend eine Ergänzung
darstellt. Zunächst ist also V. 4–14 als geschlossene Einheit zu untersuchen.
Hier sind V. 6 und V. 8 a nach fast einhelliger Ansicht als Zusätze zu erkennen.

Der übrigbleibende älteste Text 11,4–5. 7. 8 b–14 ist weder eine Allegorie
(Meyer; Caquot) noch wird ihm die Überschrift „Vision" (Rudolph) gerecht.
Vielmehr handelt es sich um den Bericht über den Auftrag zu einer prophetischen Zeichenhandlung und ihre Ausführung (vgl. o. zu 6,9–15). Daß diese
nicht wirklich ausgeführt sein könne, hier also nur noch ein rein literarisches
Erzeugnis vorliege (Elliger u. a.), leuchtet ebenfalls nicht ein. Die Form kommt
vielmehr 6,9–15 nahe; charakteristisch ist auch hier die prophetische Ich-Erzäh-
lung. Mit der Gattungsbestimmung fällt aber auch die Entscheidung in dem
Streit der Ausleger, ob die Aussagen als Rückblick auf politische Ereignisse der
ferneren oder jüngsten Vergangenheit aufzufassen seien, oder ob es sich um eine
Voraussage zukünftiger Vorgänge handele. Die Zeichenhandlung (Symbolhandlung) ist eine Form prophetischer Verkündigung, die auf Kommendes
hinzielt. Nicht anders dürfte auch dieser Abschnitt zu verstehen sein.

Als solcher steht er einzigartig im zweiten Teil des Sacharjabuches. Deshalb
ist sogar vermutet worden (Sæbø), der hier mit seinem Ich berichtende Prophet
könne Sacharja selbst sein. Inhaltlich bestehen jedoch zu der originalen Sachar-
ja-Botschaft erhebliche Unterschiede. Auch die Redaktion des Buches beließ
das Stück in der Anonymität.

Der Abschnitt beginnt mit einer Botenformel, die das Folgende als Gottesre- 4
de kennzeichnet. Ungewöhnlich ist der Zusatz „mein Gott" (der aber nicht
geändert werden darf), durch den das Folgende als Prophetenrede gekennzeichnet wird. Es folgt der Auftrag zu einer prophetischen Zeichenhandlung. Wie sie
ausgeführt werden soll, wird später deutlich. Zu einem angemessenen Verständnis ist es wichtig, daß der Bericht des Propheten über Auftrag und Ausführung
neben Handlungs- auch Deuteelemente aufweist. Das ist in jüngeren Berichten
über Zeichenhandlungen nicht ungewöhnlich (vgl. u. a. Ez 4,1–3; 5,1–4). Bereits der Begriff „Schlachtschafe" enthält ein Deuteelement. Doch fehlt der eine
Allegorie kennzeichnende durchgehende Bezug aller Einzelzüge der Bildebene
auf die Bedeutungsebene. Die Deutung ist zuerst eine von Jahwe dem Propheten
gebotene Erklärung der von ihm auszuführenden Zeichenhandlung. Diese setzt 5
sich auch noch im folgenden Vers fort. In einem Relativsatz geht Jahwe auf den
Begriff „Schlachtschafe" näher ein; die bildhafte Sprechweise wird beibehalten.

Das erschwert naturgemäß die Deutung der hier genannten Personen. Die Rede ist zunächst im Plural von den Käufern bzw. Besitzern der Schafe. Nachher wird, wie an den Verbformen sichtbar, im Singular von dem Verkäufer[224] und dem Hirten[224] der Schafe gesprochen. Alle Beteiligten sind in Wirklichkeit Menschen. Da das Verständnis des Stückes als Einkleidung einer rückblickenden Geschichtsbetrachtung im Sinne der Apokalyptik, wie wir sahen, nicht zutrifft, ist die Identifizierung dieser Personen mit uns bekannten Figuren etwa aus der Perserzeit oder der Diadochenzeit nicht möglich. Auch handelt es sich offenbar nicht um Ausländer, sondern um die führenden Schichten in Juda, die mit ihrem Volk (den Schafen) in unzulässiger Weise umgehen. Ihr Treiben wird mit dem Verhalten von Besitzern von Schafen, einem, der Schafe verkauft, und dem von den Besitzern[225] angestellten Hirten verglichen. Das ist ein traditionelles Bild (vgl. schon Jer 50,6f.; Ez 34). Daß Schafbesitzer diese ungestraft auch schlachten dürfen und ein Verkäufer von Schafen sich über seinen Gewinn freut, ist selbstverständlich, aber daß ein Hirte sich nicht um seine Herde kümmert, ganz unnatürlich. Die Unterdrückung des Volkes durch seine Oberen wird

6 angeprangert. V. 6 unterbricht den Zusammenhang zwischen dem Zeichenhandlungsauftrag und seiner Ausführung. Der Blickpunkt ist plötzlich universal, ein die Erde und die Menschheit im ganzen betreffendes Unheil wird angekündigt. Auch handelt der als Hirte wirkende Prophet in V. 7 zunächst positiv. Dieser Vers wird deshalb mit Recht gewöhnlich als Zusatz angesehen.

7   Der Prophet übernimmt für die Schafhändler, d. h. die judäischen Oberen[226], symbolisch das Amt des Hirten. Sinnfällig geschieht das dadurch, daß er sich zwei Hirtenstäbe (vgl. 1. Sam 17,40. 43; Ps 23,4) nimmt und ihnen symbolische Namen gibt (vgl. Ez 37,16[227]). Die Hirtentätigkeit wird unter zunächst günstigen Auspizien begonnen und bezieht sich auf ganz Israel (vgl. V. 14). Das entspricht der in 9,10a. 13; 10,6f. ausgesprochenen Hoffnung. Der Schlußsatz

8a lenkt in der Art einer Inclusio zum Anfang zurück. V. 8a: Diese rätselhafte Aussage (deren Subjekt nicht der Prophet, sondern nur Jahwe selbst sein kann) unterbricht den Zusammenhang und ist offenbar eine spätere Ergänzung. Nur verschlüsselt angedeutete politische Ereignisse, in deren Verlauf drei führende Persönlichkeiten in kurzer Zeit ihr Amt verloren, werden den Anlaß gebildet

8b haben. Darüber ist viel gerätselt worden.[228] Da wir auch den Zeitpunkt der Einfügung nicht kennen, ist jedoch jede Spekulation müßig. Im Laufe der Hirtentätigkeit des Propheten tritt zwischen ihm und der Herde eine Entfremdung ein. Auch diese Aussage ist symbolisch gemeint: tatsächlich geht es um die

9 Entfremdung zwischen Jahwe und seinem Volk. Dementsprechend faßt der

---

[224] Zu einer Änderung des Numerus gibt es keine Anhaltspunkte.

[225] Das suff. 3. masc. plur. verweist auf diese.

[226] van der Woudes Umdeutung auf die Samaritaner ist abzuweisen. Es handelt sich um innerjüdische Vorgänge.

[227] Direkte Abhängigkeit von Ez 37,15 ff. liegt wegen der unterschiedlichen Tendenz jedoch nicht vor, vgl. Sæbø. Aber auch eine bewußte Opposition gegen die optimistische Haltung der Anhänger Ezechiels (Hanson) ist unbeweisbar.

[228] Kremer kannte bereits 34 Deutungen!

Prophet den Entschluß, hinter dem sich Jahwes eigener Entschluß verbirgt, die Herde nicht mehr zu weiden. Dies teilt er seinen Hörern in direkter Anrede mit. Mit der „Herde" können also nur diese, d. h. offenbar die Judäer, gemeint sein. Er überläßt diese förmlich sich selbst, was verheerende Folgen hat, denn eine Herde kann allein nicht zurechtkommen. Gegen Ende des Verses scheint die Sache durch das Bild hindurch: es geht in Wirklichkeit um die Menschen, die sich gegenseitig umbringen werden (ein Motiv des Heiligen Krieges!). Das 10 Zerbrechen des ersten Stabes setzt den Entschluß in die Tat um. Da es sich um ein wirkungsmächtiges Zeichen handelt, ist damit ein erfolgloses Experiment: die Leitung des Volkes durch den Propheten im Auftrage seines Gottes, zuende. In V. b hat das Auftreten des suff. der 1. pers. sg. den Auslegern Schwierigkeiten bereitet. Es erklärt sich durch die vollkommene Repräsentanz Jahwes durch seinen Propheten: die Prophetenrede kann unvermittelt in Gottesrede übergehen. Schwierig ist auch die inhaltliche Deutung des „Bundes mit allen Völkern". Meist denkt man an einen Schutzbund, der die Nachbarvölker von Angriffen auf Juda abhält (vgl. Hos 2,20).

Die Wirkung tritt sofort ein, offenbar für alle sichtbar. Möglicherweise 11 erfolgt eine Agression von außen. Wieder ist es unmöglich, Genaueres zu ermitteln. Für den Propheten ist entscheidend, daß sein Wort dadurch als Jahwewort erwiesen ist (vgl. Jer 28,6; Dtn 18,21 f.) Der Prophet fordert nach 12 Abschluß seiner Tätigkeit als Hirte von den Schafbesitzern seinen Lohn. Er verbindet das mit einer Formel, die deutlich macht, daß er sich über eine Ablehnung der Forderung nicht wundern würde (vgl. Ez 2,5. 7; 3,11); auch ist ihm ihr Verhalten schon fast gleichgültig geworden. Immerhin: er erhält einen Lohn! Daß dieser in Silbergewicht (Schekel) ausgewogen wird, ist Anzeichen für eine verhältnismäßig frühe Entstehung des Textes. Im Perserreich waren bereits Münzen bekannt, wenn auch vielleicht nicht überall verbreitet.[229] Die hellenistische Periode scheidet dadurch aus. Die Summe von 30 Schekel[230] ist nach Ex 21,32 der Ersatz für die Tötung eines Sklaven/einer Sklavin. 40 Silberschekel waren nach Neh 5,15 zur Zeit Nehemias an den Statthalter als Abgabe 13 für den Unterhalt zu entrichten. Offenbar ist die Summe kärglich für die geleistete Arbeit. Jahwe erteilt deshalb dem Propheten den Befehl, den erhaltenen Lohn mit einer geringschätzigen Geste wegzugeben. Er soll ihn dem Schmelzer hinwerfen, der im Tempel mit dem Einschmelzen von Spenden für den Tempelschatz beschäftigt war. Diese Anweisung begründet Jahwe ironisch: So wenig bin ich den Führern des Volkes wert gewesen! Denn der Prophet war ja Hirte an Jahwes statt. Der Prophet führt den Auftrag aus. Anschließend 14 zerbricht er auch den zweiten Stab, der die Verbindung zwischen den Bewohnern des ehemaligen Süd- und Nordreiches darstellt. Die Verwendung des Begriffes „Israel" für letztere ist auffällig und weicht vom Sprachgebrauch in 9,10 a. 13; 10,6 f. ab. In dem angedeuteten Bruch spiegelt sich eine Spannung zwischen Judäern und der jahwegläubigen Bevölkerung des ehemaligen Nord-

---

[229] Vgl. H. Weippert, BRL², 88 ff.; K. Galling, BRL², 233 ff.
[230] 1 Schekel = ca. 11,5 gr; vgl. A. Strobel, BHH II,1167.

reichs, die sich über Jahrhunderte hin entwickelte und schließlich zum samaritanischen Schisma führte. Diese Spätphase ist hier noch nicht im Blick, denn ganz offensichtlich hatten die Hörer des Propheten bis dahin noch auf ein Gesamtisrael gehofft, entsprechend 9,11–17; 10,3–12.

Die Zeichenhandlung enthält im ganzen eine Gerichtsbotschaft, die sich wenig von der entsprechenden Verkündigung vorexilischer Propheten unterscheidet. Ihre anonyme Herkunft macht außerdem eine genaue zeitliche Einordnung unmöglich. Die Behandlung des Israel-Themas scheint jedoch darauf hinzudeuten, daß die hier zu Worte kommende Prophetie in Opposition stand zu anderen prophetischen Gruppen, deren Heilsbotschaft in der gleichen Sammlung des sog. Deut-Sacharja Platz gefunden hat. Mit Heil rechnet der Prophet von Sacharja 11,4–14 nicht, denn die Voraussetzungen dafür: ein gerechtes Handeln der Oberschicht gegen das ihr anvertraute Volk und eine seiner göttlichen Sendung entsprechende Wertschätzung des Propheten fehlen. Gegenüber der Situation vor dem Exil hat sich nichts geändert! Hier spiegeln sich offenbar die Verhältnisse der frühnachexilischen Zeit recht realistisch. Unser historisches Wissen reicht jedoch zu einer genaueren Einordnung nicht aus. Eindeutig handelt es sich um Vorankündigung, nicht historische Rückschau. Dadurch sind entsprechende Deutungsversuche verfehlt.

15 Der Rest des Kapitels enthält offenbar einen Anhang, der mit dem Bericht über die Zeichenhandlung nicht ursprünglich zusammenhängt. Es handelt sich vielmehr um eine Fortschreibung, die das Thema „Hirte" aufgreift, auch noch zu dem Bericht über eine Zeichenhandlung ansetzt, diesen jedoch nicht mehr ausführt. Schon die am Anfang stehende, von einem prophetischen „Ich" mitgeteilte Anweisung Jahwes, sich die Gerätschaften eines schlechten (gottlosen)
16 Hirten zu beschaffen, ist unanschaulich, denn wie sollten sich die von denen eines guten Hirten unterscheiden? Der ganze Nachdruck liegt vielmehr auf der mit einem betonten „Ich" Jahwes eingeleiteten Ankündigung, dieser wolle einen Hirten erstehen lassen, der alle normalen Aufgaben eines Hirten nicht erfüllt, statt dessen seine Herde (das Volk) bis zum letzten aussaugt. Eine Kette von vier gleichgebauten (poetisch: Dreier), möglicherweise vorgeprägten verneinten Sätzen erwähnt Nachsuche nach verlaufenen und verirrten Schafen, Heilung von Brüchen (damals schon möglich!) und die reguläre Versorgung gesunder Tiere. Statt dessen charakterisiert den schlechten Hirten der Verzehr der fetten (besonders geschätzten) Schafe und eine Gier, die noch das letzte Fleischbröckchen zwischen den Klauen herausklaubt.

Es gibt auch hier eine lange Auslegungsgeschichte hinsichtlich der Frage, wer mit dem „schlechten Hirten" gemeint sei. Der Nachtragscharakter des Abschnittes deutet darauf, daß der Versuch einer späteren Aktualisierung der vorangegangenen Zeichenhandlungsberichtes vorliegt. Die gleiche Ebene wird insofern nicht verlassen, als der „schlechte Hirte" durch sein Handeln an der Herde charakterisiert wird. Offenbar war V. 5 das Vorbild. Das Verhältnis Hirte-Herde ist ein Bild für das Verhältnis der Oberen zu ihrem eigenen Volk. Fremde Mächte, wie häufig vermutet, können deshalb nicht gemeint sein. Das macht eine Identifizierung des offenbar einen führenden Judäer umschreibenden „schlechten Hirten" unmöglich. Im Unterschied zu V. 4–14 haben wir vermutlich eine Anspielung auf einen bereits aufgetretenen Politiker vor uns. Das ist keine echte, sondern nachgeahmte Prophetie.

Am Schluß steht ein poetisch geformter Weheruf. Offenbar wurde er in der 17 Zeit schwerer Bedrängnis durch den „schlechten Hirten" hier eingesetzt, weil diese noch andauerte. Er ist keine Fortsetzung des Jahweworts in V. 15 f. Unterschiedliche Terminologie („unfähig" und „im Stich lassen") sowie altertümliche Sprache und Vorstellungswelt kennzeichnen ihn als übernommenes Traditionsstück. Die Aussage in V. aβ. b hat die Funktion eines Fluches. Daß (rechter) Arm und rechtes Auge betroffen sein sollen, hängt damit zusammen, daß beide zur Ausübung von Herrschaft wichtig sind; insbesondere das Auge ist ein verletzlicher Körperteil (vgl. 2,12). Die rechte Seite ist zudem die Glücksseite (vgl. Gen 35,18).

Der Abschnitt Sacharja 11,4–14 (15–16. 17) hat eine wichtige Nachgeschichte: Matth sieht in einigen Zügen eine Vorabschattung (Typos) für den Verrat des Judas. Diesem werden als Lohn dreißig Silberlinge angeboten (Matth 26,15); als er sie nach Jesu Gefangennahme vergeblich zurückzugeben versucht hat, wirft er sie in den Tempel (Matth 27,5). Da die Hohenpriester sie als Blutgeld aber für den Tempelschatz nicht verwenden wollen, kaufen sie dafür den Töpferacker[231] (27,7). Matth schließt (27,9 f.) mit einem Erfüllungszitat aus Sacharja 11,12 f., das er dem „Propheten Jeremia" zuschreibt. Im Hintergrund steht die Auffassung des „Hirten" von Sacharja 11 als des hier verheißenen Messias; im Kommen Jesu ist diese Verheißung erfüllt. Vom Messias ist in Sacharja 11 allerdings in Wirklichkeit nicht die Rede; auch daß der als Hirte auftretende Prophet deswegen zu leiden hat oder gar getötet wird, ist nicht gesagt. Der Umgang des Evangelisten mit dem Text kennzeichnet vielmehr eine neue Stufe seiner Aktualisierung.

12,1–13,1: Rettung Jerusalems und Klage um den Durchbohrten

1 Ausspruch. Wort Jahwes über Israel. Spruch Jahwes. Der den Himmel ausgespannt und die Erde gegründet hat, und der den Geist des Menschen in seinem Innern gebildet hat.   2 Siehe, ich mache Jerusalem zur Taumelschale für alle Völker ringsum (und auch gegen Juda wird es geschehen[232] bei der Belagerung gegen Jerusalem).   3 Und es wird geschehen an jenem Tage, da will ich Jerusalem zum Hebestein machen für alle Völker: alle, die ihn

---

[231] *joṣer* wird im üblichen Sinne als „Töpfer" verstanden.
[232] Vgl. G-K²⁸, § 144 b.

anheben, werden sich gewiß[233] an ihm wundreißen (und es werden sich alle Völker der Erde gegen es versammeln).   4 An jenem Tage, Spruch Jahwes, werde ich jedes Pferd mit Scheuwerden[234] schlagen und seinen Reiter mit Verrücktheit (aber über das Haus Juda will ich meine Augen offen halten, und jedes Pferd der Völker werde ich mit Blindheit schlagen).   5 (Und die Stammesführer Judas werden in ihrem Herzen sprechen: Eine Stärke sind mir die Einwohner Jerusalems in Jahwe der Heerscharen, ihrem Gott). 6 An jenem Tage will ich die Stammesführer Judas wie ein Feuerbecken im Holzhaufen machen und wie eine Feuerfackel im Ährenhaufen, und sie werden nach rechts und nach links fressen alle Völker ringsum. Aber Jerusalem wird weiter an seinem Platz bleiben in Jerusalem.   7 Und Jahwe wird die Zelte Judas zuerst retten, damit der Ruhm des Davidhauses und der Bewohner[235] Jerusalems gegenüber Juda nicht zu groß wird.   8 An jenem Tage wird Jahwe die Bewohner[235] Jerusalems beschirmen, und der, der strauchelt unter ihnen an jenem Tage, wird wie David sein und das Haus Davids wie ein göttliches Wesen (wie der Engel Jahwes vor ihnen).   9 Und es wird geschehen an jenem Tage, da trachte ich zu vernichten alle Völker, die gegen Jerusalem heranziehen.   10 Dann werde ich über das Haus Davids und über die Bewohner[235] Jerusalems einen Geist der Gunst und des Flehens ausgießen, und sie werden auf mich blicken im Bezug auf den, den sie durchbohrt haben, und sie werden über ihn klagen, wie man um den einzigen Sohn klagt, und bitter weinen[236] über ihn, wie man um den Erstgeborenen weint.   11 An jenem Tage wird die Klage in Jerusalem groß sein wie die Klage um Haddad-Rimmon in der Ebene von Megiddo.   12 Und klagen wird das Land, Sippe um Sippe für sich: die Sippe des Hauses Davids für sich und ihre Frauen für sich; die Sippe des Hauses Nathan für sich und ihre Frauen für sich;   13 die Sippe des Hauses Levi für sich und ihre Frauen für sich; die Sippe des Hauses Simei für sich und ihre Frauen für sich;   14 alle übrigen Sippen Sippe um Sippe für sich und ihre Frauen für sich. 13,1 An jenem Tage wird eine Quelle dasein, die sich geöffnet hat für das Haus Davids und die Bewohner Jerusalems gegen Sünde und Unreinheit.

Lit.: Plöger, 101–106; Lutz, passim; R. A. Mason, The Relation of Zech 9–14 to Proto-Zechariah: ZAW 88 (1976) 227–239, bes. 231–33.

Für das Verständnis der Komposition dieses schwierigen Abschnittes (abgesehen von der mehrfach gestaffelten Überschrift in V. 1) ist die Unterscheidung zwischen Gottesrede und Prophetenrede wichtig, außerdem die Erkenntnis, daß der Grundbestand an mehreren Stellen durch Glossen erweitert worden ist. Die Formel „Und es wird geschehen an jenem Tage" (V. 3 und 9, später noch 12,3. 4. 6. 8(13)) scheint ursprünglich selbständige Abschnitte einzuleiten. In

---

[233] Zum inf. abs. qal beim Niphal vgl. G-K[28], § 113 w.
[234] Vgl. HAL s. v.
[235] Kollektiver sing.
[236] Inf. abs. anstelle einer finiten Form, vgl. G-K[28], § 113 z.

der kürzeren Form „an jenem Tage" hat sie diese Funktion nicht so eindeutig; doch ist die Annahme nicht unbegründet, daß hinter der jetzigen Komposition kürzere Sprucheinheiten stehen, die wegen ihrer ähnlichen Thematik zusammengefügt wurden und sich nicht mehr klar voneinander trennen lassen. Das gilt auch für die Abgrenzung im ganzen: viele Ausleger rechnen noch den Abschnitt 13, 2–6 oder gar das gesamte Kapitel 13 zum Zusammenhang dazu. Doch ändert sich hier die Thematik so erheblich, daß sich eine Abtrennung empfiehlt.

So ergibt sich als Grundschicht der Sammlung: 12,2 a. 3 a. 4 a. 6. 9–14; 13,1: Diese in der Ich-Rede Jahwes gehaltene Schicht wurde ergänzt durch einen Zusatz in V. 7 f., der von Jahwe in 3. Person spricht. Noch spätere Ergänzungen und Glossen finden sich in V. 2 b. 3 b. 4 b. 5. 8 bβ.

Die Überschrift besteht aus mehreren Teilen, die offenbar nach und nach   1 aneinandergefügt wurden. Das erste Wort ist[237] für sich zu nehmen und offenbar (wie 9,1; Mal 1,1) Gesamtüberschrift über den Komplex Sacharja 12–14. Der Rest von V. a ist eine zweite Überschrift, vgl. Mal 1,1. „Israel" ist hier Bezeichnung für das Gottesvolk insgesamt, nicht eine staatliche für das Nordreich. Hinzu tritt die Wendung „Spruch Jahwes", meist eine Schlußformel, aber gelegentlich auch Überschrift (Jes 1,24; 56,8; Ps 110,1). Daran schließt sich (mit den dafür typischen Partizipien) ein Hymnenfragment, das Jahwe als Schöpfer der Welt und des Menschen preist (vgl. bes. Jes 42,5; 51,13). Ähnlich wie die Hymnenfragmente im Am-Buch (Am (1,2;) 4,13; 5,8 f.; 9,5 f.)[238] verweist dieser Psalmvers auf die Verwendung des folgenden Stückes im synagogalen Gottesdienst, ist also ebenfalls eine spätere Hinzufügung, die inhaltlich mit V. 2 ff. nichts zu tun hat.

Mit einem betonten „Ich" der Jahwerede beginnt ein Heilswort für Jerusalem.   2 a Im Sinne der „zweiseitigen Ankündigung" (Westermann) bedeutet es zugleich Unheil für alle Nachbarvölker. Vorausgesetzt wird, daß diese als Angreifer gegen Jerusalem angerückt sind. „Taumelschale" ist wie das ähnliche „Taumelbecher" (vgl. Jes 51,17. 22; par. „Becher des Grimms", vgl. Jer 25,15 f.; 51,7; Ps 75,9; PsSal 8,15. 16. 19; OffJoh 14,10; 16,1. 19; 18,6) ein Bild für die Verwirrung, die nach der traditionellen Vorstellung die Gegner im Heiligen Krieg ergreift (Ex 23,27; Dtn 7,23; Jos 10,10; Ri 4,15; 7,22; 1. Sam 5,11; 7,10; 14,15. 20[239]) und ihre Niederlage bewirkt (vgl. noch V. 4; 14,13). Die Alternativübersetzung „Strauchelschwelle" (G; Rudolph) dürfte unzutreffend sein. Im Hintergrund der Aussagen in der Grundschicht steht die Zionstradition von der Unangreifbarkeit Jerusalems, die aktualisiert wird (vgl. Jes 8,9 f.; 17,12–14; 29,5–7; Mi   2 b 4,11–13). Ein Leser, dem die Erwähnung Judas fehlte, hat diese nachgetragen.   3 a Stil und Inhalt verraten die Glosse. Die Fortsetzung der Jahwerede fügt ein weiteres Bild hinzu, das des Stemmsteins, bei dessen Anheben man sich verletzt.

---

[237] Entgegen der mas. Akzentsetzung.
[238] Zur Diskussion vgl. W. Berg, Die sogenannten Hymnenfragmente im Amosbuch. EHS. T 45, 1974.
[239] Vgl. G. von Rad, Der Heilige Krieg im alten Israel. Göttingen 1965⁴, 10 ff.

Der Vergleich ist bei Dt-Sacharja originell (vgl. aber Jes 28,16). Hieronymus u. a. denken an sportliches Gewichtheben. Darauf verweist aber nichts. Die hier prägnant gemeinte Formel „an jenem Tage" deutet an, daß an eschatologische Ereignisse gedacht ist. 3b ist wieder eine Glosse, die eine scheinbar fehlende Aussage nachträgt.

4a   Die erneut mit der eschatologischen Formel eingeleitete Ankündigung gehört in den gleichen Vorstellungsbereich wie 2a und war vielleicht ein ursprünglich selbständiges Wort. Vgl. bes. Dtn 28,28. Gedacht ist an die feindliche Kavallerie.

4b Zwei weitere Glossen. Die erste unterstellt Juda dem besonderen Schutz Jahwes und steht in Verbindung mit V. 7f. Die zweite trägt die dritte Wendung aus Dtn

5 28,28 nach, die ein Ergänzer in V. a vermißte. Auch V. 5 ist eine Glosse. Sie fällt aus der Jahwerede heraus und kommentiert V. 6, in dem von den Stammesführern Judas die Rede ist. Es könnte sich auch um eine Art Gegenkommentar zu V. 7 handeln; die dort erfolgende Aufwertung Judas gefiel dem Ergänzer nicht. Der schon von den Vrs nicht verstandene Wortlaut ist dennoch sinnvoll und kann beibehalten werden.

6   Dieser im Stil der Einleitung mit „An jenem Tage" als Ich-Rede-Jahwes an 2a. 3a. 4a anschließende Vers fügt ein neues Motiv hinzu; wieder ist der Zusammenhang etwas locker. Entgegen häufig vorgenommener Änderung in „Gaue" muß der von allen Vrs gestützte Begriff „Stammesführer" belassen werden. Hier ist von einer Mitwirkung der Anführer Judas bei der Abwehr des Ansturms der Fremdvölker gegen Jerusalem die Rede. Ihr die Feinde aufreibender Kampf wird mit der vernichtenden Wirkung von Feuer in einem Doppelbild beschrieben: dem vom Feuerbecken im Holzstapel und, noch verstärkt, von der Fackel im Ährenhaufen (Am 2,13; Jer 9,21; Mi 4,12), die sofort alles verzehrt (vgl. Ob 18), nach rechts und nach links (vgl. Jes 9,19). V. b, der nicht gestrichen werden darf[240], betont, daß bei alledem Jerusalem unberührt bleibt.

7–8   V. 7–8 fallen durch ihren von Jahwe in 3. Person sprechenden Stil aus dem Zusammenhang heraus, sind aber nicht ohne ihn zu denken. Sie sind eine Art Kommentar zur Jahwerede. Anlaß mag eine uns nicht mehr bekannte Gelegenheit sein, bei der zwischen den Davididen (die offenbar noch lange eine besondere Rolle spielten, vgl. auch Neh 3,29; 1. Chron 3,22; Esr 8,3) und den Bewohnern Jerusalems auf der einen und Juda auf der anderen Seite eine Art von Rivalität entstanden war, so daß der Verfasser die Bemerkung für nötig hielt, Jahwe werde zum Ausgleich den Judäern zuerst helfen. „Zelte Judas" ist eine archaisierende Bezeichnung für die Bewohner Judas, vgl. Jer 30,18. Zugleich hebt er aber auch heraus, dabei den Anschluß mit „an jenem Tage" aus der Grundschicht nachahmend, daß Jahwe vor allem die Bewohner Jerusalems schützen wird. Sie sollen – wieder ein Motiv des Heiligen Krieges – übermenschliche Kräfte erhalten: der Strauchelnde soll zum Kriegshelden werden (vgl. 1 Sam 2,4; umgekehrt Jes 40,30) wie David (2. Sam 17,8), die Davididen gar wie göttliche Wesen (vgl. Ps 8,5). Ein Leser oder Abschreiber, dem diese Aussage lästerlich erschien, hat sie durch einen Zusatz (vgl. 2. Sam 14,17) abgeschwächt.

---

[240] Gegen Mitchell u. a.

Die Eingangsformel bezeichnet den Beginn eines neuen Abschnittes, ob- 9
wohl der Vers, der wieder in der 1. Person Jahwes gehalten ist, inhaltlich das in
der Grundschicht von V. 2–6 Gesagte zusammenfaßt. Er liefert damit aber
zugleich eine Überleitung zu den folgenden Ausführungen, welche die Zeit,
nachdem die Bedrohung von außen beseitigt sein wird, ins Auge fassen und
von inneren Vorgängen sprechen, die sich unter den Davididen und den Be- 10a
wohnern Jerusalems abspielen werden. Hier ist zunächst von Geistausgießung
die Rede (vgl. Joel 3,1 f.; Ez 39,29). Diese bezieht sich auf zwei im Hebräischen
durch Wortspiel miteinander verbundene Dinge. Für *ḥen* ist wegen seiner
Doppeldeutigkeit: entweder bezeichnet es eine Eigenschaft (Anmut, Beliebt-
heit) oder die einem anderen von Gott (Gnade) oder Menschen (Gunst) ge-
währte Zuwendung, die Auslegung umstritten. Da ein Doppelausdruck vorliegt, dürfte aber mit beiden Begriffen ein den Davididen und den Jerusalemern
durch den Geist verliehener Sinneswandel gemeint sein, der die im Folgenden
erwähnte Klage bewirkt. Für die Wendung in V. aβ läßt sich MT halten;
gleichwohl bleibt das Verständnis schwierig. Gemeint ist anscheinend, daß
Davididen und Jerusalemer auf Jahwe in Erwartung seiner Vergebung (Ps 34,6;
vgl. Lacocque) blicken werden im Zusammenhang der Klage um einen von
ihnen Ermordeten. Die Deutung dieser Stelle auf den gekreuzigten Christus in
Joh 19,37 und OffJoh 1,7 hat sie berühmt gemacht. Die nur andeutende Sprache, die auf eine offenbar bekannte Gestalt anspielt, läßt die zahlreichen Versu-
che einer Identifizierung sämtlich vergeblich erscheinen. Die vorgeschlagenen
historischen Persönlichkeiten von Jesaja bis zu dem Makkabäer Simon kommen aus methodischen Gründen nicht in Frage, denn es handelt sich offensichtlich um eine eschatologische Figur. Nach jüdischer Tradition (T; Ibn Esra
u.a.) ist es ein leidender Messias (vgl. 4. Esra 7,28–31; 12,32–34). Der leidende
Gottesknecht, der sich ebenfalls nicht identifizieren ließ, bildet die nächste
Parallele (vgl. Jes 53,5).
Der Rest des Kapitels wird durch eine breite Darstellung der zu erwartenden 10b–14
Klage um den „Durchbohrten" ausgefüllt. Nicht klar, aber für das Verständnis
auch nicht entscheidend, ist, ob hier die Jahwerede noch fortgeführt wird. Der
Vergleich mit der Bitterkeit der Klage um den einzigen Sohn (Am 8,10; Jer
6,26; vgl. Gen 22,2) und um den Erstgeborenen (der einen besonderen Rang
besaß, vgl. Mi 6,7; 2. Kön. 3,27) ist sofort verständlich. Hadad, als Doppelna-
me identifiziert mit Rimmon (vgl. 2. Kön 5,18), ist der kanaanäische (babyloni-
sche/aramäische) Fruchtbarkeitsgott (schon in Ugarit mit Baal identifiziert),
dessen Sterben beim Vergehen der Vegetation alljährlich rituell betrauert wurde. Als Ort dieser Klage wird hier das Tal von Megiddo genannt. Eigentümlich
ist die Aufgliederung der Klage V. 12–14 in die einzelnen Sippen, wobei jeweils
Männer und Frauen getrennt klagen, in Form einer monotonen Liste, die wohl
vorgegeben war. Beherrschend sind die Sippen Davids, dabei hervorgehoben
die Familie Nathan (2. Sam 5,14; 1. Chron 3,5; Luk 3,31), und Levis, d.h. die
Priester, hervorgehoben die Familie Simei (Num 3,17–21; 1. Chron 6,26). Das
entspricht der Situation in Sacharja 4,14; 6,13 mit der Teilung von Würde und

Macht zwischen davidischem und priesterlichem Repräsentanten. Man darf deshalb Sacharja 12 zeitlich nicht zu weit von Proto-Sacharja abrücken.

13,1   Dieser Vers ist durch die Erwähnung des Hauses Davids und der Bewohner Jerusalems mit dem vorhergehenden Zusammenhang verbunden, bringt aber ein neues Thema. Ursprünglich dürfte es ein unabhängiger Spruch gewesen sein. Die Verheißung einer aufsprudelnden Quelle erinnert an die endzeitliche Tempelquelle (vgl. 14,8; Ez 47,1 ff.). Ihr Zweck wird jedoch als der ritueller Reinigung von Schuld angegeben. Wasser dient der Entsündigung und Reinigung Num 8,7; 19,9 ff. (dort vermischt mit der Asche der roten Kuh). Schuld und Unreinheit kann rituell und auch moralisch sein; ihre Beseitigung ist Vorbedingung für den Umgang mit Gott und für die eschatologische Heilszeit (vgl. o. zu 3,4; 5,5–11; außerdem 6,5. 7; Jer 33,8; Ez 14,11; 20,43; 36,25 u. ö.).

Im Grundbestand von 12,2–13,1, dessen Herkunft aus vermutlich ursprünglich selbständigen Einzelworten noch erkennbar ist, haben wir eine Jahwerede vor uns, in der alte Traditionen aus dem Umkreis der Zionsideologie vom Ansturm der Völker gegen Jerusalem und seiner Errettung durch Jahwe im heiligen Kriege aufgegriffen werden. Die Bewahrung Jerusalems vor den äußeren Feinden ist die Voraussetzung für eine innere Wandlung, die ihrerseits die Bedingungen für das Eintreten der Heilszeit schafft. Hierzu gehört vor allem die Klage um den „Durchbohrten" und die Reinigung von Schuld und Unreinheit.

Obwohl die erwartete Heilszeit als endgültig betrachtet wird, ist der Text nicht apokalyptisch. Wichtige Züge, wie die Periodisierung der Geschichte und das Bewußtsein, an ihrem Ende zu stehen, fehlen. Auch ist eine akut bestehende Notsituation nicht erkennbar. Vielmehr herrscht die gespannte Erwartung entscheidender Taten Gottes wie im ersten Nachtgesicht Sacharjas (vgl. o. zu 1,8–15).

Die Ergänzung im Er-Stil V. 7 f. hat den Grundtext aktualisiert im Hinblick auf eine Rivalität zwischen der Hauptstadt und dem Stammesgebiet Judas, deren Hintergrund uns nicht mehr bekannt ist. Weitere Ergänzungen, die besonders Juda im Blick haben, wurden noch später eingefügt. Allzu lange Zeiträume brauchen wir dafür aber nicht anzunehmen. Wir bleiben noch in der Kontinuität frühnachexilischer Tradition.

13,2–6: Das Ende der falschen Propheten

2 „Und es wird geschehen an jenem Tage," Spruch Jahwes der Heerscharen, „da rotte ich die Namen der Götzen aus dem Lande aus, daß ihrer nicht mehr gedacht wird; auch die Propheten und den Geist der Unreinheit entferne ich aus dem Lande." 3 Wenn dann noch jemand als Prophet auftritt, so werden sein Vater und seine Mutter, die ihn gezeugt haben, zu

ihm sagen: „Du sollst nicht am Leben bleiben, denn Lüge hast du gesprochen im Namen Jahwes." Dann werden sein Vater und seine Mutter, die ihn
gezeugt haben, ihn durchbohren wegen seines Auftretens als Prophet.
4 Und es wird geschehen an jenem Tage, da werden die Propheten jeder
wegen seines Gesichtes sich schämen bei seinem Auftreten als Prophet[241],
und sie werden nicht mehr den härenen Mantel anziehen, um sich zu
verleugnen.   5 Da wird er sagen: „Ich bin kein Prophet. Ein Ackerbauer bin
ich, denn jemand[242] hat mich in Leibeigenschaft erworben von meiner
Jugend an."   6 Sagt man aber zu ihm: „Was bedeuten diese Narben auf
deiner Brust[243]?", so sagt er: „(Das sind die), die mir geschlagen wurden im
Hause meiner Liebhaber."

Der Abschnitt, den manche Ausleger zum vorhergegangenen ziehen, steht in
seiner Thematik doch für sich. Die Einführungsformel des am Anfang stehenden Jahwewortes und sein Stil ähnelt allerdings 12,3. 4. 6. 9. Insofern steht es den
Sprüchen nahe, aus denen Kap. 12 komponiert wurde (s. o.). Zu 13,1 besteht
eine inhaltliche Beziehung, indem es auch dort um eine Reinigung von Schuld
und Verunreinigung geht. Deshalb haben einige Kommentare 13,1 zu V. 2 ff.
gerechnet. Doch spricht 13,2 nicht nur vom Davidshaus und Jerusalem, sondern
vom ganzen Land; auch kennzeichnet die erweiterte Eingangsformel einen   2
Neueinsatz (vgl. u. zu Kap. 12). Der Schlüssel zum Verständnis des ganzen
Absatzes wird durch das in seinem Eingang stehende Jahwewort geboten.
Zuvorderst geht es um die Beseitigung des Dienstes fremder Götter im Lande.
„Ausrotten" erinnert an die sakralrechtliche Formel Lev 17,10; 20,3. 5. 6; Ez
14,8 (vgl. auch 9,6). Daß die „Namen" der Fremdgötter ausgerottet werden,
bedeutet, daß sie nicht mehr verehrt werden (vgl. Hos 2,19). Das besagt auch die
Wendung in V. aβ (vgl. Ex 23,13; Jos 23,7; Am 6,10). Götzendienst wird in
frühnachexilischer Zeit nicht häufig erwähnt; das heißt aber nicht, daß er
überhaupt kein Problem war (vgl. immerhin 5,11; 10,2; Jes 27,9; 65,11; 66,3). Im
Zusammenhang mit der Abschaffung des Götzendienstes steht die Entfernung
der Fremdgottpropheten (vgl. 1. Kön 18,19 ff.; Jer 2,8) und des „Geistes der
Unreinheit" aus dem Lande. Es geht also nicht um ein Ende der Prophetie
überhaupt, wie man häufig meinte. Die beiden Hälften des Doppelausdruckes
Prophetie und „Geist der Unreinheit" (Götzendienst[244]; Gegensatz zu 12,10)
interpretieren sich gegenseitig.
   Die anschließende sakralrechtliche Fallstudie, die sich durch ihren Stil von   3
V. 2 abhebt und keine Fortsetzung des Jahwewortes, sondern einen ersten
Kommentar dazu bildet, modifiziert insofern, als jetzt von einem falschen
Propheten gesprochen wird, der im Namen Jahwes verkündet. Das ist schon
Thema bei Jer (5,31; 6,13; 14,14; 23,11 u. ö.; 27,9 f.) und Ez (13,6. 8 f.; 22,28; vgl.

---

[241] Aramaisierende Form.
[242] Vgl. Lev 13,2; 22,5; Num 19,14; Spr 27,19; HAL s. v., Nr. 2.
[243] Wörtlich: zwischen deinen Händen
[244] Vgl. G. André, TWAT III, 352–366, bes. 360 ff.

auch Klgl 2,14; 4,13).[245] Entsprechend der Vorschrift Dtn 18,20 (vgl. Jer 14,15;
4–6 Ez 14,9) werden die eigenen Eltern (vgl. Dtn 33,9) einen solchen Propheten
wegen seines Auftretens hinrichten. Ein weiterer Zuwachs ist die mit nachge-
ahmter eschatologischer Einführungsformel angeschlossene Betrachtung über
4 das Versteckspiel solcher Propheten, die ihre Tätigkeit insgeheim weiterführen.
Sie werden sich jeder über seinen Visionsempfang schämen, denn in der zukünftigen Heilszeit wird ihre Botschaft und werden sie selbst nicht mehr erwünscht
sein. Deshalb werden sie den charakteristischen Prophetenmantel (1. Kön 19,13.
5 19; 2. Kön 1,8; Matth 3,4) nicht mehr anziehen, um ihre Tätigkeit zu verleugnen.
Im Singular fortfahrend (eine weitere Zuwachsstufe?), wird dann in geradezu
humoristischer Art das Verhalten eines ertappten Propheten geschildert: Darauf
angesprochen (wie man ergänzen kann), leugnet er[246] mit den (angeblichen)[247]
Worten des Amos (Am 7,14), aber in Abwandlung ihres ursprünglichen Sinnes,
überhaupt ein Prophet zu sein. Stattdessen sei er ein Landbauer. V. bβ wird
meist geändert, aber die Einwände gegen seinen Wortlaut sind nicht stichhaltig:
Der Prophet behauptet auch deshalb, diese Tätigkeit nicht ausgeübt zu haben,
weil ihm als Sklaven die Voraussetzung dafür, der Status eines freien Bürgers,
fehle.
6   Angesprochen auf die Narben von Schnitten, die er sich in der Ekstase
beigebracht hatte (vgl. 1. Kön 18,28; 20,35 ff.), hat er auch dafür eine Ausrede:
Er erklärt sie als die Spuren einer Prügelei, in die er im Hause seiner Liebhaber
verwickelt gewesen sei. Der Gebrauch des sonst nur im Munde einer Frau
üblichen Wortes mag mit der Erinnerung an den übertragenen Sinn zusammenhängen, den es bei Hos (2,7–15) und Ez (16,33. 36f.; 23,5. 9. 22) hat, wo es die
Götzen bezeichnet, denen Israel nachhurt. So ist gerade dieser Abschnitt voll
von Anspielungen an die ältere, dem Verfasser wohl schon schriftlich vorliegende prophetische Literatur.

13,7–9: Die Läuterung des Restes

7 „Schwert, wache auf gegen meinen Hirten
     und gegen den Mann meiner Gemeinschaft,"
   Spruch Jahwes der Heerscharen.
   „Schlage[248] den Hirten, so daß sich die Schafe zerstreuen. Und meine Hand
   will ich kehren gegen die Kleinen[249]." 8 „Und es wird geschehen im ganzen

---

[245] Vgl. bes. G. Quell, Wahre und falsche Propheten. Gütersloh 1952; J. L. Crenshaw, Prophetic
Conflict, BZAW 124 (1971); F. L. Hossfeld / J. Meyer, Prophet gagen Prophet, BiBe 9 (1973).
[246] Die perf. cons. am Anfang von V. 5. 6a. 6b drücken im Anschluß an V. 4a das sich zukünftig
ereignende Geschehen aus.
[247] Am 7,10–17 ist eine Erzählung *über* Amos.
[248] Zur Verwendung des imp. masc. bei fem. Subj. vgl. G.-K[28], § 145t.
[249] Mas. part.

Lande," Spruch Jahwes: „Zwei Drittel in ihm werden ausgerottet (kommen um), und der dritte Teil wird darin übrigbleiben. 9 Aber ich bringe das Drittel ins Feuer, läutere es, wie man das Silber läutert, und prüfe es, wie man das Gold prüft. Dieses wird meinen Namen anrufen, und ich will ihm antworten. (Und)[250] ich werde sagen: ‚Mein Volk ist es‘, und es wird sagen: ‚Jahwe, mein Gott.‘"

Das Stück steht ganz für sich und kann auch nicht als Fortsetzung von 11,4–17 angesehen werden (gegen die meisten Ausleger seit Ewald). Der in V. 7 genannte Hirte Jahwes ist weder mit dem schlechten Hirten 11,15–17 identisch, noch kann er der lediglich die Hirtenrolle darstellende Prophet in 11,4–14 sein. Auch zu Kap. 14 besteht kein Zusammenhang.

In sich ist 13,7–9 nicht einheitlich: Ein älterer, poetisch geformter Spruch in 7aα ist offenbar später kommentiert worden.

Durch seine Form (Doppeldreier mit synonymem Parallelismus) hebt sich V. 7 aα vom Kontext ab. Er ist ein Drohwort aus dem Munde Jahwes gegen einen ungenannten Hirten (im Parallelglied: Vertrauten Jahwes). „Hirte" dürfte entsprechend der verbreiteten altorientalischen Bildbedeutung[251] den (davidischen) König bezeichnen; so könnte das Wort aus dem vorexilischen Juda/Jerusalem stammen (van der Woude). „Schwert" meint häufig Krieg[252]; in dem ursprünglichen Drohwort kündigte Jahwe dem davidischen König einen bevorstehenden Angriff auswärtiger Mächte an. Der nachexilische Kommentar, der an den alten Spruch angefügt wurde, beginnt schon mit der Formel „Spruch Jahwes der Heerscharen" (vgl. V. 8). In V. b nimmt er die Anrede an das „Schwert" aus V. a auf, verschiebt aber den Sinn erheblich, denn nun wird das wörtlich verstandene Schwert aufgefordert, den Hirten zu erschlagen, so daß die Schafe sich zerstreuen. Wenn die Annahme richtig ist, daß auch 13,7–9 die kommende Heilszeit im Auge haben, ist hier offenbar an eine ähnliche oder die gleiche messianische Gestalt wie in 12,10 gedacht. Ihr gewaltsamer Tod wird eine Zeit äußerster Bedrängnis einleiten, die mit der Zerstreuung der Herde (des Volkes) (vgl. 1. Kön 22,17) beginnen wird. Auch gegen die Jungtiere wird Jahwe im Gericht vorgehen (vgl. Am 1,8; Jes 1,25; Ez 38,12; Ps 81,15): keine Bevölkerungsschicht soll verschont 8 werden. Die Drittelung veranschaulicht in Ez 5,1–4. 12 die Vollständigkeit des Gerichts. Das Motiv mag hier aufgenommen sein, doch abgewandelt, denn nur zwei Drittel des Volkes sollen vernichtet, ein Drittel aber übriggelassen werden. 9 Dieses letzte Drittel soll allerdings einem Läuterungsgericht (vgl. Jes 1,25; 48,10; Jer 9,6; Ez 22,17 ff.; Ps 66,10) unterzogen werden. Heraus wird ein Rest kommen, der von aller Verschuldung gereinigt ist. Für ihn wird ein ungetrübtes Gottesverhältnis in Aussicht gestellt. Wenn er Jahwe anruft, wird er ihm antworten (vgl. Jes 58,9; 65,24; Ps 91,15), und die Beziehung wird von beiden Seiten mit der sog. Bundesformel umschrieben werden können (vgl. o. zu 2,15; 8,8).

---

[250] Erg. w^e.
[251] Vgl. Soggin, THAT II,793 f.
[252] Vgl. Kaiser, TWAT III,173 f.

14,1–21: Jerusalem in der Endzeit

1 Siehe, ein Tag Jahwes[253] kommt,
   da teilt man die Beute aus von dir in deiner Mitte.
2 Da versammele ich alle Völker nach Jerusalem zum Kampf.
   Und die Stadt wird eingenommen,
   die Häuser werden geplündert
   und die Frauen werden vergewaltigt.
Da zieht die Hälfte der Stadt aus in die Gefangenschaft (aber der Rest des
Volkes wird nicht ausgerottet aus der Stadt).   3 Da wird Jahwe ausziehen
und (gegen jene Völker) kämpfen an jenem Tage, wie er je kämpfte am Tage
der Schlacht.   4 Und seine Füße werden an jenem Tage auf dem Ölberg
stehen (der Jerusalem gegenüber von Osten liegt), und der Ölberg wird sich
in der Mitte spalten (ostwärts und westwärts ein sehr großes Tal[254]; die eine
Hälfte des Berges wird nach Norden weichen, die andere Hälfte nach Süd-
en).   5 Ihr aber werdet zum Tal der Berge[255] fliehen (denn das Tal der Berge
grenzt an den Jazol[256]) (und ihr werdet fliehen, wie ihr geflohen seid vor dem
Erdbeben in den Tagen Ussias, des Königs von Juda). Und kommen wird
Jahwe, mein Gott, und[257] alle Heiligen mit ihm[257].   6 Und es wird geschehen
an jenem Tage, da gibt es keinen Tagesanbruch, nicht Kälte und Frost[257].
7 Und es wird *ein* Tag sein (er ist Jahwe bekannt), nicht Tag und Nacht, und
es wird geschehen: auch zur Abendzeit ist Licht.   8 Und es wird geschehen
an jenem Tage, da werden lebendige Wasser von Jerusalem ausgehen, ihre
Hälfte zum östlichen Meer und ihre Hälfte zum westlichen Meer; im Sommer und im Winter wird das sein.   9 Und Jahwe wird zum König werden
über die ganze Erde. An jenem Tage wird Jahwe einzig sein und sein Name
einzig.   10 Und es verwandelt sich[258] das ganze Land wie die Ebene von
Geba bis Rimmon im Süden von Jerusalem. Aber es wird hoch sein[259] und an
seiner Stelle bleiben vom Benjamintor bis zur Stelle des früheren Tors, bis
zum Ecktor und vom Chananelturm bis zu den Königskeltern,
11 (und man wird darin ruhig wohnen).
   Bann wird nicht mehr sein
   und Jerusalem wird in Sicherheit wohnen.
12 (Und das wird der Schlag sein, mit dem Jahwe alle Völker schlagen wird,
die gegen Jerusalem zu Feld gezogen sind: Er läßt (jedem) sein Fleisch
verfaulen, während er noch auf seinen Füßen steht; seine Augen verfaulen
in ihren Höhlen, und seine Zunge verfault in ihrem Mund).   13 Und es wird

---

253 Zusammengehöriger Begriff (vgl. Jes 2,12; Ez 30,3), durch part. getrennt.
254 Zur Form vgl. BL § 17 p.
255 Statt „meine Berge".
256 Vgl. G; HAL s. v.
257 Vgl. BHS.
258 Vgl. G-K²⁸, § 67 g; 145 o.
259 Zur Form vgl. BL § 56 u.

geschehen an jenem Tage, da wird ein großer Jahweschrecken unter ihnen ausbrechen, und sie werden einer die Hand des anderen packen, und die Hand des einen wird sich gegen die Hand des anderen erheben.   14 (Und auch Juda wird gegen Jerusalem kämpfen) Und eingesammelt wird der Reichtum aller Völker ringsum: Gold und Silber und Kleider in großer Menge.   15 (Und so wird auch der Schlag sein gegen Pferd und Maultier und Kamel und Esel und alles Vieh, das sich in diesen Lagern befinden wird, wie dieser Schlag).   16 Und es wird geschehen: alle, die übrig sind von allen Völkern, die nach Jerusalem kamen, sie werden Jahr für Jahr hinaufziehen, um den König Jahwe der Heerscharen anzubeten und das Laubhüttenfest zu feiern.   17 (Und es wird geschehen, welche nicht hinaufziehen von den Geschlechtern der Erde nach Jerusalem, um den König Jahwe der Heerscharen anzubeten, auf die wird auch kein Regen fallen.   18 Und wenn das Geschlecht Ägypten nicht hinaufzieht und nicht kommt, und nicht... [260], wird sie der Schlag treffen, mit dem Jahwe die Völker schlagen wird, die nicht hinaufziehen, das Laubhüttenfest zu feiern.   19 Dies wird die Strafe Ägyptens sein und die Strafe aller Völker, die nicht hinaufziehen, das Laubhüttenfest zu feiern).   20 An jenem Tage wird auf den Schellen der Pferde[261] stehen: Jahwe heilig, und es wird geschehen: die Töpfe im Hause Jahwes (werden sein) wie die Sprengschalen vor dem Altar.   21 (Und es wird geschehen: jeder Topf in Jerusalem und Juda wird Jahwe der Heerscharen heilig sein, und alle, die opfern, werden kommen und von ihnen nehmen und in ihnen kochen. Aber ein Händler wird nicht mehr sein im Hause Jahwes der Heerscharen an jenem Tage.)

Lit.: Lutz, bes. 21–32; Hanson, 369–388; W. Harrelson, The Celebration of the Feast of Booths according to Zech. XIV. 16–21: Religions in Antiquity. Essays in Memory of E. R. Goodenough. Leiden 1970, 88–96.

Sacharja 14 ist mit 12,2–13,1 in verschiedenster Hinsicht unvereinbar und kann deshalb nicht gleicher Herkunft sein: Zwar leitet auch hier die Formel „Und es wird geschehen an jenem Tage" (V. 6. 8. 13. 20) jeweils ein neues Thema ein, aber die inhaltlichen Gegensätze sind enorm (vgl. Lutz, 31): Während in Kap. 12 der Angriff der Völker auf Jerusalem gegen Jahwes Willen geschieht, führt er sie in Kap. 14 selbst herbei; während die Stadt in Kap. 12 uneinnehmbar ist, wird sie in Kap. 14 sofort eingenommen und geplündert; dort greift Jahwe rechtzeitig ein, hier erst, nachdem die Katastrophe geschehen ist; dort führt der Angriff der Völker die Jerusalemer zur Buße, hier bringt er die eschatologische Wende im Geschick der Stadt. Andererseits kann man in Kap. 14 ähnlich wie in Kap. 12 eine, hier sogar noch umfassendere, Bearbeitung älterer Vorlagen erkennen. Der Eindruck eines, wenn auch losen, durchgehenden Zusammenhangs scheint erst durch diese Ergänzungen hervorgerufen zu werden, während die

---

[260] Vgl. die Auslegung.
[261] Kollektiver sing.

Vorlagen uneinheitlicher sind. Offenbar lassen sich <u>zwei Ergänzungsschichten</u> feststellen: Ein Ergänzer <u>(V. 4 aβ. b. 5 aβγ. 10–11 aα)</u> ist an geographischen und historischen Einzelheiten interessiert, der andere <u>(V. 12. 14 a. 15. 17–19. 21)</u>, an dem Stichwort „Schlag" erkennbar, steigert die Strafmotive gegen die Fremdvölker und die Heiligkeit Jerusalems. Über den Umfang möglicher Ergänzungen herrscht übrigens unter den Auslegern keinerlei Übereinstimmung. Teilweise hängt das auch mit dem schlechten textlichen Erhaltungszustand zusammen, der an einigen Stellen das Verständnis sehr erschwert.

Man hat vielfach besonders in Sacharja 14 den Übergang zur Apokalyptik finden wollen. Nach Hanson (369) kommen wir mit dem Kapitel in „die Periode der voll erblühten Apokalyptik". Diese Auffassung wird jedoch zweifelhaft angesichts der Traditionsverhältnisse, die auch hier auf die Verwendung älterer Materialien deuten. Sie stammen offensichtlich aus der Ideologie des vorexilischen Jerusalems, wobei nur die Variante in V. 1–2 auffällt. Sie erklärt sich am besten durch <u>das Fortwirken vorexilischer Gerichtsprophetie.</u>

1   In V. 1 a wird sogleich mit dem Stichwort eingesetzt, das für das Verständnis des ganzen Kapitels den Schlüssel liefert: es geht um eine Schilderung des „Tages Jahwes".[262]

Ausgehend von Am 5,18–20, hat der „Tag Jahwes" in der vorexilischen Prophetie den Charakter eines Gerichtstages Jahwes über sein Volk angenommen (vgl. weiter Jes 2,12–17; 22,5 ff.; Zeph 1,7–2,3; Ez 7; Joel 1–2). In Sacharja 14,1 ist er ein schon fest geprägter Begriff; dadurch erklärt sich auch die Anredeform in V. 1 b, wo nur Jerusalem angeredet und der Sprecher Jahwe selbst sein kann. *Ein* Zug aus einer erwarteten Eroberung Jerusalems wird herausgegriffen: die Verteilung der in der Stadt gemachten Beute[263] unter die Eroberertruppen. Die Eroberung selbst wird dabei vorausgesetzt. Der Spruch hat eine regelmäßige poetische Form (3+3). Da auch die Anrede nicht fortgesetzt wird, spricht alles für <u>ein Fragment.</u>

2   <u>Der Neueinsatz in der 1. Person Jahwes zeigt, daß eine weitere Vorlage übernommen wird.</u> Zeitlich greift diese hinter den Stand von V. 1 b zurück: Jahwe will alle Völker gegen Jerusalem zum Kampf heranführen. Das ist ein traditionelles Motiv (vgl. Mi 4,11 f.; Jes 5,26–30; 22,1–8; 29,1–8; Jer 4,5–8. 15.-18; 6,1–8,22–26; Ez 38,8 f. 15 f.), wird aber hier wohl unter der Einwirkung der Vorstellung vom „Tag Jahwes" als Gerichtstag über Israel radikalisiert durch die Ankündigung, daß die fremden Völker Jerusalem einnehmen werden. V. aβ erweckt in seiner Form (Metrum: 2+2+2) erneut den Eindruck eines geprägten Spruches. Geschildert werden typische Begleitumstände einer Stadteroberung (vgl. Am 7,17; Klgl 5,11; Jes 13,16), so daß eine historische Deutung auf ein bestimmtes Ereignis (wie die Eroberung Jerusalems durch Nebukadnezar II 587 v. Chr. oder durch Ptolemeus I 302/1) nicht infrage kommt. Auch V. bα dürfte noch zu dem Spruch gehören. <u>Dagegen macht V. bβ den Eindruck eines Zusatz-</u>

---

[262] Deshalb muß der Text unverändert bleiben, gegen BHS u. a. Zum Thema vgl. M. Sæbø, TWAT III,584 f. (Lit.: 561).

[263] Genetivus objectivus.

es (Elliger u. a.): Während bα noch zu den Drohungen gehört – die Hälfte der Gesamtbevölkerung als zur Deportation bestimmt ist eine hohe Zahl – schaut V. bβ hoffnungsvoll auf den Rest, der nicht ins Exil wandert. Damit glättet er den Übergang zu V. 3 ff., der vorher sehr abrupt wirkte. Auch der Wortgebrauch ist anders: in V. bα bezeichnet „Stadt" die Bevölkerung, in V. bβ den Ort; „ausrotten" ist Sprachgebrauch des Ergänzers.

Als Neueinsatz erweist sich V. 3 durch das veränderte Subjekt: nun wird von Jahwe als Handelndem in 3. Person gesprochen. Die Verbform am Eingang („und ausziehen wird") gleicht V. 2 b, hat aber eine andere Bedeutung: hier meint er den siegreichen Auszug Jahwes zum Heiligen Kriege, seine Epiphanie (vgl. auch o. zu 2,7; 5,5. 6). Jahwe wird kämpfen, d. h. siegen (vgl. zu 10,5).

Der Zusatz „gegen jene Völker"[264] ist eine weitere nachträgliche Glättung. Ursprünglich schloß sofort V. b an. Zu Jahwe als Kriegsmann vgl. 9,14; Ex 14,14. 25; 15,3; Dtn 1,30; 3,22 u. ö. Jerusalem oder Juda selbst sind nicht am Kampf beteiligt (anders als 9,13–15; 10,3–5; 12,6). V. 4 aα setzt V. 3 fort. Die Vorstellung, daß Jahwes Füße bei seinem Auftreten auf dem Ölberg stehen werden, erinnert an Ez 11,23 (vgl. auch Ez 43,1–4). Die Wirkung wird, wie Mi 1,4, eine Spaltung des Berges sein (vgl. auch Nah 1,5; Hab 3,6. 9; Ps 97,5; Hi 9,5 f.), V. aγ Die Bemerkung, daß der Ölberg ostwärts von Jerusalem liegt, war für die ursprünglichen Hörer und alle Ortskundigen überflüssig und dürfte wie weitere geographische Notizen von einem Ergänzer stammen. Das gleiche gilt wahrscheinlich für den Rest des Verses, der die Art der Spaltung und ihrer Folgen detaillierter ausmalt und mit dem von Ost nach West gebahnten Tal ein fremdes Motiv einbringt (die Triumphstraße von Jes 40,3–4). Für die Wiedergabe von V. 5 aα bleiben wir (gegen die meisten Ausleger) im wesentlichen bei MT. Die Argumente dagegen sind nicht stichhaltig genug, um die oft weitreichenden Änderungen zu rechtfertigen. Mit dem „Tal der Berge" wird (wie auch die nachfolgenden geographischen Erläuterungen, die wieder sekundär sein dürften, zeigen) das Kidrontal gemeint sein, das zwischen Jerusalem und dem Ölberg liegt (van der Woude). „Jasol" dürfte das heute Jasul genannte Wadi bezeichnen, das südöstlich Jerusalem in das Kidrontal mündet. Auch der anschließende Hinweis auf das Erdbeben zur Zeit des judäischen Königs Ussia (vgl. Am 1,1) dürfte eine Ergänzung sein. Erst mit V. 5 c kommen wir wieder zum ursprünglichen Text. Er ist allerdings nicht ohne Schwierigkeiten. Ohne leichte Textkorrekturen in V. cβ kommt man nicht aus; dagegen kann man „mein Gott" wohl behalten, wenn man den Satz als Aussage des Propheten versteht. Umstritten ist die Deutung der „Heiligen". Da von der Epiphanie Jahwes die Rede ist, dürften aber die himmlischen Heerscharen gemeint sein (Hi 5,1; 15,15; Dan 4,10; 8,13). Sie begleiten Jahwe auf seinem Kriegszuge.

Mit der Formel „Und es wird geschehen an jenem Tage" wird auch hier ein neues Thema angeschlagen, wahrscheinlich auch ein ursprünglich für sich stehendes Traditionsstück begonnen. Es reicht bis V. 7. Die Aussage in V. 6 bα gibt

---

[264] Vgl. auch BHS u. a.

nur einen Sinn, wenn man „Licht" in der Bedeutung von „Tagesanbruch"
versteht (vgl. Hi 24,14; Neh 8,3; Gen 44,3; Ri 16,2; 19,26 u.ö.), denn daß zur
Heilszeit kein Licht herrsche, ist undenkbar. Lichtfülle wird für diese Zeit auch
Jes 30,26 erwartet;Jahwes Licht wird die Funktionen von Sonne und Mond
7 ablösen (Jes 60,19). Auch daß Kälte und Frost nicht mehr eintreten werden,
hängt mit dem Aufhören von Dunkelheit zusammen. Die Folge wird ein ewiger
Tag sein, nicht mehr der Wechsel von Tag und Nacht (Gen 8,22), so daß auch am
Abend Licht sein wird. In Palästina ist die Dämmerung normalerweise kurz, die
Dunkelheit bricht schnell herein. In der Heilszeit soll auch diese Beeinträchti-
gung voller Lebensmöglichkeiten aufhören.

8   Die gleiche Formel wie in V. 6 leitet ein weiteres Thema ein. Diesmal geht es
um „lebendiges Wasser", d.h. um eine sprudelnde Quelle, die von Jerusalem
ausgeht und auch im trockensten Sommer nicht versiegt. Offenbar ist die Joel
4,18; Ps 46,5; 65,10 und Ez 47 erwähnte Tempelquelle gemeint, die aber nicht
nur wie bei Ez ins Tote Meer abläuft (und dessen Wasser gesunden läßt),
sondern nach dem östlichen und dem westlichen Meer fließt. Offenbar ist damit
der die ganze Welt umgebende östliche und westliche Ozean gemeint (Joel 2,20),
eine kosmische Dimension im Blick. Das Wasser soll wie die Ströme in Gen
9 2,10 ff. (OffJoh 1 f.) für Fruchtbarkeit auf der Erde sorgen. Die Endzeit wird
eine Wiederkehr des Paradieses bringen. Vor allem aber wird Jahwe König der
ganzen Erde sein (Ps 22,29; 47,8; 95,3 f.; 97,1; Ob 21; vgl. auch o. zu 4,14; 6,5).
Mit der Aussage, daß Jahwe einer sei und sein Name allein gottesdienstlich
angerufen[265] wird, wird das Grundbekenntnis Israels Dtn 6,4 aufgenommen
(vgl. auch Dtn 4,35; Jes 45,6), jetzt aber mit universalem Bezug.

10   Daß hier der an geographischen Erläuterungen interessierte Ergänzer zu
Wort kommt, erkennt man daran, daß mit dem Begriff $k^o l\ ha'\ddot{a}r\ddot{a}\d{s}$ nicht mehr die
ganze Erde, sondern das Land Palästina bezeichnet wird. Geba, etwa 10 km
nord-östlich von Jerusalem, war in der spätvorexilischen Zeit Grenzort des
Reiches Juda (2. Kön 23,8); Rimmon (Jos 15,32; 19,7; Neh 11,29; 1. Chron 4,32:
En-rimmon) bezeichnet das südliche Ende des Gebirges Juda. Dieses ganze
gebirgige Gebiet soll flach wie die Araba, die südliche Jordanebene und Ihre
Fortsetzung zwischem Totem und Rotem Meer, werden. Vorstellungen aus der
Zions-Ideologie wie Jes 40,4; 2,2//Mi 4,1 stehen im Hintergrund. Dazu gehört
antithetisch, daß Jerusalem erhöht sein wird. Auch diesen Gedanken erläutert
der Ergänzer mit geographischen Einzelangaben. Das „Benjaminstor" gehörte
zum Ostteil der nördlichen Stadtmauer (vgl. Jer 37,13; 38,7; vielleicht dasselbe
wie das „Schafstor" Neh 3,1). Unklar ist, wo die „Stelle des früheren Tors" zu
suchen ist, aber das „Ecktor" lag an der Westmauer (2. Kön 14,13//2. Chron
25,23; 2. Chron 26,9; Jer 31,38). So ist hier die Ost-West-Ausdehnung der Stadt
beschrieben. Das Chananeltor befand sich nordwestlich des Tempelberges (vgl.
Jer 31,38; Neh 3,1; 12,39), die königliche Kelter (Jer 39,4; 52,7; Neh 3,15) im
Süden. Nord- und Südgrenze des Stadtgebietes werden so bezeichnet. Im
Gegensatz zu 2,9 stellt sich der Verfasser das Jerusalem der Heilszeit nicht ohne

---

[265] Vgl. Hossfeld/Kindl, TWAT VII,122 f.

Mauern vor. Zu V. 11 aα vgl. Jer 17,25; Mi 5,3; Joel 4,20 u. o. 12,6. Hier wird die
Aussage in V. b aus der Vorlage vorweggenommen.

V. 11 aβ. b , ein poetischer Spruch (Metrum: 3+3), gehört zur Grundschicht   11 aβ. b
und schließt gut an V. 9 an. „Bann" wird nicht mehr im alten prägnanten Sinn
sakraler Ausrottung des Gegners im Kriege, sondern im allgemeinen Verständnis als „Vernichtung" gebraucht.[266] Sie wird Jerusalem nicht mehr bedrohen, so
daß die Bevölkerung dort wird sicher wohnen können (Lev 25,18; Jer 33,16; eine
Formel aus dem Segensformular), von Feinden nicht bedrängt (vgl. Ri 18,7; Jes
47,8; Jer 49,31; Ez 28,26; 34,28; 39,26).

Hier scheint eine zweite Ergänzungsschicht zu beginnen, für die das Stich-   12
wort „Schlag" charakteristisch ist. Damit ist eine von Jahwe geschickte Strafe
gemeint (vgl. Ex 9,14; 2. Chron 21,14). V. 12 kann neben V. 13 nicht ursprünglich sein, denn die hier breit ausgemalten Pestsymptome hätten die Fremdvölker
schon vernichtet, ehe sie nach V. 13 sich gegenseitig umbringen konnten. Zur
Pest als Strafe Gottes vgl. 1. Sam 6,4; 2. Sam 24,21. 25.

Die typische Einleitungsformel (vgl. V. 6. 8) kennzeichnet ein weiteres Tradi-   13
tionselement. Traditionell ist auch das Motiv: der Gottesschrecken, der die
Feinde Jahwes bei seiner Epiphanie zum Kampfe erfaßt (Dtn 7,23; 1. Sam 5,9.
11; 14,20; 2. Chron 15,5; Jes 22,5) und sie dazu bringt, sich gegenseitig anzugrei-
fen (Ri 7,22; Ez 38,21; 2. Chron 20,23). Unmittelbar mit diesem Motiv zusammen hängt die Fortsetzung in V. 14 b: Nachdem sich die Gegner umgebracht
haben, bleibt nur übrig, die auf dem Schlachtfeld und in ihrem Lager von ihnen
zurückgelassene Beute einzusammeln (vgl. 2. Chron 20,25). V. 14 a unterbricht
diesen Zusammenhang und erinnert an die Juda-Ergänzungen in Kap. 12. Möglicherweise ist es eine durch diese veranlaßte späte Glosse.

Hier kommt wieder der Ergänzer aus V. 12 zu Worte, der offenbar die Pest   15
auch auf die Tiere im Lager der Feinde ausgedehnt wissen will. Er hat mit seinen
Bemerkungen V. 13–14 gerahmt. Dagegen setzt der folgende Vers die Vorlage   16
fort. Sie geht nun zu einem weiteren traditionellen Thema über, das sich jedoch
in der Zielrichtung von dem vorangegangenen grundsätzlich unterscheidet.
Jetzt geht es nicht mehr um den Völkersturm gegen, sondern um die Völkerwallfahrt zum Zion (vgl. Jes 2,2–3//Mi 4,2–3 u. o. zu 2,15; 8,20–23). Die Besonderheit hier ist, daß die Fremdvölker am Laubhüttenfest teilnehmen sollen. Das im
September/Oktober gefeierte Laubhüttenfest, als bedeutendstes jüdisches Fest
auch gelegentlich als „*das* Fest" bezeichnet (Lev 23,39; Ri 21,19; 1. Kön 8,2. 65;
12,32; Ez 45,25), behielt seinen ursprünglichen Charakter als Erntedankfest
(„Fest des Einsammelns", Ex 23,16; 34,22) immer bei, wurde aber später auch
mit dem Auszug Israels aus Ägypten in Verbindung gebracht (Lev 23,43). In
Sacharja 14,16 ist das Fest durch die Einbeziehung der Fremdvölker (als
„Rest"!) und die Anbetung Jahwes durch sie als König universalisiert (vgl. auch
8,22 f.; Jes 56,1–8; 66,23).

Die folgenden Verse unterscheiden sich in ihrer negativen Haltung erheblich   17–19

---

[266] Vgl. N. Lohfink, TWAT III,192–213,212.

von V. 16. Der Verfasser der zweiten Ergänzungsschicht verrät sich durch das Stichwort „Schlag" in V. 18. Ihm geht es darum, die Strafen aufzuzählen, die alle Verweigerer unter den Völkern treffen wird. Der Heilsuniversalismus der Grundschicht wird damit in das Gegenteil verkehrt. Der Entzug des Regens als Strafe gegen die Säumigen hängt mit dem Charakter des Festes als Dank für die durch Regen ermöglichte reiche Ernte zusammen, überträgt dabei die Verhältnisse in Palästina auf alle Völker. Immerhin weiß der Verfasser, daß <u>Ägypten nicht durch Regen, sondern durch die Nilfluten bewässert wird. Deshalb werden die Ägypter mit einem besonderen Satz</u> bedacht (V. 18), dessen Sinn allerdings, vermutlich wegen der Textstörung am Ende von V. a, nicht mehr erkennbar ist.[267]

20   Mit einer anschaulichen Vorhersage setzt noch einmal die Grundschicht ein. Die Erwähnung von Pferden, die sich in Jerusalem befinden werden, läßt an 9,10 denken, wo ein Ergänzer, aber in echt prophetischer Tradition, deren Abschaffung als typische Kriegswaffe in Jerusalem ankündigte (vgl. o. z. St.). Die möglicherweise ältere Quelle in 14,20 weiß davon nichts, zumal auch nur die Fremdvölker besiegt, nicht etwa Jerusalem selbst demilitarisiert sein soll. Aber die Pferde, auch hier wohl nicht anders denn als Kriegspferde zu verstehen, sollen in der Endzeit auf den Glöckchen an ihrem Zaumzeug[268] dieselbe Inschrift tragen wie die auf dem goldenen Stirnblatt am Turban des Hohenpriesters (Ex 28,36f.). Schwieriger ist V. b zu verstehen. Da eine Textänderung nicht gerechtfertigt ist, muß die Aussage interpretiert werden, daß sämtliche Töpfe im Tempel den Sprengbecken gleich sein werden, in denen das Blut der Opfertiere, das an den Altar gesprengt wurde, gesammelt wurde (Num 7,13–85). Gleiche Größe (Wellhausen) kann kaum gemeint sein, da die Töpfe, in denen das Opferfleisch gekocht wurde, eher größer als die Sprengschalen waren. Oder vergleichbare Heiligkeit (Willi-Plein)? Das ist denkbar. Gehobenere Verwendung der Töpfe (Fohrer)? Über Vermutungen kommt man nicht hinaus.

21   Die Weiterführung des Themas von V. 20 im letzten Vers, die noch eine Steigerung der Heiligkeitsvorstellungen bringt, dürfte vom zweiten Ergänzer stammen. Danach sollen sämtliche Kochtöpfe in Jerusalem und Juda ebenso heilig sein, so daß die zahlreichen Pilger darin Opferfleisch kochen können. Die Grenze von Heiligem und Profanem wird vollständig aufgehoben sein (vgl. Jes 4,3). An ein Aufhören des Opferkults im Tempel aber ist nicht gedacht. „Kanaanäer" kann an dieser Stelle nur „Händler" bedeuten (vgl. Spr 31,24; Hi 40,30), die durch den Verkauf von für den Tempelgebrauch geeigneten Gefäßen verdienten (Sellin u. a.).

Sacharja 14 ist ein Musterbeispiel dafür, wie ursprünglich vorexilische, aus dem Jerusalem-Mythenkreis stammende Überlieferungen in der nachexilischen Periode neue Aktualität gewannen und Träger von Heilshoffnungen wurden,

---

[267] Weitgehende Eingriffe, um eine präzise Aussage zu erhalten (wie bei Rudolph) sind willkürlich und helfen nicht weiter. Ein Rückbezug auf V. 12 (Elliger) ist nicht möglich, da die Bezugsgruppen ganz andere sind.

[268] Wie das nur hier vorkommende Wort gewöhnlich gedeutet wird. Wurzelbedeutung: „klirren".

die nun, da die politische und wirtschaftliche Gegenwart wenig hoffnungsvoll
war – die Perserherrschaft schien unerschütterlich (vgl. 1,11) – in eine eschatologische Zukunft transponiert wurden. Wie aktuell diese Tradition war, erkennt
man an der Weiterarbeit an den Überlieferungen, die sich als Textzusätze
deutlich von den Vorlagen abheben lassen. Der geographische Bearbeiter wollte
diese für seine Gegenwart noch konkreter gestalten, der zweite Bearbeiter die
Aussagen steigern, sie eindrücklicher machen. In beiden Vorgehensweisen verrät sich brennendes Interesse an der Überlieferung und die sehnliche Erwartung,
daß sich deren Verheißungen bald erfüllen möchten. Denn ehe Jahwe nicht
endgültig als König über die ganze Erde anerkannt wird, steht das wirkliche
Heil noch aus.

In diesen Erwartungen sind die Propheten, Sammler und Tradenten, deren
Zeugnisse im zweiten Teil des Sacharjabuches vereint sind, treue Nachfolger des
ersten Sacharja, dessen Visionen ebenfalls schon auf diese Heilszeit hinwiesen.
Während aber sein Blick im wesentlichen auf Palästina beschränkt blieb (vgl.
aber 2,15; 8,20–22), haben sie den universalen Horizont umfassender einbezogen.

Zeitlich brauchen wir diese Kapitel nicht so erheblich, wie oft gefordert wird,
vom ersten Sacharja abzurücken. Zwar ist der Tempelbau kein Problem mehr,
wird seine Existenz und der dort ausgeübte Opferdienst einfach vorausgesetzt,
aber die vorexilische Geschichte Judas ist doch noch nicht lange vergangen (vgl.
14,5b) und Anspielungen auf die hellenistische Zeit fehlen. Da die mythischen
Elemente aus der vorexilischen Periode stammen, ist auch die Apokalyptik noch
fern. Natürlich ist eine genaue Datierung unmöglich und auch nicht zentral
wichtig, aber man wird eine Vollendung des Buches in der ersten Hälfte des
5. Jh.s für wahrscheinlich halten. Da entgegen manchen Hypothesen das samari-
tanische Problem noch keine Rolle spielt, sind wir von der Zeit der Chronik und
Esra-Nehemias noch entfernt.

Maleachi

Einleitung

1. Zu Person und Zeit des Propheten

Entsprechend dem Deuterosacharjabuch, mit dessen Zwischenüberschrift Sacharja 12,1 (vgl. 9,1)[1] es seine Überschrift 1,1 verbindet, wird Maleachi meist als eine anonyme Prophetenschrift angesehen. Da Maleachi jedoch als Personenname möglich ist (vgl. zu 1,1), ist diese Annahme nicht zu beweisen. Auf jeden Fall hören wir weiter nichts über Familie oder Herkunftsort des Propheten. Ebensowenig ist es möglich, ein genaueres Datum seiner Wirksamkeit zu ermitteln. Als Anhaltspunkte für eine ungefähre Datierung gibt es nur wenige Hinweise: Die Erwähnung des Statthalters 1,8 zeigt[2], daß die Prophetie in die Periode der Perserherrschaft fällt. Der Tempel ist offenbar seit längerer Zeit wiederaufgebaut; demnach ist die erste Hälfte des 5. Jh.s als Wirkungszeit Maleachis wahrscheinlich. Verschiedene Einzelheiten deuten daraufhin, daß die wirtschaftlichen Verhältnisse, ähnlich wie schon zur Zeit Haggais, sehr bedrängt sind: Daß die Priester fehlerhafte Opfertiere auf den Altar bringen (1,8. 13f.) und die Abgaben für den Tempel nicht in voller Höhe abgeliefert werden (3,8–10), ist sicher auf äußersten Mangel zurückzuführen. Ungünstige Bedingungen in der Landwirtschaft, von deren Erträgen die gesamte Bevölkerung einschließlich des Tempelpersonals leben muß, wie Dürre und Heuschreckenplagen, haben offensichtlich dazu beigetragen (3,10f.), sicherlich aber auch die persische Steuer- und Abgabenpolitik (vgl. o. Einleitung zu Hag-Sach, S. 3). Das Problem der Heirat mit ausländischen Frauen bestand auch zur Zeit Nehemias (Neh 13,23–29[3]), d.h. zwischen 445 und 433. Er fand zudem ähnliche wirtschaftliche Probleme vor (vgl. Neh 5,1–5). Das alles deutet auf eine Wirksamkeit Maleachis kurz vor Nehemia (etwa 460–450 v. Chr.). Auch die sprachliche Form des Buches[4] und seine Aufnahme bereits schriftlich vorliegender frühnachexilischer Literatur[5] sprechen für diese Ansetzung. Schwer verwertbar ist die Erwähnung

---

[1] S. o. z. d. Stellen.

[2] Nicht einmal sicher, da der Begriff bereits assyrisch ist, vgl. O'Brien, 118–20.

[3] Gegen die Esr 9f. berichtete angebliche Ehescheidungsaktion Esras (dessen Datierung zudem umstritten ist) bestehen erhebliche historische Bedenken.

[4] Vgl. A. E. Hill, Dating the Book of Malachi: A Linguistic Examination. In: The Word of the Lord Shall Go Forth, ed. C. Meyers and M. O'Connor. Winnona Lake 1983, 77–89.

[5] Vgl. O'Brien.

Edoms in 1,2–5. Wenn eine Bedrängnis Judas durch das kleine südöstliche Nachbarvolk den Grund für die Gerichtsankündigung gegen Edom bildete, läßt sich diese doch nicht exakt bestimmen. Wir wissen nur über sehr allmähliche Siedlungsvorgänge, die langfristig eine edomitisch/idumäische Bevölkerung nach Südjuda brachten (vgl. u. zu 1,2–5). Wieweit das schon für die erste Hälfte des 5. Jh.s zutrifft, ist unbekannt. Überhaupt ist festzustellen, daß dieses Jahrhundert wegen des Mangels an Quellen eines der dunkelsten in der Geschichte Israels ist.

2. Buch und Redeformen des Propheten

Nach der Überschrift 1,1 bilden den Grundbestand des Buches sechs Disputationsreden (Pfeiffer): 1,2–5; 1,6–2,9; 2,10–16; 2,17–3,5; 3,6–12; 3,13–21. Für sie ist charakteristisch, daß in der Jahwe- oder Prophetenrede eine oder mehrere Einreden der Hörer wörtlich zitiert (1,2; 1,6. 7; 2,14; 2,17; 3,7. 8; 3,13) und anschließend zurückgewiesen werden. Als konsequent durchgeführte Form ist das Maleachi eigentümlich. Durch dieses Raster hindurch zeigen sich allerdings traditionellere prophetische Redeformen: so der Schuldaufweis (das Scheltwort) in 1,6–14; 2,8; 2,10f. 13–15a. 16a; 2,17; 3,6–8; 3,13–15 und die Gerichtsankündigung 2,2–4a. 9; 2,12; 3,5. Eine Gerichtsankündigung gegen ein fremdes Volk (die für Israel Heil bedeutet) steht 1,3f. Es findet sich aber auch das Mahnwort: 2,15b. 16b; 3,7b. 10a. Typischer ist die bedingte Gerichtsankündigung (2,2f.) und die bedingte Verheißung (3,7b. 10bff). Die Ankündigung eines Läuterungsgerichts (3,1–3a; 3,19–21) richtet sich gegen die Gottlosen, bringt aber ebenfalls Heil für die Frommen (3,3b–4; 3,20f.).

Im Stil des Buches fällt der Wechsel zwischen poetisch geformten Stücken und (überwiegender) Prosa auf. Das läßt sich vielfach mit der Übernahme geprägter Traditionsstoffe (1,6a-bβ; 1,11aα; 2,4b–6; 2,7a; 2,10; 2,11a; 3,1a. bα (ohne Relativsätze). 2. 5a.bα; 3,6. 7aβ. 8aα; 3,14a.bα*. 15b; 3,19*) erklären. Diese, teils Weisheitssprüche (1,6a; 2,7a. 10; 3,8aα; 3,14a.bα. 15b), teils besondere Überlieferungen (Levispruch: 2,4b–6; Tag-Jahwe-Schilderung: 3,1bα*.2; 3,19*) werden als den Hörern bekannt und von ihnen internalisiert vom Propheten teils in Form des Jahweworts, teils in eigenen Worten, aber jeweils prosaisch, interpretiert. Diese Form der Traditionsdeutung bezeichnet deutlich eine Spätphase der Prophetie. Vom späteren Schriftgelehrtentum ist sie jedoch dadurch unterschieden, daß die Traditionsstoffe offensichtlich mündlich überliefert worden sind. Die Deutung des Buches als rein schriftstellerisches Erzeugnis (Utzschneider; Bosshard/Kratz) ist nicht möglich.

Die Schlußverse 3,22–24 gehören anscheinend nicht mehr zu den Worten Maleachis. Sie sind ein (noch einmal aus V. 22 und 23–24 zusammengesetzter) Anhang, der vielleicht sogar als Abschluß des gesamten Prophetenkanons gedacht ist.

3. Die Botschaft Maleachis

Zu Unrecht wird die Botschaft Maleachis oft wegen ihrer kultischen Orientierung geringgeschätzt oder wenig beachtet. In der vollmächtigen Verkündigung des Gottesworts gegenüber seinen Zeitgenossen steht er seinen Vorgängern in nichts nach. Er hat es mit Hörern zu tun, die in einer Zeit politischer und wirtschaftlicher Bedrückung teils kleinmütig geworden sind, teils ihre Pflichten gegen Gott nicht mehr ernstnehmen. Sie sucht er zu ermutigen und zum Gehorsam gegen Gottes Gebote zurückzurufen. Auffallend ist das große Gewicht, das er auf die Nichteinhaltung der Opfervorschriften (1,6–14) und der für den Tempel bestimmten Abgaben (3,8–10)legt. Doch zeigt sich für ihn gerade darin die Mißachtung Jahwes durch seine Hörer. 2,13, vgl. 3,3b–4, macht deutlich, daß der Wille Gottes unteilbar ist und die Annahme auch korrekter Opfergaben davon abhängt, ob die Darbringenden die ethischen Gebote ebenso erfüllen. Damit hängt auch zusammen, daß die Aufgabe der Priester nicht zuletzt in wahrhaftiger Weisung (Tora) besteht (2,6–8). Damit sind sie für die ethische Haltung des gesamten Volkes verantwortlich. Das unrechte Tun der Gottlosen besteht einmal in Verstößen gegen die traditionellen Gebote einschließlich der Unterdrückung der paradigmatisch sozial Schwachen (3,5), zum andern in den Ehen mit ausländischen Frauen (2,10–16). Diese sind teils verwerflich, weil sie zum Dienst des „fremden Gottes", d. h. zum Abfall von Jahwe verleiten, teils, weil sie zur Treulosigkeit gegenüber der „Frau der Jugend" führen, der früh geheirateten israelitischen ersten Ehefrau. Auch hier sind religiöse und ethische Aspekte miteinander verbunden.

Eine große Rolle spielt bei Maleachi auch der Kampf gegen Kleinmut und Skepsis unter den Frommen, die durch das „Glück der Gottlosen" angefochten sind (2,17; 3,14f.). Dieses durch die Krise des weisheitlichen Denkens im Tun-Ergehen-Zusammenhang hervorgerufene Problem stellte zur Zeit Maleachis eine zentrale Bedrohung des Glaubens dar. Wenn Treue zu Jahwe und die Erfüllung seiner Gebote sich nicht mehr auszahlen, es statt den Frommen den Gottlosen gutgeht, wozu soll man sich dann noch zu Jahwe halten? Die daraus entstandene Mutlosigkeit bekämpft Maleachi durch den Rückgriff auf die traditionelle Erwartung des „Tages Jahwes", der ein Eingreifen Jahwes zum Gericht und die Vernichtung der Gottlosen bringen wird (3,1–5; 3,19. 21), dagegen Heil für die Frommen. Die levitischen Priester werden gereinigt werden und Jahwe wieder wohlgefällige Opfer bringen (3,b–4), die Frommen sollen Heil und Freude erfahren (3,20). Die Rückkehr einer Segenszeit wird aber auch für den Fall der Umkehr zu Jahwe in Aussicht gestellt (3,7b. 10–12). Auch für Maleachi ist Heil das letzte Ziel Gottes mit Israel. In 1,2 wird dem Volk die Liebe Gottes ohne jede Vorbedingung zugesagt; da dieses Wort am Anfang des ganzen Buches steht, kann man es wohl als Motto für die gesamte Botschaft Maleachis ansehen.

1,1: Überschrift zum Buche Maleachi

1 Ausspruch. Wort Jahwes an Israel durch Maleachi.

Die Überschrift ist wie immer redaktionell. Sie ähnelt, wenn auch mit leichten
Unterschieden, Sach 12,1 (vgl. auch 9,1). Das erste Wort „Ausspruch"[6] dürfte,
wie Sach 12,1, für sich zu nehmen sein und wohl zusammen mit den Parallelvor-
kommen Sach 9,1; 12,1 eine letzte Schicht darstellen, deren Urheber Sach 9–14
schon als mit Maleachi zusammenhängende Sammlung gekannt haben dürfte.
Älter ist der Rest des Verses, offenbar die ursprüngliche Überschrift des Maleachi-Buches. Die leichte Abweichung gegen Sach 12,1 ist inhaltlich kaum von
Bedeutung. Umstritten ist, ob „Maleachi" ein Eigenname ist. Schon G hat
(„seines Engels") das Wort als Funktionsbezeichnung verstanden (vgl. auch T).
Häufig wird die Auffassung vertreten, die Bezeichnung sei aus 3,1 übernommen; da dort ein zukünftiger Bote Jahwes (durch den Propheten!) angekündigt
wird, müßte dann aber ein grobes Mißverständnis vorliegen. Trotz der Schwierigkeit, daß eine Namensbildung mit „Bote" sonst nicht vorkommt, sehen
deshalb viele Ausleger „Maleachi" (vielleicht Kurzform für „Malachija") doch
als Eigennamen an. Dafür spricht in der Tat vieles (vgl. auch Hag 1,1).

1,2–5: Jahwes Liebe für Israel – gegen Edom

2 „Ich liebe euch," sprach Jahwe.
   Ihr aber spracht: „Inwiefern liebst du uns? "
„Ist nicht Esau Jakobs Bruder,"
Spruch Jahwes,
   „und ich liebe Jakob,
3   Esau aber hasse ich?
Und ich will seine Berge zur Öde machen
   und sein Erbland den Schakalen der Wüste (geben)."
4 Wenn Edom sagt:
   „Sollten wir vernichtet werden,
   werden wir die Trümmer wiederaufbauen,"
so spricht Jahwe der Heerscharen:
   „Sie werden bauen,
   aber ich werde einreißen.

---

6 Die Bedeutung „Last" paßt hier nicht (gegen Glazier-Mc Donald, 125–148 u.a.); S.D. Snyman,
Haat Jahwe vir Esau? ('n Verkenning van Mal 1:3a): NGTT 25 (1984) 358–362; ders., Antitheses in
Malachi 1,2–5: ZAW 98 (1986) 436–38; Lescow, 196–198.

Man wird sie nennen: Gebiet der Bosheit,
   das Volk, dem Jahwe auf ewig zürnt."
5 Eure Augen werden es sehen,
   und ihr werdet sprechen:
   „Groß erweist sich Jahwe über dem Gebiet Israels."

Lit.: G.J. Botterweck, Jakob habe ich lieb Esau hasse ich: BiLe 1 (1960) 28–38; B.C. Cresson, The Condemnation of Edom in Postexilic Judaism: The Use of the Old Testament in the New. FS W.F. Stinespring. Durham, NC 1972, 125–48; S.D. Snyman, Haat Jahwe vir Esau? ('n Verkenning van Mal 1:3a): NGTT 25 (1984) 358–362; ders., Antitheses in Malachi 1,2–5: ZAW 98 (1986) 436–438; Lescow, 196–198.

Das erste Disputationswort (Pfeiffer) Maleachis weist den dafür typischen Aufbau auf: Am Anfang (2 aα) steht eine „hingestellte Behauptung" (Pfeiffer). Es folgt das Zitat einer skeptischen Gegenfrage der Hörer (2 aβ), die in einer anschließenden Argumentationskette (2 b–5) widerlegt wird.

Für das Verständnis wichtig ist es, auch die stilistische Struktur des Abschnittes zu beachten. Er ist in gebundener Sprache abgefaßt; seine Gedankenführung drückt sich in einander genau entsprechenden poetischen Antithesen aus. Sie sind chiastisch angeordnet: V. 2 a: lieben sprechen/sprechen lieben (synonymer Parallelismus); 2 bβ/3 a: lieben Jakob/ Esau hassen (antithetischer Parallelismus); 4 a vernichtet werden bauen/bauen einreißen (synonymer Parallelismus) 4 b/5 b Gebiet der Bosheit/Gebiet Israels (antithetischer Parallelismus). V. 3 b ist dagegen ein normal gebauter poetischer Doppelvers (synonymer Parallelismus). Das ist auch für die Einschätzung seiner Funktion bedeutsam.

Die sorgsam durchdachte Formung des Abschnittes läßt vermuten, daß er in der vorliegenden Fassung schriftlich gestaltet worden ist. Doch wäre eine Entscheidung für reine Schriftprophetie (Utzschneider) sicher zu einseitig. Auch wenn die, in den folgenden Abschnitten des Buches wiederkehrende, Gestaltung: Behauptung, Gegenrede, Bekräftigung der Behauptung im Text stereotypisiert ist und die poetischen Stilformen schriftstellerisches Kalkül erkennen lassen, steht doch im Hintergrund der jetzt vorliegenden Aufzeichnung eine
2–3a einmal mündlich ausgetragene lebendige Auseinandersetzung des Propheten mit seinen Hörern. V. 2 Wenn in V. aβ auf die an den Anfang gestellte Behauptung ein kritischer Einwand der Hörer zitiert wird, ist das nicht ohne Vorbild: Bereits in Jer 13,12f.; 15,1f.; 22,8f.; Ez 11,2f.; 18,19; Jes 40,27ff.; 49,14ff. (evtl. indirekt auch Am 5,18) begegnen solche Bestreitungen gegnerischer Äußerungen durch die Propheten (Disputationsreden).[7] Maleachi eigentümlich ist jedoch die formalisierte Dreiteilung der Abschnitte. Das Verb am Anfang muß man präsentisch wiedergeben[8]; es drückt ebenso wie die entsprechende antithetische Aussage V. 3 a eine dauernde Haltung Jahwes Israel gegenüber aus. Damit

---

[7] Nach Isbell, 9, handelt es sich bei Mal um vom Propheten vorweggenommene Einwände der Hörer, die deren Grundstimmung wiedergeben, nicht echte Zitate. Das läßt sich schwer entscheiden.

[8] Perf. Präs., vgl. G-K²⁸, § 106 g.

entfällt die von vielen Auslegern angenommene Gleichsetzung von „lieben" mit „erwählen". Nicht Erwählung Israels und Verwerfung Edoms sollen einander gegenübergestellt werden, sondern, wie die sofort anschließende Frage der Hörer zeigt, eine auf konkretes Handeln gerichtete Grundhaltung Jahwes. Liebe Gottes zu seinem Volk meint bes. bei Hos (11,1. 4; 14,5; vgl. auch das Ehebild in Kap. 1–3), bei Jer (31,3) und im Dtn (4,37; 7,8. 13; 10,15; 23,6) eine tatkräftig helfende Zuwendung.[9] Daß Jahwe sich Israel helfend zuwendet, ist die betont vorangestellte Grundaussage des Abschnittes.[10] Offenbar war in der aktuellen Situation das den Hörern nicht erkennbar. Von den durch Haggai und Sacharja für die Zeit nach der Vollendung des Tempels geweckten überschwänglichen Hoffnungen war nichts übriggeblieben. Die durch die persische Steuerpolitik verursachte allgemeine Verarmung hatte auch Juda schwer getroffen. Hinzu kam anscheinend als lokale Misere ein von dem kleinen Nachbarvolk der Edomiter ausgehender Druck.

Edom[11], dessen Siedlungsgebiet ursprünglich im Südosten Judas im Gebirge von Seir (Ez 35,15), östlich des Wadi ʾel ʾAraba gelegen hatte, war einst von David seinem Imperium einverleibt worden (2. Sam 8,13f.), hatte sich unter Joram von Juda (9. Jh.) jedoch selbständig gemacht (2. Kön 8,20–22). In wechselvollen Kämpfen mit Juda (vgl. 2. Kön 14,7. 22; 16,5–9) hatte es diese Selbständigkeit behauptet. Auch die Zeit der assyrischen und babylonischen Vorherrschaft hatte es weitgehend unbeschadet überstanden. Von den Israeliten wurde (wie auch V. 2bα anspricht) Edom als Brudervolk empfunden, personifiziert in seinem Stammvater Esau als Bruder Jakobs (Gen 25,21.34; 26,34f.; 27,1–45; 28,1–9; 32,1–22; 33,1–16). Auf diese Bruderschaft wird gelegentlich hingewiesen (vgl. noch Am 1,11; Num 20,14; Dtn 2,4f.); sie führte dazu, daß Edomiter nach dem sog. „Gemeindegesetz" des Dtn in 3. Generation in die Gemeinde Israel aufgenommen werden durften (Dtn 23,8f.). Feindschaft gegen Edom (vgl. Ob; Jer 49,7–22; Joel 4,19; Jes 63,1 ff.; Ez 25,12–14) entstand in exilischer und nachexilischer Zeit durch das Eindringen von Edomitern (die in ihrer Heimat wahrscheinlich durch arabische Stämme, später die Nabatäer verdrängt wurden) in das südliche Juda (vgl. Ez 35,10. 12), wo sich später das Territorium von Idumäa herausbildete. 129 v. Chr. wurden die Idumäer durch Johannes Hyrkan I von Juda zwangsbeschnitten. Die Familie Herodes ist idumäischer Herkunft. Im übrigen ist die jüngere Geschichte Edoms mangels Quellen weithin unbekannt.[12]

Der Prophet antwortet auf diesen Einwand mit einer Gegenfrage. Daß Esau

---

[9] Vgl. G. Wallis, Art. ʾahab: TWAT I,121–128, Lit. 105f.

[10] Nach J.A. Fischer, Notes on the Literary Form and Message of Malachi: CBQ 34 (1972) 315–20, liegen die Grundaussagen im einleitenden statement, Frage an Jahwe und Antwort Jahwes, nach ders., Understanding Malachi: BiTodd 66 (1973) 1173–77, in der einleitenden Selbstaussage Jahwes.

[11] Vgl. M. Weippert, Edom und Israel: TRE 9, 291–299 (Lit.), und neuerdings J.R. Bartlett, Edom and the Edomites (JSOT. S. 77),1989.

[12] Vgl. H. Grimme, Der Untergang Edoms: Welt als Geschichte 3 (1937) 452–463; Cresson, passim; Bartlett, Kap. 8; auch Glazier-McDonald, 35–41.

der Bruder Jakobs ist, ist eine allgemein bekannte Tatsache (s.o.). Es geht hier aber nicht um die Erzväter als Personen, sondern um die Verwandtschaft von Völkern (vgl. Num 20,14; Dtn 23,8; Am 1,11; Ob 10,12); schon in den Erzvätergeschichten spiegelt sich die Erinnerung an gemeinsame Herkunft von Sippen (Einzelheiten sind leider nicht mehr bekannt). „Jakob" ist (wie häufig) Bezeichnung für Israel, „Esau" für Edom. Das macht aus dem Gegensatzpaar V. 2 aβ-3 a eine aktuelle Aussage. Die Verben sind (wie das in V. 2 aα, s. o.) präsentisch zu
3 b übersetzen (gegen Elliger, Rudolph u. a.). [13] Entsprechend ist V. 3 b kein Rückblick auf vergangenes Geschehen, sondern eine in die Zukunft blickende Gerichtsankündigung (van der Woude) gegen Edom (nur Volk und Land kann gemeint sein). Damit entfällt die Schwierigkeit, in der frühnachexilischen Periode nach einer (uns unbekannten!) Verwüstung Edoms suchen zu müssen.

Diese Gerichtsankündigung entspricht traditionellen prophetischen Mustern (vgl. Jes 34,13; Jer 9,10; 25,9 b; 49,13; Ez 29,10. 12; 35,3. 4. 7. 14. 15; Joel 4,19). Schakale sind sprichwörtliche Bewohner unwirtlicher Gegenden, die durch ihr nächtliches Geheul erschrecken. Mit der Überlieferungsweise (und nicht mit sekundärer Auffüllung, gegen Lescow) erklärt sich auch die vom Kontext abweichende Form. Maleachi hat vermutlich einen geprägten Spruch übernommen. In V. bβ hat der singuläre plur. fem. für „Schakale" (sonst stets masc.) oft zu Textänderungen geführt, die aber entbehrlich sind. Das Verbum erfüllt in unterschiedlicher Konstruktion eine doppelte Funktion. Man kann beim Text bleiben.

Die Grundform des Wortes ist die der „zweiseitigen Ankündigung" (Westermann): das verheißene Heil für Israel ist mit der Vernichtung der Feinde verknüpft. Die Aussage gegen Edom ist hier so ernst wie immer in solchen Fällen gemeint!
4 a Auch die Hörer können sich Frieden für Juda nur vorstellen, wenn Edom vernichtet ist. Auch das ist aus den konkreten Umständen heraus zu verstehen; Edom ist nicht einfach „Typos des Gottesfeindes" (gegen Botterweck u. a.). Anscheinend haben sie aber daran ihre Zweifel. Die den Edomitern[14] in den Mund gelegte trotzige Reaktion (vgl. Jes 9,9!) spiegelt ihre Befürchtungen, selbst eine Zerstörung Edoms werde wegen dessen unbeugsamen Wiederaufbauwillens keinen dauerhaften Erfolg bringen. Darauf antwortet eine förmlich mit der Botenformel eingeleitete Gerichtsankündigung Jahwes: Wenn die Edomiter
4 b–5 wiederaufbauen, wird er (betontes „Ich!") einreißen (vgl. Hi 12,14 a). Sein Handeln wird genau dem ihrigen entsprechen. Die Schlußbemerkungen sind durch die Rahmung mit dem Stichwort „Gebiet" als Einheit zu erkennen. Sie zeichnen die Folgen des erwarteten Eingreifens Jahwes gegen Edom. Der Stil ist gehobene Prosa, enthält aber Parallelismen (V. 4 bα//bβ; V. 5 a//bα). Der Schlußsatz steht für sich, erhält dadurch besonderes Gewicht. Inhaltlich geht es darum, daß entgegen dem gegenwärtigen Augenschein nicht Edom, sondern

---

[13] Die Gesamtzeile könnte ein Trikolon sein (Glazier-McDonald), „Spruch Jahwes" eine Ergänzung; Metrum dann 3+2+2.
[14] Verbum 3. fem. sing., weil Edom als Land aufgefaßt wird.

Israel (hier, wie es nachexilischem Sprachgebrauch entspricht, Bezeichnung für das Gottesvolk; geographisch wird man an das Gebiet des ehemaligen Südreichs denken müssen) das von Jahwe unterstützte Land ist. Edom wird mit „Gebiet der Bosheit" charakterisiert; seine Jahwefeindschaft ist sprichwörtlich. Das Wort „Bosheit" bezeichnet Gottlosigkeit, Schuld, und zugleich ihre Folge: Unheil. Dem entspricht, daß auf seinem Volk Jahwes nicht aufhörender Zorn liegt. Mit diesen Aussagen wird auf den Schlußvers hingelenkt, der zugleich den Höhepunkt der Disputation darstellt: Den zweifelnden Hörern wird angekündigt, daß sie das Geschehen mit eigenen Augen sehen werden und selbst[15] in ein Bekenntnis zu Jahwe einstimmen werden. Dieses Bekenntnis wird Jahwes große Taten rühmen (vgl. Ps 35,27; 40,17; 70,5)[16], „über" (nicht „über hinaus"[17]) das Gebiet Israels. Das Stichwort ist bewußter Rückbezug auf den Anfang von V. 4 b. Das Ziel der Disputation ist erreicht, wenn die gegnerische Partei selbst zugeben muß, daß sie sich geirrt hat.

Echt prophetisch ist auch, daß es Maleachi darauf ankommt, seine Hörer zum Lobe Gottes zu bringen. Das ist das genaue Gegenteil ihrer gegenwärtigen skeptischen Verzweiflung.

1,6–2,9: An die Priester

6 „Ein Sohn ehrt den Vater
   und ein Knecht seinen Herrn.
 Wenn aber ich Vater bin,
   wo ist die Ehrerbietung gegen mich[18]?
 Und wenn ich Herr bin,
   wo ist die Furcht vor mir?"[18]
sprach Jahwe der Heerscharen zu euch, ihr Priester, die ihr meinen Namen verachtet. Ihr aber sprecht: „Wodurch haben wir deinen Namen verachtet?" 7 „Ihr bringt[19] auf meinem Altar unreine Speise dar und sprecht: ‚Wodurch haben wir dich verunreinigt?' Indem ihr sprecht: ‚Der Tisch Jahwes, verächtlich ist er.' 8 Wenn ihr etwas Blindes zum Opfern darbringt, (sagt ihr): ‚Es ist nicht minderwertig.' Und wenn ihr etwas Lahmes und Krankes darbringt: ‚Es ist nicht minderwertig.' Bringe es doch deinem Statthalter dar! Wird er Gefallen an dir haben oder wird er dein Angesicht erheben?" sprach Jahwe der Herrscharen.   9 Und nun: erbittet doch Gunst bei Gott, damit er uns gnädig ist. Von euer Hand geschah das. Wird er um

---

[15] Betontes PP.

[16] Sein Handeln in der Geschichte, nicht seine Schöpferhoheit; vgl. R. Mosis, Art. *gdl:* TWAT I, 944–956.

[17] So wieder Deissler.

[18] Suff. 1. sg.=Genetivus objectivus.

[19] Vgl. G-K[28], § 116 s.

euretwillen²⁰ das Angesicht erheben? sprach Jahwe der Herrscharen.   10 O schlösse doch einer unter euch²¹ die Torflügel, damit ihr meinen Altar nicht umsonst entzündet! Ich habe kein Gefallen an euch, sprach Jahwe der Heerscharen. Und eine Gabe gefällt mir nicht aus eurer Hand.   11 Ja²², vom Aufgang der Sonne bis zu ihrem Niedergang ist mein Name groß unter den Völkern, und an allerlei Ort²³ wird Rauchopfer dargebracht meinem Namen, und reines Opfer; ja, mein Name ist groß unter den Völkern, sprach Jahwe der Heerscharen.   12 Ihr aber entehrt ihn, indem ihr sprecht: „Der Tisch des Herrn, unrein ist er und seine Frucht²⁴ verachtet (seine Speise)."   13 Und ihr sagt: „Welche Mühsal!" und facht ihn an, sprach Jahwe der Heerscharen. Und bringt Geraubtes dar, und das Lahme und das Kranke und bringt die Gabe dar. Und ich soll an ihr Gefallen haben aus eurer Hand? sprach Jahwe.   14 Und verflucht sei ein Betrüger, in dessen Herde ein männliches Tier ist, der es gelobt und opfert ein schlechtes Stück dem Herrn! Ja, ein großer König bin ich, sprach Jahwe der Heerscharen, und mein Name ist gefürchtet unter den Völkern.

2,1. Und nun, an euch ergeht dieses Urteil, ihr Priester: 2 Wenn ihr nicht hört und wenn ihr es euch nicht zu Herzen nehmt, meinem Namen Ehre zu geben, sprach Jahwe der Heerscharen, dann will ich den Fluch gegen euch senden und verfluchen eure Segenssprüche, und geflucht habe ich ihn schon, weil ihr es euch nicht zu Herzen nehmt.   3 Siehe, ich will euch bedrohen die Nachkommenschaft und Mist über euch streuen (den Mist eurer Festopfer²⁵), damit man euch zu ihm trage.   4 Und ihr werdet erkennen, daß ich euch dieses Urteil gesandt habe, damit bestehenbleibe²⁶ mein Bund mit Levi, sprach Jahwe der Heerscharen.
5 Mein Bund bestand mit ihm.

> Leben und Frieden, ich gab sie ihm;
> Ehrfurcht, so daß er mich fürchtete ²⁷.
> Vor meinem Namen hatte er Schrecken.

6 Wahrhaftige Tora war in seinem Munde,
> und Trug wurde nicht gefunden auf seinen Lippen.
> In Friede und Geradheit wandelte er mit mir,
> und viele hielt er ab von Schuld.

7 Ja, die Lippen des Priesters sollen Wissen bewahren,
> und Tora soll man suchen von seinem Munde.
> (Denn ein Bote Jahwes der Heerscharen ist er.)

---

²⁰ Alternativübersetzung: „einem von euch".
²¹ Wunschsatz, vgl. G-K²⁸,§ 151 a.
²² Deiktisches *ki*.
²³ Vgl. Lev 19,23; Neh 13,16. 20.
²⁴ Vgl. Jes 57,19.
²⁵ Vgl. Ps 118,25.
²⁶ Vgl. Ringgren, TWAT II, 397f.
²⁷ Zur Konstruktion vgl. G-K²⁸,§ 111 h; 143 d (van der Woude).

8 Ihr aber seid vom Wege abgewichen,
  habt viele straucheln gemacht durch die Tora,
  habt den Bund Levis verdorben, sprach Jahwe der Heerscharen.
9 So werde auch ich euch verächtlich machen[28]
  und niedrig vor allem Volk, so wie ihr meine Wege nicht beachtet
  und bei der Tora die Person anseht.

Lit.: G.J. Botterweck, Ideal und Wirklichkeit der Jerusalemer Priester: BiLe 1 (1960) 100–109; Utzschneider; Lescow, 206–12; O'Brien, bes. 30–44. *Zu 1,11:* E. C. dell'Occa, El sacrificio de la Misa según Malaquias 1,10s.: RevBib 6 (1956) 127–32. 187–92; M. Rehm, Das Opfer der Völker nach Mal 1,11: Lex Tua Veritas. FS H. Junker. Trier 1961, 193–208; P.A. Verhoef, Some Notes on Malachi 1:11: Biblical Essays. (Potchefstroom) 1966, 163–72=NGTT 21 (1980) 21–30; J. Swetnam, Malachi 1,11: An Interpretation: CBQ 31 (1969) 200–209; J.G. Baldwin, Mal 1:11 and the Worship of the Nations in the Old Testament: TynB 23 (1972), 117–24; T.C. Vriezen, How to Understand Malachi 1:11: Grace Upon Grace. FS L.J. Kuyper. Grand Rapids 1975, 128–36; C. Stuhlmueller, Sacrifice Among the Nations: BiTod 22 (1984) 223–25; M. Fishbane, Biblical Interpretation in Ancient Israel. Oxford 1985, 332–335; E.M. Meyers, Priestly Language in the Book of Malachi: HAR 10 (1986) 225–237. *Zu 2,1–9:* A. Gelin, Message aux prêtres: BVC 30 (1959) 14–20; U. Devescovi, L'alleanza di Jahvé con Levi: BeO 4 (1962) 205–18. *Zu 2,6–8:* Renker, 104–122.

1,6–2,9 ist der längste durchlaufende Abschnitt im Buche Maleachi; eine Aufteilung (häufiger Vorschlag: 1,6–14; 2,1–9) ist dennoch nicht angebracht, da Adressaten und Thematik einheitlich sind und sich hinter den beiden Abschnitten die beiden Hälften des klassischen Prophetenspruchs: Begründung und Gerichtsankündigung (Schelt- und Drohwort) verbergen. Die Auslegung schwankt zwischen einer literarkritischen Lösung, die den größten Teil des Textes als spätere Erweiterungen eines kurzen Urtextes erklärt (wie Lescow) und einer integralen, die den vorliegenden Text als eine Einheit begreift. In der Tat weist er eine durchgehende Struktur auf, die durch die Wiederholung von Stichwörtern wie „verachten" (1,6(2×).7. 12; 2,9), „verunreinigen" (1,7(2×).12), „ehren" (1,6; 2,2) zusammengehalten wird. Auch die Streichung einzelner Verse (Horst, Elliger u.a.: 1,11–14; 2,2. 7) läßt sich nicht ausreichend begründen. Vorhandene Ungleichmäßigkeiten im Stil lassen sich am besten als Übernahme vorgeformten Traditionsgutes erklären. Sie spiegeln aber auch die Heftigkeit der Auseinandersetzung, die der Prophet im Auftrag Jahwes mit den Priestern führt.

Auch dieser Abschnitt beginnt mit einer „aufgestellten Behauptung", einem 6 weisheitlich geprägten Spruch, dessen Plausibilität einleuchtet: Es ist in der israelitischen Gesellschaftsordnung natürlich, daß ein Sohn seinen Vater ehrt (ihm gehorsam ist)[29] und ein Knecht[30] seinen Herrn (vgl. Ex 20,12; Dtn 5,16; 21,18–21; Spr 23,22). Eine Sentenz wie diese fordert zu Schlußfolgerungen

---

[28] Perf. propheticum.
[29] Zur Form vgl. Ges-K[28] § 107 g; falsch ist die Auffassung als Jussiv (T u.a.).
[30] Fast synonym zu „Sohn", vgl. 3,17b.

heraus; sie werden vom Propheten in Anwendung auf Jahwe gezogen. Dabei werden die Stichwörter „Vater", „Herr", „ehren" (jetzt als Substantiv, ergänzt durch „Ehrfurcht" als Synonym) aufgegriffen: Wenn Jahwe Vater / Herr ist, kann er Ehrerbietung / Ehrfurcht erwarten. Vater ist Jahwe für Maleachi in Bezug auf Israel (vgl. 3,17), nicht speziell auf die Priester (gegen Wellhausen u. a.). In der (recht seltenen) Bezeichnung[31] drückt sich vor allem Jahwes Schöpfereigenschaft aus (Dtn 32,6, vgl. 18; Jes 45,9–12; 64,7; vgl. u. zu 2,10). Als Schöpfer Israels hat Jahwe Anspruch auf Ehrerbietung. V. 6 a-bβ ist als regelmäßiger Dreizeiler (Metrum: 3+2) geformt[32]; das deutet auf geprägt übernommenes Traditionsgut. Die Anwendung auf die im Folgenden angeredeten Priester wird dagegen in Prosa formuliert. Daß sie Jahwes Namen (seine Ehre) verachten, ist als Vorwurf in die Anrede an sie hineingenommen. Dem Schema entsprechend (s. o.), erfolgt sofort der Hinweis auf die, das Stichwort „verachten"

7 aufgreifende, Gegenfrage: die Priester behaupten, den Grund des Vorwurfs nicht zu kennen. Jahwe erwidert: indem sie auf seinem Altar unreine Opferspeise darbringen. Der Begriff meint hier jede Art von Opfer (Lev 3,11. 16; 21,6 ff.; 22,25; 23,17; Num 28,2. 24; Ez 44,17). Damit wird auf eine der beiden Hauptaufgaben der Priester, die Opferdarbringung angespielt. Anschließend erneut ein Verweis auf eine weitere Gegenfrage. Sie enthält eine scheinbare Inkohärenz (Utzschneider): Die Priester haben den Vorwurf, unreine Opferspeise darzubringen, auf Verunreinigung Jahwes selbst bezogen. Doch gerade das ist gewollte Darstellung[33]: in der Wiedergabe der Äußerung durch den Propheten wird ihr tieferer Hintergrund sichtbar: die Verunreinigung des Altars trifft Jahwe selbst! Die in 7 bβ folgende nochmalige Antwort stellt das klar. „Tisch Jahwes" ist Synonym zu „Altar" (vgl. Ez 40,39 ff.; 41,22; 44,16). „Verachtet" greift das Stichwort aus 6 b noch einmal auf und rundet so den Aussagenkomplex. Auch

8 durch das Stichwort „sprechen" wird der Prosateil zusammengehalten. Blinde und lahme Tiere sind nach den Vorschriften (Dtn 15,21; Lev 22,20–25) als Opfer ausgeschlossen, weil sie nicht fehlerfrei sind (vgl. auch Dtn 17,1). Obwohl nicht in der Tora erwähnt, gilt das auch für kranke Tiere. Darüber sollten die Priester in Ausübung ihres Amtes befinden und derartige Opfertiere ablehnen. Statt dessen haben sie (und hier wird ihr offizieller Befund[34] wörtlich zitiert) diese ausdrücklich akzeptiert. V. b wendet das Argument ins Ironische: dem Statthalter sollte man etwas Derartiges anzubieten wagen, dann würde man schon sehen, wie er darauf reagieren würde! Die Erwähnung des Statthalters[35] ist der einzige zeitgeschichtliche Hinweis auf eine mögliche Datierung Maleachis. Mehr, als daß Maleachi in die Zeit der Perserherrschaft gehört, ist aller-

---

[31] Vgl. H. Ringgren, Art. *'ab*: TWAT I, 17–19; Lit. 1.

[32] Vgl. auch die *Aleph*-Alliteration (Glazier-McDonald).

[33] Änderung nach G (vgl. BHS u. a.) deshalb unrichtig

[34] Ihr „deklaratorisches Urteil" (vgl. Renker, 102; Utzschneider, 49). Hier finden wir die negative Gegenformulierung zu den von G. von Rad, Die Anrechnung des Glaubens zur Gerechtigkeit: ThLZ 76 (1951) 129–132=ders., Gesammelte Studien zum Alten Testament (ThB 8) 1958, 130–35, aufgeführten Beispielen.

[35] Vgl. o. S. 130.

dings daraus nicht zu entnehmen. Daß man dem Statthalter Abgaben schuldete, ergibt sich aus dem persischen Steuer- und Verwaltungssystem. Nach Neh 5,14 waren täglich 40 Silberstücke für den Haushalt des Statthalters zu entrichten; dazu kamen offensichtlich Naturalabgaben. Auch hier handelt es sich um ein von selbst einleuchtendes Argument: Niemand kann leugnen, daß man mit Mängellieferungen keinesfalls sein Wohlgefallen und seine Gunst[36] erringen 9 könnte. Aus dem Gesagten ergibt sich die, ebenfalls ironisch gemeinte, Aufforderung, Gott milde zu stimmen. Der im religiösen Gebrauch nur im Zusammenhang mit Opfer und Bitt-(Buß-)gebet vorkommende Ausdruck ist dtn-dtr. Herkunft.[37] Auffällig ist die Wendung „das Angesicht Gottes (Els)" (nur noch Hi 15,4). Ob freilich dabei ein Bezug auf den Namen Pniel (Gen 32,31) und in V. 8b–10 insgesamt ein Verweis auf Gen 32–33 beabsichtigt ist (Utzschneider), muß offen bleiben. Beachtlich ist auch der Hinweis (Fishbane), daß in solchen Wendungen auf den aaronitischen Segen (Num 6,23–27) angespielt werde. Jedenfalls wird den Priestern nicht gelingen, Gott freundlich zu stimmen, nach 10 allem, was durch sie geschehen ist! So wäre es besser, den ganzen Opferbetrieb einzustellen. Mit den Toren sind nicht die des Tempelgebäudes selbst, sondern die des von einer Mauer umgebenen (1. Kön 6,36; 7,12) inneren Vorhofes gemeint, in dem der Brandopferaltar vor dem Tempeleingang stand (vgl. Ez 41,23–25). Zwar kennen wir keine Beschreibung des zweiten Tempels, aber er dürfte im Grundriß (wie auch Ezechiels Idealbild) dem salomonischen entsprochen haben. Wenn der innere Vorhof nicht mehr von den Priestern betreten werden kann, können sie auch den Brandopferaltar nicht mehr entzünden. Das wäre umsonst, weil Jahwe an den Priestern kein Gefallen mehr hat und deshalb eine Opfergabe (der Begriff hier im allgemeinstem Sinne) von ihrer Hand (vgl. V. 9b; Rahmung!) ihm nicht wohlgefällig sein kann (ein Begriff aus der offiziellen priesterlichen Terminologie zur Anerkennung der Gültigkeit von Opfern, vgl. Lev 1,4; 7,18; 19,7; 22,23. 25. 27). Maleachi folgt hier genau der Linie der vorexilischen prophetischen Kultpolemik, die nicht das Opfer als solches, sondern das von Leuten, die Jahwes Gebote übertreten, dargebrachte ablehnen (Am 5,21–24; Hos 6,6; 8,13; Jes 1,11–17; Mi 6,6–8).

Dieser Vers ist der meistdiskutierte des ganzen Buches. Die divergierenden 11 Deutungen gehen bis in die alte Kirche und die jüdische Exegese des Mittelalters zurück (vgl. Bulmerincq). Da von Verehrung Jahwes unter den Völkern und ihm dort dargebrachten reinen Opfern gesprochen wird, denken einige Ausleger an jüdische Proselyten, andere an die weltweite Diaspora. Wer Nichtjuden gemeint sieht, versteht die Aussage entweder als eschatologische Weissagung: in der zukünftigen Heilszeit werden alle Völker den einen Gott Israels anbeten und ihm Opfer darbringen, oder im Sinne einer positiven Wertung der Fremdreligionen im Perserreich, besonders der persischen Anbetung des „Gottes des Himmels" (Esr 1,2; Neh 1,45 u. a.), denen eine monotheistische Tendenz inne-

---

[36] Doppelausdruck. Die Wendung „das Angesicht erheben" meint „begünstigen, Nachsicht üben", vgl. van der Woude, THAT II, 441.

[37] Vgl. K. Seybold, ZAW 88 (1976) 2–16.

wohnt. Die traditionelle katholische Dogmatik (Konzil von Trient, sess. XXI-I,c. I; vgl. noch Vaticanum II, Lumen gentium 17) sieht in dem Vers eine Ankündigung des Meßopfers (so noch dell'Occa). Der hebr. Nominalsatz legt die Zeitstufe nicht fest. Auch eine Erklärung als Glosse hilft nicht weiter, da die Aussage fest in den Kontext eingebunden ist. Einen Fingerzeig gibt die Rahmung: V. 11 aα/ 14 bβ: Offenbar liegt der Ton auf der Ehrfurcht, die Jahwes Namen (seiner Herrlichkeit) von den Völkern dargebracht wird (wiederholt in V. 11 b) im Gegensatz zu den israelitischen Priestern, die ihn entweihen (12 a). Insofern ist die Aussage nicht im Widerspruch zu dem oft festgestellten Partikularismus Maleachis in 1,2–5; 2,10–16. Der Merismus in V. 11 aα (für „auf der ganzen Welt") ist Psalmensprache (Ps 50,1; 113,3; Jes 45,6; 59,19) und steht überall im Zusammenhang mit der Offenbarung der Macht Jahwes bei seiner Epiphanie und dem Lobpreis, der ihm geschuldet wird. „An allerlei Ort" (V. ab) ist Parallelausdruck dazu. Das Opferthema ist durch den Zusammenhang gegeben. Die genannten Opferbegriffe sind wohl als Doppelausdruck nicht speziell (Rauchopfer und Zerealienopfer), sondern als Allgemeinausdrücke für Opfer gemeint. Die Aussage ist hyperbolisch gemeint: das Opfer der Heiden an verschiedenen Orten ist rein, wenn man es mit dem entweihten Opferdienst der israelitischen Priester vergleicht! Das hat auch weisheitlichen Klang, vgl. Jona 1,5 f. 14. 16; 3,5 ff.

12   Das Verhalten der Heiden bildet den Kontrast zu dem der jetzt (betontes „ihr") wieder direkt angeredeten Priester, die Jahwes Namen entweihen (vgl. Lev 18,21; 19,12; 20,3; 22,2; Ez 20,39; 36,20 f.; 39,7, ein priesterlicher Begriff), ihm gerade nicht die Ehre geben, indem sie seinen Altar herabsetzen. Die Aussage aus V. 7 b wird hier aufgegriffen und als doppelgliedrige Wendung ausgebaut: der Altar selbst sei befleckt, seine Frucht[38] verachtet. Noch einmal,

13   und auch im folgenden Vers, wird eine Aussage der Priester zitiert. Zu „Mühsal" vgl. Ex 18,8; Num 20,14 (aber kaum ein Zitat dieser Stellen). „Anfachen" bezieht sich auf den Altar.[39] Trotz ihrer Verachtung für den Altar machen die Priester immer wieder auf ihm Feuer für die Opferverbrennung. Der Vorwurf, sie brächten auf ihm lahme und kranke Tiere dar (vgl. V. 8), wird noch um geraubte erweitert (dazu existiert kein ausdrückliches Verbot in der Tora). Der Vers endet mit einer negativ zu beantwortenden Suggestivfrage.

14   Der diesen Zusammenhang abschließende Vers fügt (a) noch den Fall des betrügerischen Herdenbesitzers (hier kein Priester, sondern ein opfernder Laie) hinzu, der ein männliches Tier aus seiner Herde gelobt hat (vgl. Lev 1,3; 22,19), es aber dann gegen ein schlechtes austauscht (Lev 27,10). Ein solcher wird mit einem förmlichen Fluch Gottes belegt. Der Schlußsatz V. b bringt eine Rundung, indem er die Aussage aus V. 11 aα noch einmal aufnimmt, vermehrt um die Selbstbezeichnung Jahwes als König. Vgl. o. zu Sacharja 14,9. 16. 17.

2,1   Mit „und nun" leitet Maleachi zur Strafankündigung über (vgl. Hos 5,7; 8,8.

---

[38] Ein Glossator hat den seltenen Begriff mit dem geläufigen „seine Speise" erklärt.
[39] MT ist korrekt.

13), dem „Urteil".[40] Dabei werden die Priester noch einmal ausdrücklich als Adressaten genannt.

Einschränkend wird allerdings noch einmal eine Bedingung genannt, deren 2 Nichterfüllen das Gericht unausweichlich macht: Wenn die Priester nicht zu hören bereit sind (vgl. Jer 17,27; 22,4), wird es eintreten. Das ist schon Redeform der Spätzeit.[41] Dabei werden die Stichworte aus 1,6. 11. 14 „Ehre" und „Namen" wiederholt. Sonst aber droht Jahwe an, den Fluch zu schicken. Bei „Segnungen" der Priester wird man nicht an ihre Erträge aus dem Kult, ihr Einkommen denken können, sondern konkret an den Segen, den sie offiziell spenden, der von Jahwe in Fluch verwandelt wird. Die drei Hauptaufgaben der Priester: Opferdarbringen, Segenspenden, Toraerteilen sind Gliederungsmomente für den ganzen Abschnitt. V. bβ schießt über und könnte eine Ergänzung sein.

V. a wird wegen G („trenne euch die Schulter ab"), auch im Blick auf 1. Sam 3 2,31 meist geändert in: „haue euch den Arm ab" (Wellhausen u. a.). MT ist aber sinnvoll: Bedroht wird die Nachkommenschaft der Priester[42] und damit die Zukunft ihres Berufsstandes. „Mist" meint den Inhalt der Gedärme von Opfertieren, die nach Lev 4,11f.; 8,17; 16,27 außerhalb des Lagers verbrannt werden müssen. Wenn diese über die Priester gestreut und sie zu ihnen hinausgetragen werden sollen, ist deren Vernichtung angedroht. So wird der unveränderte Text verständlich. „Mist eurer Festopfer" ist erklärende Glosse.

Die Erkenntnisaussage[43] schließt den Unterabschnitt ab: Jahwe verweist 4 noch einmal auf das Urteil (V. 1), dessen Herkunft die Priester nach Eintreffen der Strafe erkennen werden. Ihr letztes Ziel ist, Einsicht in die Schuld zu bewirken. Damit wird der Übergang zu dem den Rest des Zusammenhangs bestimmenden Thema eingeleitet: dem Bund mit Levi. Das Gericht an den gegenwärtigen Vertretern der Priesterschaft hat letztlich das positive Ziel, die in diesem Bunde begründete ursprüngliche Integrität des Priestertums wiederherzustellen.

Der „Bund mit Levi" wird in dieser Form nur bei Maleachi erwähnt. Umstritten ist die mögliche Herkunft der Vorstellung. Sie könnte auf Dtn 33,8–11 oder Num 25,10–13 zurückblicken. In Num 25,10–13 ist zwar nicht von einem Bund mit Levi, sondern mit Pinhas, dem Enkel Aarons, die Rede, aber die Stichworte „mein Bund", (Bund) „des Friedens", „abwenden" treten dort ebenfalls auf, während die Berührungen zu Dtn 33 schwächer sind. Auffällig ist, daß die Priester von Maleachi mit Levi verbunden werden, obwohl Priester (Zadokiden und Aaroniten) und Leviten (als niederer Klerus) in nachexilischer Zeit getrennte Klassen bildeten. Doch leiteten auch die Priester ihre Genealogie von dem

[40] Vgl. V. 4; Nah 1,14. Nicht, wie meist wiedergegeben, „Gebot".
[41] Zur dtr „Alternativpredigt" vgl. W. Thiel, Die deuteronomistische Redaktion von Jer 1–25. WMANT 41 (1973) 291–95.
[42] Nicht: die Saat auf den Feldern.
[43] Vgl. W. Zimmerli, Erkenntnis Gottes nach dem Buche Ezechiel (1954), in: ders., Gottes Offenbarung. ThB 19 (1963) 41–119.

„Leviten" Aaron ab (Ex 4,14; zu Mose als Levit Ri 18,30). So ist, wenn nicht eine literarische Abhängigkeit (Utzschneider), so doch eine gemeinsame Tradition mit Num 25 anzunehmen (vgl. auch Glazier-McDonald). Nach O'Brien ist die Gleichsetzung von Priestern und Leviten bei Maleachi ein Merkmal der Spätzeit; Maleachi hätte dtr und P-Tradition gekannt und miteinander kombiniert.

5–6 Von V. 5–6 scheint, wie an der poetischen Form sichtbar, wieder ein vorgegebenes Traditionsstück zitiert zu werden. Es spricht von der Person Levi in der Vergangenheitsform; die Kopfzeile mit Namensnennung ist anscheinend abgebrochen und durch die Überleitung V. 4bα ersetzt worden, die offenbar V. 5aα zitiert.[44] Charakteristisch für das Stück ist die Verwendung einiger eng miteinander zusammenhängender Begriffe (teilweise als Doppelausdrücke). Durch die asyndetisch vorangestellten Objekte Leben und Frieden als Jahwes Gaben einerseits, Gottesfurcht als Haltung Levis andererseits wird der Inhalt des Bundes mit Levi im Sinne gegenseitiger Verpflichtung charakterisiert. Zwischen V. 5aβ/γ besteht Parallelismus, aber auch zwischen aγ/β; in V. b wird die Verbalaussage von aγ variierend wiederholt (Metrum 3+3; 2+3). „Leben und Frieden" umschließen als Doppelbegriff alle denkbaren Heilsgaben (vgl. Dtn 30,19); zum „Bund des Friedens" Ez 34,25; 37,26; Num 25,12).[45] Der Aussage 5aβ entspricht 6bα: Jahwe gab Levi Frieden, weil er in Frieden und Aufrichtig-
6 keit wandelte. Auch dies ist ein weitgehend synonymer Doppelbegriff. Wie V. 5 hat auch V. 6 eine chiastische Struktur: V. aβ und bα handeln vom persönlichen Ethos Levis, V. aα und bβ von seiner Amtsausübung. Zugleich sind aber auch aα/aβ und bα/b einander antithetisch parallel (Metrum 4+3; 4+3). Als Hauptamtspflicht Levis wird die Toraerteilung hervorgehoben. Bei der Tora geht es nach der Gesamtaussage von V. 6 um die Belehrung über den ethischen Willen Jahwes. Levi hat sie wahrheitsgemäß und zuverlässig ausgeübt (vgl. Neh 9,13). Der Gegenbegriff „Trug" (vgl. auch Hi 13,7; 27,4; Jes 59,3) bedeutet Verdrehung der Tora (vgl. Hos 10,13; Mi 3,10): Levi hat sie stets vermieden (vgl. noch Ez 28,15). Auch der persönliche Lebenswandel Levis war integer (vgl. 2. Kön 20,3; Stichwortverbindung auch zu V. 5aβ) und redlich (vgl. Jes 11,4; Ps 45,7; 67,5) mit Gott (vgl. Mi 6,8; Gen 5,22. 24; 6,9). Dadurch und durch die Tora konnte er viele von Schuld[46] abhalten.
7 Bevor das Verhalten der Priester dem Levis gegenübergestellt wird, wird noch ein weisheitlich geprägter Spruch zitiert. Diese Erklärung ist, in Analogie zu V. 5f., der üblichen als literarischer Einschub vorzuziehen. V. 7b ist tatsächlich eine Ergänzung, vielleicht von 3,1 her eingedrungen (Elliger). V. a ist ein normaler doppelgliedriger Weisheitsspruch (Metrum 3+3); die Verben sind als präsentische Aussagen wiederzugeben. Zu V. aα ist Spr 15,7 die engste Parallele; dort geht es um die Lippen der Weisen, die (weisheitliche) Erkenntnis hüten. Spezielle Gotteserkenntnis (Hos 4,1; 6,6; vgl. 4,6) ist nicht gemeint. Auffällig

---
[44] Mit anderer Verwendung von *hjh* (vgl. van der Woude)!
[45] Zu „Frieden" vgl. auch H.H. Schmidt. šalôm. „Frieden" im Alten Orient und im Alten Testament. SBS 51 (1971).
[46] Ein zentraler und umfassender Begriff, vgl. K. Koch, TWAT V, 1160–1177 (Lit.).

ist, daß der Spruch, den Maleachi sicher auswendig konnte, dem Priester diese auf weisheitliche Lebensführung gerichtete Erkenntnis zuschreibt. Aus der Parallelsetzung mit Tora (V. aβ) geht hervor, daß man solche Erkenntnis von der Tora („Weisung") erwartet. Zum (artikellosen) absoluten Gebrauch vgl. Haggai 2,11. Er scheint spät zu sein. Die Gleichsetzung von Weisheit und Tora ist sonst für die Spätform israelitischer Weisheit bei Sir typisch (Sir 24 u.ö.). Die Form des Spruches entspricht aber der älteren Weisheit in Spr 10 ff.

Aus der Anwendung des Levi-Spruches auf die gegenwärtigen Priester ergibt 8 sich Jahwes Urteil über sie: statt aufrichtig mit zu Gott zu wandeln (V. 6 bα), sind sie vom Wege abgewichen (vgl. Dtn 9,12. 16; 11,28; 31,29; Ri 2,17 dtn/dtr), d. h. von Jahwes Geboten (vgl. auch Ps 25,4; 27,11; 119,14. 33). Statt viele von Verfehlung abzuhalten (V. 6 bβ), haben sie viele durch ihre Tora zum Straucheln gebracht, d. h. zu Ungerechtigkeit verleitet (vgl. Ez 44,12). Damit haben sie den Levi-Bund (V. 4) verdorben.

Zum Abschluß kehrt Jahwe mit einem betonten „Auch ich" zu der Gerichts- 9 ankündigung zurück. Dabei wird das Stichwort „verachten" aus 1,6f. 12 wiederaufgenommen und so der Gesamtabschnitt gerahmt. Weil die Priester Jahwe und seinen Altar verächtlich machten, will er analog (Ob 15b) sie vor dem ganzen Volk verächtlich machen. Sie sollen gering werden, weil sie so die abschließende Charakteristik[47] seine Wege (vgl. 2,8 a) nicht beachtet und bei der Toraerteilung die Person angesehen haben. Gebenüber der Auffassung von V. 9 bβ, die Priester hätten der Tora keinen Respekt gezollt (vgl. Klgl 4,16; 5,12), ist dieser Deutung der Vorzug zu geben, wonach die Priester parteiisch waren (Dtn 1,17; 16,19; Spr 24,23; 28,21), angesehene Personen bevorzugt haben (Lev 19,15). Auffällig ist, daß dies nicht, wie sonst üblich, vor Gericht, sondern durch die Art der Vermittlung von Tora geschehen sein soll. Tora wird bei Maleachi aber im Sinne der Rechtsbelehrung (vgl. Dtn) verstanden. Vielleicht sind auch gottesgerichtliche Entscheidungen (2. Chron 19,10) im Blick.

2,10–16: Die Heirat mit der fremden Zweitfrau

10 Haben wir nicht alle einen Vater,
  hat nicht ein Gott uns geschaffen?
  Warum handeln wir dann treulos[48], ein jeder gegen seinen Bruder,
  zu entweihen den Bund unserer Väter?
11 Treulos handelt Juda,
  Abscheuliches wird getan in Israel (und in Jerusalem),
  denn entweiht hat Juda das Heiligtum Jahwes, das er liebt,
  und geheiratet die Tochter eines fremden Gottes.

---

[47] Vgl. K. Koch, Was ist Formgeschichte? Neukirchen-Vluyn, 1974³, 237 u. ö.
[48] Vgl. BL § 40 g'.

12 Möge Jahwe ausrotten einem Manne, der solches tut,
    Wächter und Verteidiger[49] aus den Zelten Jakobs,
    und den, der ein Opfer darbringt Jahwe der Heerscharen.
13 Auch dieses zweite tut ihr: zu bedecken den Altar Jahwes mit Tränen,
       mit Weinen und Klagen,
    weil er sich nicht mehr dem Opfer zuwendet
    und es mit Wohlgefallen[50] annimmt von eurer Hand.
14 Aber ihr sprecht: „Weswegen?" Deswegen weil Jahwe Zeuge ist zwischen
dir und der Frau deiner Jugend, gegen die du treulos gehandelt hast, und sie
ist doch deine Gefährtin und die Frau deines Bundes.   15 Und nicht einer
tut das, wenn noch ein Rest von Geist in ihm ist. Und was ist mit dem einen?
Einer, der Nachkommen von Gott sucht? So nehmt euch für euren Geist in
Acht! Handele nicht treulos[51] an der Frau deiner Jugend.   16 Denn ich
hasse[52] Scheidung[53], sprach Jahwe, der Gott Israels, und man bedeckt mit
Gewalttat sein Gewand, sprach Jahwe der Heerscharen. So nehmt euch für
euren Geist in Acht und handelt nicht treulos.

Lit.: A. von Bulmerincq, Die Mischehen im Buche Maleachi, in: Oriental Studies ...
P. Haupt. Baltimore/Leipzig 1926 (Neudruck 1975), 31–42; G. J. Botterweck, Schelt-
und Mahnrede gegen Mischehen und Ehescheidung: BiLe 1 (1960) 179–185; F. F. Hvid-
berg, Weeping and Laughter in the Old Testament. Leiden/ Kopenhagen 1962, 120–23;
A. Isaksson, Marriage and Ministry in the New Temple. Lund 1965, 27–34; M. Adolfini,
Il ripudio secondo Mal. 2,14–16: BeO 12 (1970) 247–256; A. de Nicola, La moglie della
tua giovinezza: ds., 153–183; A. Tosato: Il ripudio: delitto e pena: Bib. 59 (1978),
548–553; Renker, 72–75, 86–90; S. Schreiner, Mischehen – Ehebruch – Ehescheidung:
ZAW 91 (1979), 207–228; W. Rudolph, Zu Mal 2,10–16: ZAW 93 (1981), 85–90;
C. Locher, Altes und Neues zu Maleachi 2,10–16, in: Mélanges D. Barthélemy. OBO 38
(1981) 241–71; B. Glazier-McDonald, Intermarriage, Divorce, and the bat 'el nekar: JBL
106 (1987) 603–11; O'Brien, 66–75.

Diesen Abschnitt hat man häufig als den schwierigsten im Buch Maleachi
bezeichnet, nicht zuletzt auch wegen der Probleme, die der Text zu bieten
scheint. Doch überwiegt in neuerer Zeit die Erkenntnis, daß die schwierigere
Lesart weitgehend ursprünglich ist und man, wenn man ihm sorgfältig nach-
geht, auch zu einem sinnvollen Gesamtverständnis des Abschnittes gelangt. In
der Forschung stehen sich verschiedene, häufig wiederholte Gesamtauffassun-
gen gegenüber. Eine kleinere Gruppe von Auslegern (Torrey, Hvidberg, Isaksson, O'Brien u. a.) versteht die Aussagen bildhaft entsprechend dem Bild der Ehe
bei Hos, bezogen auf das Verhältnis zwischen Jahwe und seinem Volk. Die
„Tochter eines fremden Gottes" (V. 11) ist die fremde Göttin (Anat-Astarte),
die man anstelle Jahwes verehrt, zusammen mit dem Fruchtbarkeitsgott des

---

49 Vgl. F. J. Stendebach, TWAT VI, 237, u. u. z. St.
50 Vgl. 1,10.
51 Vgl. BHS.
52 Zur Form vgl. Rudolph; G-K[28], § 116 s.
53 Vgl. Gen 21,14; Dt 22,19. 29; 24,1. 3; Jer 3,1.

„Adonis-Typs", dem das rituelle Weinen in V. 13 gilt. Doch hat sich mit Recht die Auffassung durchgesetzt, daß der Text wörtlich gemeint ist: Es geht um reale Ehen mit Ausländerinnen und um Ehescheidung. Die Mischehenproblematik hängt allerdings mit der Gefahr des Fremdkultes unmittelbar zusammen, so daß dieses Thema in der Tat mit angesprochen ist. Umstritten ist ebenfalls, ob die *beiden* Themen: Mischehen und Ehescheidung, in einen Zusammenhang gehören. Beliebt ist deshalb die Ausscheidung von V. 11 (oder: 11b–12(15)). Gelegentlich wird auch eine Aufteilung auf zwei selbständige Themen (10–12. 13–16) vorgenommen (u.a. Maier).[54] Doch empfehlen sich diese Vorschläge nicht; offenbar handelt der Abschnitt von einer einzigen, zusammenhängenden Problematik.

Eine bereits ältere Beobachtung (vgl. schon Bulmerincq) hilft den Werdegang des Textes besser zu verstehen: Wie schon in den vorhergegangenen Abschnitten sind in ihm Zeilen in poetischem Stil zusammen mit Prosasätzen anzutreffen. Es liegt nahe, auch hier in den poetischen Stücken Überlieferungsgut zu sehen, das von Maleachi zitiert und in eigenen Worten aktualisiert wird.

Auch dieser Abschnitt beginnt mit einer „hingestellten Behauptung", diesmal 10 allerdings nicht mit einem Jahwewort, sondern mit einer rhetorischen Doppelfrage (V. a) und einer ebenfalls in Frageform gehaltenen Schlußfolgerung (V. b). Wie in 1,6 wird Jahwe als Vater bezeichnet – nicht Abraham (G), Adam oder Jakob, wie aus dem Parallelismus deutlich wird – der zugleich der Schöpfergott ist. Das „Wir" meint die Hörer, den Propheten einschließend. Wegen V. b kann nicht universalistisch von dem Vater und Schöpfer aller Menschen die Rede sein, sondern nur vom Schöpfer Israels (Jes 43,1. 7. 15; 44,7; Ps 102,19). Im Begriff „schöpfen" ist dabei der Gedanke der Erwählung einbegriffen: Israel ist Gottes Sohn (Ex 4,22; Hos 11,1; Jes 1,2; 30,9; Jer 3,4. 19). Die Aussage in V. a nennt wieder eine von den Hörern nicht zu bestreitende Tatsache. Wenn sie zustimmen, können sie auch die Schlußfolgerung nicht beiseiteschieben, eine in eine Warum-Frage gekleidete Anklage. Hier taucht erstmals das Stichwort „treulos handeln" auf, das in V. 11 wiederkehrt und in 14. 15. 16 aufgenommen wird.[55] Treuloses Handeln gegen den israelitischen Volksgenossen (Bruder) verbietet sich durch die gemeinsame Sohnschaft gegenüber Jahwe. Es entweiht auch den Bund der Väter, womit die von den Vätern eingegangenen Verpflichtungen gemeint sein dürften. Unsicher ist, ob dabei an den Sinaibund (1. Kön 8,21; Jer 11,3f. 10; 31,32) oder an den Erzväterbund (Dtn 4,31; 7,12; 8,18; 2. Kön 13,23) gedacht ist. Die dtn/dtr Gleichsetzung von Bund und Gesetz liegt nahe. V. 10 ist poetische Vorlage (Parallelismus; Metrum 4+4; 4+3).

V. a ist ein zweiter Spruch, dessen unabhängige Entstehung durch Subjekt- 11 wechsel und veränderten Versaufbau kenntlich ist. (Parallelismus; Metrum 2+3[56]). Er wird offensichtlich wegen des Stichwortes angefügt. „Treulos handeln" gewöhnlich: gegen Jahwe[57] und „Abscheuliches tun" (vgl. Dtn 13,15;

---

[54] van der Woude beseitigt den Hinweis auf Scheidung in V. 16 ganz.
[55] Dort o-imperf.! Die Differenz zeigt unterschiedliche Herkunft an.
[56] Ohne „und in Jerusalem", s.u.
[57] Vgl. S. Erlandsson, TWAT I, 507–11.

17,14; Ez 16,15; 18,12; 33,26) sind hier parallel gebraucht; letzterer Ausdruck ist sehr umfassend und meint jede von Jahwe verabscheute Tat. Der unbestimmte Gebrauch beider Ausdrücke deutet darauf, daß hier ganz allgemein von einem gegen Jahwe gerichteten Handeln gesprochen wird. „In Israel" bezieht sich auf die Jahwegemeinde, wie es in nachexilischer Zeit üblich wurde. Der Zusatz „und in Jerusalem" verkennt das. V. b folgt die aktualisierende Auslegung Maleachis. Sie ist in Prosa gehalten, gebraucht „Juda" masc. abweichend von V. a und hat ein konkretes Vergehen im Blick Es wird am Ende genannt: die Judäer haben „die Tochter eines fremden Gottes" geheiratet (vgl. Dtn 21,12; 24,1). Der vieldiskutierte Begriff (zum „fremden Gott" vgl. Dtn 32,12; Ps 81,10; plur. Gen 35,2. 4; Dtn 31,16; Jos 24,20. 23; Ri 10,16; 1. Sam 7,3; Jer 5,19: meist dtr) ist wahrscheinlich im Kontrast zu V. 10 gewählt (Jahwe *ein* Vater und *ein* Gott, die Israeliten seine Kinder) und meint eine Nichtisraelitin, die als solche einem anderen Gott dient. Die Ehe mit Nichtisraeliten war wegen der Gefahr des Fremdkultes verboten (Dtn 7,3; Ex 34,16a); offensichtlich waren zur Zeit Maleachis Verstöße dagegen nicht selten.[58] Wegen der kultischen Konsequenzen bedeutet das eine Entweihung des Heiligtums, d. h. des Tempels (so wegen V. 13; vgl. auch Lev 20,3; Ez 5,11; 23,36. 38; 44,6. 7. 13).[59]

12   Maleachi schließt den ersten Teil der Disputation mit einem Fluch gegen jeden, der so handelt. Unsicher ist die Übersetzung „Wächter und Verteidiger" für den nur hier vorkommenden Doppelausdruck (Glazier-McDonald denkt an sexuelle Begriffe). Jedenfalls ist das Ausbleiben von Nachkommen aus solchen Ehen bzw. ihre vollständige Ausrottung gemeint (vgl. 1. Kön 14,10; 21,21; 2. Kön 9,8; Jes 14,22; Jer 47,4). Dazu gehört auch, daß diese Jahwe dann keine Opfer darbringen können (V. b).

13   Eine Überleitungsformel (V. aα), die trotz des Ausdrucks „das zweite" nicht einen völlig neuen Tatbestand, sondern einen mit dem ersten Vorwurf zusammenhängenden einleitet, führt zu einem weiteren geprägten Spruch. Ein Parallelismus ist klar erkennbar (Metrum 4+2; 4+3). Daß hier rituelles Weinen im Fruchtbarkeitskult gemeint sei, haben wir schon zurückgewiesen (s. o.). In V. 13 ist auch noch nicht der angekündigte weitere Vorwurf enthalten. Er kennzeichnet die vergeblichen Bemühungen der Angeredeten, mit Klageriten (vgl. Joel 2,12. 17) die verlorene Gunst Jahwes wiederzugewinnen. Dieser wendet sich dem Opfer nicht zu und nimmt es nicht mit Wohlgefallen an. Sachlich entspricht das 1,10bβ (zur Terminologie s. dort).

14   Der zitierte Einwand der Hörer besteht hier in der kurzen Frage: Warum? Ob das freilich nur als „Nachfrage" (Pfeiffer) zu verstehen ist, ist nach dem Zusammenhang zweifelhaft. Die Wendung selbst verrät weisheitliches Denken (vgl. u. a. Jer 9,11b; Ez 21,12; Hi 38,6), aber nach den Aussagen von V. 13 ist auch Klage und Vorwurf herauszuhören. Die Zurückweisung ihrer Opfer ist den Leuten unverständlich! Der Prophet antwortet mit einem Vorwurf in Prosa:

---

[58] In die Zeit Esras und Nehemias (Esra 9f.; Neh 13,23 ff.) braucht man deshalb nicht hinunterzugehen.
[59] Die Deutung auf die Gemeinde ist deshalb weniger wahrscheinlich.

Ursache ist das Unrecht, das der „Frau der Jugend" zugefügt wird. Die Anrede geht hier in die 2. pers. sg. über: jeder, der so handelt, ist unmittelbar angesprochen. Jahwe ist Zeuge: das ist präsentisch gemeint[60]; damit entfallen alle Deutungen auf Zeugenschaft Jahwes bei der Eheschließung, etwa bei einer kultischen Trauung, die es damals nicht gab (vgl. Rudolph). Jahwe ist zugleich Zeuge wie Richter, in Analogie zur israelitischen Rechtsgemeinde[61], zwischen (vgl. Gen 31,49) dem Täter und „der Frau deiner Jugend": Er bezeugt den Sachverhalt und spricht das Urteil. „Frau deiner Jugend" (vgl. Spr 5,18[62]; Jes 54,6) ist die erste Frau, die – das meint „treulos handeln" – wegen der Heirat mit einer fremden Frau verstoßen wird. Offenbar ist Einehe vorausgesetzt, die in Israel nicht selbstverständlich, aber doch die Regel war. In V. bβ wird diese jüdische Frau noch „Gefährtin" und „Frau deines Bundes" genannt. Hier dürfte an V. 10 angeknüpft werden: gemeint ist die zu Israel, mit dem Jahwe den Bund geschlossen hat (vgl. auch Ez 16,8; Spr 2,17), gehörige Frau.[63] Die Trennung von ihr bedeutet einen Verstoß auch gegen die Solidarität innerhalb des Gottesvolkes. Gegenüber der in der Tora generell gewährten Erlaubnis zur Scheidung (Dtn 24,1 ff.) ist dies eine beachtliche Neuerung. Auch ist die Stellung der Frau als Glied des Gottesvolkes erheblich aufgewertet.

Trotz zahlreicher Änderungsvorschläge für diesen oft als Rätsel bezeichneten 15 Vers ist MT weitgehend verständlich. Deutungen, die einen Bezug auf den Schluß von Gen 2 sehen (Rudolph: „Er hat ja nicht ein Einzelwesen erschaffen"), oder die Deutung des „einen" auf Abraham (seit T; Hieronymus) sind abzuweisen. Rudolph kommt nur mit starken Textänderungen zu seiner Wiedergabe des Gesamtverses, und Abraham hat Sara ja nicht verstoßen. Im Textzusammenhang kann es sich nur um das Verstoßen der ersten Frau handeln. Die Aussagen sind aus der Auseinandersetzung des Propheten mit seinen Hörern zu begreifen und teilweise ironisch gefärbt. „Geist" dürfte im Sinne von „Verstand" (Jes 29,24; Hi 20,3; aber stets als Gabe Gottes) zu deuten sein: Wer noch einen Rest davon hat, wird so nicht handeln![64] „Wenn aber doch einer das tut?", das könnte Einwand der Hörer sein. Die ironische Gegenfrage des Propheten lautet dann: „Wohl jemand, der von Gott Kinder sucht?" Der wird sie nicht erhalten (vgl. V. 12)! Nachkommenschaft gehört ja nach orientalischem Verständnis zu den göttlichen Segensgaben. Sie ist aus einer gegen Jahwes Willen geschlossenen Ehe nicht zu erwarten! Maleachi mahnt seine Hörer, ihren Verstand zusammenzunehmen. Treulosigkeit zahlt sich nicht aus! Die letzte Wendung richtet sich noch einmal an den einzelnen (vgl. V. 14b). Hier findet sich die 16 einzige alttestamentliche Äußerung, die offenbar im Gegensatz und Stichwort-

---

[60] Vgl. G-K § 106 g.

[61] Vgl. u. a. H. J. Boecker, Recht und Gesetz im Alten Testament und im Alten Orient. Neukirchen-Vluyn 1976, 26 f.

[62] Zu Spr 5,15–19 vgl. de Nicola.

[63] Die Deutung auf den Ehevertrag (im AT nur Tob 7,14 belegt, aber wahrscheinlich üblich (vgl. den „Scheidebrief" Dt 24,1; Jer 3,8; Jes 50,1)), ist weniger wahrscheinlich.

[64] Anders Tosato: „Niemand hat das getan, und ihm wird Lebenshauch übrigbleiben" (er wird nicht am Leben bleiben).

bezug zu Dtn 24,1 ff.[65] die Scheidung ausdrücklich ablehnt (vgl. Mk 10,9//Mt 19,6; 1. Kor 7,10f.) Auch wenn das aus einer bestimmten Situation heraus geschieht, ist die wenig beachtete Aussage sensationell. Scheidung ist Treulosigkeit und widerspricht dem von Gott gewollten Umgang von Gliedern des Gottesvolkes miteinander. Das wird durch das Bild in V. aβ unterstrichen. Es kommt nur hier vor, vgl. aber Sacharja 3,3f. (s. o. z. St.); Jes 64,5. Gemeint ist das Obergewand, auf dem man jeden Fleck sieht, was sich als Metapher für Schuldbefleckung gut eignet. Die Abschlußzeile V. b wiederholt abgewandelt V. 15b und rundet das Ganze; eine Streichung ist unbegründet.

2,17–3,5: Der Gott des Gerichts kommt!

17 Ihr ermüdet Jahwe mit euren Worten.
Ihr aber sprecht: „Wodurch ermüden wir?"[66]
Indem ihr sprecht: „Jeder, der Böses tut,
ist gut in den Augen Jahwes,
und an ihnen[67] hat er Gefallen.
Sonst: Wo ist der Gott des Gerichts?"
3,1 Siehe, ich sende meinen Boten,
damit er vor mir den Weg bereite.
Und plötzlich wird zu seinem Tempel kommen
der Herr, den ihr sucht,
und der Bote des Bundes,
an dem ihr Gefallen habt,
siehe, er kommt,
sprach Jahwe der Heerscharen.
2 Und wer erträgt den Tag seines Kommens,
und wer hält stand bei seinem Erscheinen?
Denn er ist wie das Feuer des Schmelzers
und wie die Lauge der Wächter.
3 Und er wird sich setzen als einer, der Silber schmilzt und reinigt, und er wird die Söhne Levis reinigen und sie läutern wie Gold und wie Silber, daß sie zu Leuten werden, die Jahwe Opfer darbringen in der rechten Ordnung. 4 Und das Opfer Judas und Jerusalems wird Jahwe angenehm sein wie in den Tagen der Vorzeit und wie in früheren Jahren.
5 Und ich werde euch nahen zum Gericht
und werde ein schneller Zeuge sein

---

[65] Abzulehnen ist die gegensätzliche Wiedergabe: „Wenn einer nicht mehr liebt, Ehe scheiden!" (u. a. Schreiner). Sie widerspricht dem Zusammenhang.
[66] Vrs ergänzen „ihn", das in MT mitgedacht, aber nicht ausformuliert ist.
[67] Zum Rückverweis vgl. G-K[28], § 135 p.

gegen die Zauberer und die Ehebrecher und die Meineidigen
und die, die dem Tagelöhner den Lohn abpressen,
Witwe und Waise (bedrücken),
(das Recht) des Fremdlings beugen
und mich nicht fürchten,
sprach Jahwe der Heerscharen.

Lit.: Wallis, 229–31; Petersen, Prophecy, 42–45; Renker, 90–93; E.D. Freudenstein, A Swift Witness: Tradition. A Journal of Orthodox Thought 13 (1974) 114–123; Bosshard/Kratz, 37–39.

In dem Disputationswort 2,17–3,5 ist der Wechsel zwischen poetischen und prosaischen Sätzen besonders auffällig. In den Prosasätzen sieht man meist jüngere Ergänzungen zu den metrisch geformten originalen Maleachi-Worten. Dies führt häufig zur Ausscheidung von 3,1b–4 bzw. 1b. 3–4. Ein anderes Bild ergibt sich, wenn man wie in den vorausgegangenen Abschnitten mit Traditionsmaterial rechnet, das von Maleachi kommentiert und auf die Situation seiner Hörer bezogen wird. Seine Methode ist auch hier, an Bekanntes anzuknüpfen und dadurch die Hörer von der Unrichtigkeit ihrer Denkweise zu überzeugen. Daß er im Prosastil argumentiert, ist typisch für die rationale Form der Auseinandersetzung.

Im Unterschied zu den vorangegangenen Disputationsworten beginnt dieses mit einem Vorwurf Maleachis an seine Hörer: durch ihr ständiges Gerede ermüden sie Jahwe. Der Ausdruck bezeichnet eine tiefgreifende Irritation (vgl. Jes 43,24). Auch hier bekunden die Hörer sofort ihr Unverständnis. Daraufhin zitiert der Prophet ihre anklagenden Behauptungen, in denen sich eine tiefgehende Unzufriedenheit mit den Verhältnissen Luft macht. Wir kennen das Thema aus der sog. „Krise der Weisheit": Die alte Ordnung, daß es den Frommen gutgehen soll, die Gottlosen bestraft werden, geht nicht mehr auf; das führt zu Ratlosigkeit, Skepsis oder Klage (vgl. Ps 73; Hi 21,7ff.; Jer 12,1f. u.u. 3,13–21). Offenbar besteht eine tiefe Kluft innerhalb der Tempel- und Bürgergemeinde zwischen einer Gruppe von Frommen, die sich in einer bedrückten Situation befinden, und anderen, die nichts zu leiden haben, obwohl sie in den Augen der Frommen Böses tun. Gott sieht die Dinge anscheinend genau umgekehrt, wie von ihm zu erwarten war (zur Formulierung vgl. Dtn 4,25; 9,18; 17,2; Ri 2,11 u.ö. Dtn 6,18; 12,28); er hat offenbar an den Übertretern seines Willens Wohlgefallen (vgl. 3,1), heißt es in bitterer Ironie. „Wo ist (dein, ihr) Gott?" ist eine Frage, die, meist von den Gottlosen oder den Feinden an die Frommen oder Israel gestellt (Ps 42,4. 11; 79,10; 115,2; Jer 2,28; Mi 7,10; Joel 2,17), Gottes Willen oder Macht, helfend und strafend einzugreifen, radikal bezweifelt. „Gott des Gerichts" gibt nur einen möglichen Aspekt des auch die (von Gott gewollte) Rechtsordnung bezeichnenden hebr. Ausdrucks wieder. Wenn die Gemeindeglieder selbst eine solche Frage stellen, deutet das auf eine verzweifelte Situation hin, in der sie sich befinden müssen. Offenbar haben die von Haggai und Sacharja erweckten Erwartungen sich nicht erfüllt; die Wirklichkeit ist einige Jahrzehnte später in Juda bedrückender als je.

3,1   Maleachi antwortet auf diese Vorwürfe mit einem Jahwewort: Jahwe kündigt die baldige Ankunft seines Boten an, der ihm als Wegbereiter dient. Die langdauernde Diskussion über die Identität dieses Boten führte zu keinem klaren Ergebnis, doch dürfte der Prophet selbst nicht gemeint sein (gegen Elliger u. a.). Eine Beziehung zu 1,1 besteht nicht. Die auch im Wortlaut enge Parallele Ex 23,20–22 weist auf den himmlischen Repräsentanten Jahwes, der sein Kommen vorbereitet. Mit „der Herr" (V. bα) wird offenbar Jahwe selbst als Herrscher über die Welt (Jos 3,13; Jes 1,24; 3,1; Sach 6,5 u. ö.) bezeichnet (vgl. o. Sach 4,14; 6,5). Zu seinem „Kommen" in den Tempel vgl. Ps 24,7: es geht dort um den kultischen Einzug Gottes in das Heiligtum. Die Zurüstung der Prozessionsstraße (V. a; vgl. Jes 40,3) ist die Vorbereitung dazu. Doch wird sein Kommen plötzlich und unerwartet erfolgen. Der Begriff „Kommen" bezeichnet auch sonst (Jes 3,14; Ps 50,3; Ps 96,13; 98,9; 143,2) Jahwes Gerichtstheophanie. Maleachi scheint ein vorgeprägtes Traditionsstück zu übernehmen und auf die Situation seiner Hörer hin zu aktualisieren: Die Relativsätze in v. bα und bβ, welche sie anreden und (auch mit dem Stichwort „Gefallen haben") auf 2,17 zurückgreifen, stammen von ihm, während das chiastisch gebaute[68] Traditionsstück Metrum (4+4) und synonymen Parallelismus aufweist. Damit ist auch die alte Frage nach der Identität des „Engels des Bundes" beantwortet: Er kann niemand anders als der „Herr" im Parallelglied, also Jahwe selber sein.[69] Sein Kommen wird ja von den Disputanten ersehnt. Der Ausdruck ist einmalig; „Bund" meint offenbar das Gottesverhältnis im ganzen. Der Wechsel von der Ich-Rede Jahwes in V. a zur 3. Person in V. b zeigen ebenso wie der Wechsel des Metrums und die unterschiedliche Verwendung des Begriffes „Engel", daß nicht die gleiche Quelle vorliegt. Dagegen setzt sich das Traditionsstück von V. 1b in V. 2 fort. Indem Maleachi die Ankündigung seiner Quelle vom Kommen Jahwes zum Gericht auf die Frage seiner Hörer am Ende von 2,17 antworten läßt, kehrt er in beißender Ironie diese gegen die Fragesteller selbst. Das erinnert an die Argumentation des Amos hinsichtlich des Tages Jahwes Am

2   5,18. Jahwe wird kommen, aber die ihn herbeiwünschen, wird er selbst strafen! Tag Jahwes-Terminologie wird hier ganz deutlich, auch das Stichwort selbst erscheint. Die rhetorischen Fragen in V. a (Metrum 4+4; synonymer Parallelismus) können die Hörer nur mit Nein beantworten. Vor Jahwes Epiphanie (Ps 102,17) zum Gericht kann niemand bestehen. Auch von Gottesfürchtigen, bei denen es anders sein könnte (3,20), wird hier nicht gesprochen; die Angeredeten jedenfalls gehören nicht zu ihnen. V. b bildet (mit verkürztem Metrum 3+2) die Schlußzeile des Tag-Jahwes-Spruches. Zwei Vergleiche: der mit dem Feuer des Einschmelzers kostbarer Metalle (vgl. Sach 11,13; 13,9, s. o.) wie der mit der scharfen Lauge der Wäscher (beide beseitigen Schlacke und Schmutz) kündigen das Kommen Jahwes zu einem Läuterungsgericht an.

---

[68] Rahmung durch das Stichwort „kommen".
[69] Vgl. zu dieser Identität D. N. Freedman/B. E. Willoughby, ThWAT IV, 898–901.

Daß hier wieder die Deutung durch Maleachi einsetzt, erkennt man an dem 3
Übergang zur Prosa. Er greift das Stichwort „Schmelzer" auf, ergänzt es durch
die (vor allem kultisch gemeinten) Begriffe „reinigen" und „läutern" und bezieht das Bild auf die „Söhne Levis". Damit kehrt er zum Thema von 1,6–2,9
zurück. Bei „Sitzen" ist zugleich an das Thronen des göttlichen Richters gedacht
(Ps 9,8 f.; 99,1 f.). Das Läuterungsgericht soll sich gegen die Priester richten, die
damit für ihren Dienst wieder geeignet gemacht (vgl. Num 8,522 u. o. zu Hag 3)
und dann den Namen „Söhne Levis" mit Recht tragen werden (vgl. 2,4–6). Daß
sie dann Opfer nach rechter Ordnung darbringen werden, bezieht sich auch im
Stichwort auf 1,7 f., vgl. 11 zurück. Maleachi trägt sein besonderes Anliegen in
die Tradition ein. Die doppelte Zeitbestimmung in V. 4 b vergleicht das dann zu
erwartende Wohlgefallen Jahwes mit den Opfern der Kultgemeinde (Juda-
Jerusalem) in einem Doppelausdruck mit der längstvergangenen Zeit. Wahrscheinlich ist an die Zeit des Levibundes (2,4–6) gedacht. Eine solche Zeit
ordnungsgemäßen Opferdienstes soll wiederkommen. Auffällig ist, daß nur das
Opfer, nicht die Lehre (2,6 f.) der Priester erwähnt wird. Der rechte Kultus steht
für Maleachi im Mittelpunkt des Lebens der Gemeinde.

Die Ausleger, die V. 1 b–4 als Zusatz ansehen, weisen auf den glatten An- 5
schluß von V. 5 an V. 1 a hin. Die Beobachtung ist richtig, läßt sich aber besser
durch die Verwendung der gleichen Quelle erklären. V. 5 ist wie V. 1 a in der 1.
Person Jahwes gehalten, der den Hörern (und nicht nur den Priestern) sein
Nahen zum Gericht ankündigt (Metrum ebenfalls 3+3). Auch das Verbum ist
ein anderes als das „Kommen" in V. 1 b–2 a. Der „schnelle Zeuge" ist eine andere
Gestalt aus dem Gerichtsverfahren, doch können Richter und Zeugen im Torgericht auch identisch sein, und Jahwe ist jedenfalls beides (vgl. auch o. 2,14). Im
„schnellen" Zeugen sieht Freudenstein denjenigen, der nach Dtn 17,7 auf den
zum Tode Verurteilten den ersten Stein wirft. Eine schnelle Vollstreckung des
Urteils ist zu erwarten. Die Schuldigen, die das Gericht ereilen wird, werden
anschließend in einer Liste (die nicht mehr metrisch geformt ist) aufgezählt.
Typische Vergehen tauchen hier auf. Zauberei ist als Todsünde streng verboten
(Ex 22,17; Dtn 18,10); zu ihrem Vorkommen vgl. 1. Sam 28; Jes 2,6; Jer 27,9; Ez
13,18–20; 2. Chron 33,6. Ehebruch (Verkehr eines Mannes mit der Frau oder
Verlobten eines anderen) verbietet der Dekalog (Ex 20,14/Dtn 5,18), ebenso
Meineid (Ex 20,7. 16/Dtn 5,11. 20; Jer 29,23; Sach 5,3 f., vgl. o.). Zu den
klassischen Schutzbedürftigen Witwe, Waise und Fremdling, die zu bedrücken
häufig verboten wird, tritt noch der Tagelöhner, dem den Lohn vorzuenthalten
verwerflich ist (Dtn 24,14 f.). All das ist Zeichen fehlender Gottesfurcht. Durch
die Verwendung der Liste dehnt Maleachi am Schluß seiner Ausführungen die
Gerichtsandrohung auf alle denkbaren Schuldigen aus.

Im ganzen ist sein Beitrag zur Diskussion ein Zeugnis für das Geschick, mit
dem der nachexilische Prophet auf die ihm und seinen Hörern vorgegebene
Tradition zurückgreift und sie in ihrer ungebrochenen Aktualität transparent
macht. Im Nebeneinander von Zitat und Interpretation spiegelt sich die veränderte Geisteshaltung der Spätzeit. Trotzdem ist das prophetische Zeugnis echt

und die Botschaft Maleachis genuin prophetisch. Daß das Verhältnis zwischen Israel und seinem Gott nachhaltig gestört und dies in der Haltung der Menschen begründet ist, weshalb das Gericht unausweichlich ist, das hält auch Maleachi seinen Hörern entgegen, die an Gottes Macht und seiner Gerechtigkeit zweifeln. Und hinter dem Gericht sieht er eine heilvolle Zukunft, die nach der Läuterung der Priesterschaft einen erneuerten Gottesdienst und nach der Bestrafung aller Schuldigen eine erneuerte Gemeinde bringen wird.

3,6–12: Kehrt um zu mir, so kehre ich um zu euch!

6 **Fürwahr, ich bin Jahwe unverändert[70],**
    und ihr seid Jakobssöhne unaufhörlich[70].
7 Seit den Tagen eurer Väter seid ihr abgewichen von meinen Satzungen und habt (sie) nicht gehalten! Kehrt um zu mir, so kehre ich um zu euch, sprach Jahwe der Heerscharen. Aber ihr sprecht: „Warum sollen wir umkehren?" 8 Darf ein Mensch Gott berauben? Denn ihr beraubt mich. Ihr aber sprecht: „Womit haben wir dich beraubt?" Mit dem Zehnten und der Abgabe![71] 9 Mit dem Fluch seid ihr verflucht, weil ihr mich beraubt, das ganze Volk. 10 Bringt den ganzen Zehnten zum Schatzhaus, damit Vorrat in meinem Hause sei, und stellt mich doch damit auf die Probe, sprach Jahwe der Heerscharen, ob ich euch nicht[72] die Fenster des Himmels öffne und euch Segen herabschütte im Übermaß.[73] 11 Und ich werde euch den Fresser bedrohen, so daß er euch die Frucht des Ackers nicht verderbe, und damit euch nicht der Weinstock auf dem Felde unfruchtbar bleibe, sprach Jahwe der Heerscharen. 12 Da werden euch alle Völker glücklich preisen, denn ihr werdet ein Prachtland sein.

Lit.: Lescow, 198–200; Bosshard/Kratz, 32 f.

Das Disputationswort ist von seiner Umgebung deutlich abgegrenzt und weder die Fortsetzung von 2,17–3,5 noch gar von 1,2–5 (Sellin). Es ist durchgehend als Jahwerede gehalten. Von den vorangegangenen Disputationsworten unterscheidet es sich dadurch, daß es im ganzen eine bedingte Heilsankündigung ist. Auf das Scheltwort (im ganzen genommen V. 6–9) folgt ein Mahnwort (V. 10 a), das auf eine dadurch bedingte Heilsankündigung (V. 10 b–12) zuläuft. Man kann auch durch die Gottesspruchformel am Ende von V. 7a einen allgemeinen Teil von dem besonderen Teil V. 7 b–12 abgetrennt sehen (wie am Ende

---

70 Verbale Umstandsätze, vgl. G-K[28] § 156 d–g.
71 Zur Konstruktion vgl. Rudolph.
72 Vgl. Ges-K[28] § 150 i; man kann aber auch eine Eidformel herauslesen, vgl. Ges-K[28], § 149 b: „(Verflucht sei ich), wenn ich nicht…".
73 Wörtlich: bis es nicht mehr Bedürfnis ist.

von V. 10 a die Mahnung von der Verheißung) (Elliger), doch könnten diese
Formeln spätere Überarbeitung sein. Tragend ist vielmehr das Disputations-
schema, diesmal (wie schon 1,6 f.) mit dem Zitat zweimaliger Einrede der Hörer.
Durch sie wird die Argumentation in dem durch den Propheten übermittelten
Jahwewort zu immer präziseren Aussagen veranlaßt. Das für Maleachi eigen-
tümliche Miteinander von Verkündigung des Gottesworts und diskursivem Stil
tritt in diesem Stück besonders charakteristisch hervor.

Die „hingestellte Behauptung" besteht aus einem poetischen Satz (Metrum   6
4+4), der das „Ich" Jahwes und das „Ihr" der Hörer einander gegenüberstellt.
Eine Aussage der Hörer wie in 2,17 mag vorausgegangen sein. In V. a kann man
eine Abwandlung der sog. Selbstvorstellungsformel Jahwes[74] erkennen: Jahwe
ist derselbe geblieben! Wie im Eingang des Dekalogs stellt er sich vor als der
gerechte Richter. Da V. 7 in Prosa übergeht, scheint Maleachi in V. 6 wieder ein
geprägtes Wort zu zitieren. Hinter V. b steht die Tradition von Jakob als dem
Betrüger (Gen 27,36; Hos 12,4; Jes 43,27); auch seine Nachfahren haben sich   7aα
nicht geändert![75] 7aα Der so begründete Gegensatz wird von Maleachi mit dem
Hinweis auf den seit der Väterzeit andauernden (vgl. bes. Esr 9,7) Abfall des   7aβ
Volkes von den Geboten Gottes unterstrichen. Die Terminologie ist dtn. Die
folgende Aussage, in der Jahwe die Israeliten zur Umkehr auffordert und dies
mit der Verheißung eigener Zuwendung verbindet, ist eine geprägte Formel, vgl.
Sacharja 1,3. Inhaltlich findet sich hier an der Stelle der in der vorexilischen
Prophetie meist anschließenden Gerichtsankündigung der Übergang vom
Schuldaufweis zur bedingten Verheißung. (Zur mit der Umkehr verbundenen
Verheißung vgl. bes. Dtn 4,29 ff.; 30,1-10). Ein retardierendes Moment ist   7b
jedoch die Rückfrage der Hörer, die nicht begriffen haben, weshalb für sie   8
Umkehr nötig ist. Jahwe antwortet mit einer Gegenfrage, die in ihrer allgemeinen Terminologie („Mensch", „Gott") weisheitlichen Charakter trägt. Sie kann
nur mit „Nein" beantwortet werden: Ein Mensch darf (oder: kann?) Gott nicht
berauben. Aber die Hörer berauben Jahwe! Die Behauptung provoziert diese zu
einer erneuten Rückfrage: Womit denn? Denkbar knapp die Antwort: Zehnte
und Abgabe („Hebe") sind es, bei denen man Jahwe hintergeht. Das Thema ist
dem in 1,6-2,9 verwandt, nur daß jetzt nicht speziell die Priester angeredet sind,
sondern das ganze Volk (vgl. V. 9 b). Auffallend ist wiederum das Interesse am
Tempel und den ihm zustehenden Abgaben. Wegen der nicht korrekten Ent-   9
richtung des für die Leviten bestimmten Zehnten (vgl. Dtn 14,22 ff.; 26,12; Lev
27,30-32; Num 18,21-32) und der Abgabe, die den Priestern zustand (vgl. Ex
29,27 f.; Lev 7,14. 32. 34; Num 6,20; Ez 44,30; Neh 12,44 ff.; 13,6) stehen die
Hörer unter einem Fluch (vgl. 2,2). Wie aus V. 10 b. 11 hervorgeht, bewirkt
dieser Dürre, Heuschreckenplage und Unfruchtbarkeit (vgl. Hag 1,6-11). „Ihr
beraubt mich": zur Unterstreichung wird die Aussage aus V. 8 in V. 9 noch   10
einmal wiederholt. Abweichend von Dtn 14 ist der Zehnte nicht zum Verzehr
am Heiligtum bestimmt, sondern soll (in Form von Geld?, vgl. Dtn 14,24 ff.) in

---

[74] Vgl. W. Zimmerli, Ich bin Jahwe, in ders., Gottes Offenbarung. ThB 19 (1963) 11-40.
[75] Zu „unaufhörlich" vgl. Gen 41,53; Jer 8,20 (van der Woude).

das Vorrats- oder Schatzhaus des Tempels (vgl. Neh 10,38; 13,12; aber auch 1. Kön 7,51; 15,18 u. ö.) gebracht werden, damit das Kultuspersonal einen Vorrat an „Speise" (vgl. Hi 24,5; Ps 111,5; Spr 31,15) hat. Ungewöhnlich ist die Aufforderung Jahwes, ihn auf die Probe zu stellen, sonst eine gottlose Haltung (vgl. 3,15; Ps 95,9). Doch gibt es gelegentlich das Angebot, von Gott ein Beglaubigungszeichen zu fordern (Ex 4,1–19; Ri 6,36–40; 1. Kön 18,22f.; Jes 7,10f.; Jer 28,16f.). Die Entrichtung ungeschmälerter Abgaben wird Gott herausfordern, die Himmelsfenster zu öffnen (vgl. Gen 7,11 f.; Gegensatz: Gen 8,2;
11 Dtn 11,17) und Segen, d. h. segenbringenden Regen, herabströmen zu lassen. Die Abwehr der bis heute im Vorderen Orient und Nordafrika gefürchteten Fraßheuschrecken (vgl. Joel 1,6f.) ist eine weitere Voraussetzung für eine reiche Ernte, die Jahwe verspricht. Dazu gehört auch Fruchtbarkeit der in Palästina auf Feldern angepflanzten Weinstöcke. Für die volle Entwicklung der Trauben ist
12 ebenfalls Regen nötig. Der Israel zuteilwerdende Segen wird die Völker veranlassen, es glücklich zu preisen. Die Seligpreisung[76] gehört zur Weisheits- und Psalmensprache; Glückseligkeit wird den Frommen zugesprochen, die Gottes Willen tun. Zum „Land des Wohlbehagens" vgl. ähnliche Wendungen Jer 3,19; Ez 20,6. 15; Dan 8,9; 11,16. 41; Sach 7,14. Das Stück endet mit der Ankündigung uneingeschränkten Segens für den Fall der Umkehr. Eschatologisch geprägt ist es aber nicht.

3,13–21: Die Gerechten und die Gottlosen

13 Ein starkes Stück sind gegen mich eure Reden,
   sprach Jahwe. Ihr aber spracht: „Was redeten wir gegen dich?"
14 Ihr spracht:
   „Nutzlos ist es, Gott zu dienen,
   und was ist der Vorteil, daß wir seine Ordnung einhalten
   und daß wir mit Trauermiene[77] vor Jahwe der Heerscharen einhergehen?
15 Und nun preisen wir die Übermütigen glücklich.
   Ja, es werden erbaut, die gottlos handeln.
   Ja, sie versuchen Gott und kommen davon."
16 (So[78] sprachen die Gottesfürchtigen zueinander. Da merkte Jahwe auf und hörte. Und es wurde ein Gedenkbuch vor ihm geschrieben für die, die Jahwe fürchten und seinen Namen achten.)   17 Und sie werden mir, sprach Jahwe der Heerscharen, an dem Tage, den ich mache, Eigentum sein, und ich werde sie schonen, wie ein Mann seinen Sohn schont, der ihm dient.   18 Da

---

[76] Vgl. H. Cazelles, ThWAT I,481–85 (Lit.)
[77] Vgl. L. Delekat, VT 14 (1964) 56; Rudolph.
[78] Vgl. 2. Kön 5,3; 13,19; Ps 119,92; Ps 124,3–5 (Maier).

werdet ihr wieder den Unterschied sehen zwischen dem Gerechten und dem Gottlosen, zwischen dem, der Gott dient und dem, der ihm nicht dient. 19 Denn siehe, der Tag kommt, brennend wie ein Ofen, da werden alle Übermütigen und jeder Übeltäter zu Stoppeln, und der kommende Tag wird sie in Brand setzen, sprach Jahwe der Heerscharen, daß er ihnen nicht läßt Wurzel noch Zweig.   20 Aber euch, die ihr meinen Namen fürchtet, wird die Sonne der Gerechtigkeit aufgehen und Heilung an ihren Flügeln. Und ihr werdet herausgehen und springen wie Kälber aus dem Stall.   21 Und ihr werdet die Gottlosen zertreten, denn sie werden Staub sein unter euren Fußsohlen, am Tage, den ich mache, sprach Jahwe der Heerscharen.

Lit.: G.J. Botterweck, Die Sonne der Gerechtigkeit am Tage Jahwes: BiLe 1 (1960) 253–260; S.L. McKenzie/H.N. Wallace, Covenant Themes in Malachi: CBQ 45 (1983) 549–63, bes. 560f.; J.L. Berquist, The Social Setting of Malachi: BTB 19 (1989) 121–26; Lescow, 200–202; Bosshard/Kratz 40f.

Eine Vorfrage für das Verständnis dieses Abschnittes ist es, ob hier die gleiche Hörerschaft angeredet ist und mit ihren Einwänden zu Worte kommt wie in den vorangegangenen Disputationsworten, ob vielleicht zwischen mehreren Gruppen zu unterscheiden ist (den skeptischen Redeführern in V. 13–15, den Gottesfürchtigen in V. 16 ff. und den Gottlosen) oder gar der Gegensatz zwischen Juden und Samaritanern im Blick ist (u.a. Elliger). Doch werden alle diese Thesen dem Gesamteindruck nicht gerecht, daß es sich auch hier um eine innergemeindliche Problematik handelt, die gleiche wie in 2,17–3,5: Die Jahwegläubigen der jüdischen Kerngemeinde leiden darunter, daß sich ihre Treue zu Jahwe scheinbar nicht auszahlt, daß es den Leuten gut geht, die sich um Jahwe nicht kümmern, während ihre eigene Lage trotz aller frommen Demut weiterhin bedrängt ist. Das Thema von Ps 73 und ähnlichen Aussagen (vgl. o. zu 2,17) ist auch hier beherrschend. Offenbar spiegelt sich darin die schärfste Anfechtung der Gemeinde, deren wirtschaftliche Situation Jahrzehnte nach den Verheißungen Haggais und Sacharja immer noch trostlos ist (vgl. auch 3,9 ff.), die deshalb an Wille und Fähigkeit Jahwes zu helfen immer mehr verzweifelt. Die Skepsis reicht in den innersten Kern der Gemeinde hinein.

Literarisch wirkt der Abschnitt besonders uneinheitlich. Doch lassen sich teilweise poetische Strukturen erkennen. Das erklärt sich auch hier am besten durch die Annahme, daß geprägtes Traditionsgut übernommen wurde, das prosaisch erweitert und aktualisiert wurde.

Auch dieses Diskussionswort beginnt mit einer „hingestellten Behauptung" 13 aus dem Munde Jahwes, der sich über die gegen ihn gerichteten Reden der Leute beschwert. Dem Schema entsprechend, folgt das Zitat der Rückfrage der Hörer, die auch diesmal nicht zu wissen behaupten, was sie gegen Jahwe gesagt haben 14 könnten (vgl. 2,17). Die Rede der Leute besteht anfangs aus einem geprägten Spruch (kenntlich an Dreiermetrum und Sprache; zum Allgemeinwort „Gott" vgl. 3,8), genauer einer Gebetsklage. Der leidende Gerechte klagt, daß es nutzlos sei, Gott zu dienen. Die Parallelaussage spricht davon, daß das Halten von

Gottes Ordnungen (gemeint sind die Gebote) keinen Profit einbringt (zur
Formulierung vgl. Ps 30,10; Gen 37,26). Hier wird der Satz bereits prosaisch
erweitert, vollends dann in V. bβ, in dem Jahwename und voller Würdetitel
auftauchen. Die Trauermiene (davon und nicht von Trauerkleidung wird wohl
gesprochen) drückt eine entsprechende Bußgesinnung und Demut aus (vgl. Jer
15 8,21; Ps 38,7; 42,10/43,2; Hi 30,28; vgl. 5,11). Auch sie scheint umsonst zu sein.
Mit dem gleichen Ausdruck, der 3,12 von den Völkern im Hinblick auf Israel
gebraucht wird, sprechen jetzt die Frommen von den Gottlosen („Übermütigen"): sie preisen sie glücklich. In der weisheitlichen Redeweise liegt hier bittere
Ironie. V. b Der doppelgliedrige Vers könnte aus der gleichen Tradition wie 14a
stammen. Versmaß (3+3?) und Terminologie („Gott") stimmen überein. Inhaltlich handelt es sich um eine Fortsetzung der Klage über das Glück der Gottlosen. Zu (von Gott) „erbaut werden" als Bezeichnung persönlichen Wohlerge-
hens vgl. Hi 22,23 (Ps 28,5). Gott zu prüfen, wird hier im Gegensatz zu 3,10 als
unerlaubtes Verhalten angesprochen (vgl. Ps 95,9), Zeichen von Unglauben und
16 parallel zu der Standardwendung „Täter von Bösem". Daß gerade solche Leute
gerettet werden, können die Frommen nicht begreifen. Hier schiebt sich unerwartet ein erzählender Satz, der von Jahwe in 3. Person spricht, in die Jahwerede
ein, offenbar <u>eine Ergänzung</u>, die den ursprünglichen Eingangssatz der in V. 17
fortgesetzten Heilsankündigung verdrängt hat. Sachlich hat V. 16a anscheinend
recht, daß die in V. 14f. zitierten Worte von den Jahwefürchtigen gesprochen
wurden.[79] Obwohl sie von Jahwe deswegen gerügt wurden (v. 13a), nimmt er in
V. 17ff. doch ihre Klage auf. Das unterstreicht der Ergänzer in V. 16b. Zu
Jahwes vielen modernen Auslegern anstößigem, scheinbar paradoxem Verhalten vgl. Hos 11,8ff. Die Vorstellung von einem himmlischen Buch, in dem die
Namen und Taten der Frommen aufgezeichnet werden (vgl Ex 32,32f.; Jes 4,3;
Ez 13,9; Ps 69,29; 87,6; 139,16; Dan 7,10; 10,21; 12,1; Neh 13,14) ist überwie-
gend spät und vor allem in der apokryphen und apokalyptischen Literatur
17 verbreitet.[80] Zur Schlußwendung vgl. Jes 13,17; 33,8. Die Fortsetzung der
Jahwerede kündigt den Frommen an, daß Jahwe sie am Tage Jahwes (zur
Formulierung vgl. 3,21; Ps 118,24) zu seinem Sondereigentum machen will. Der
Begriff bezieht sich übertragen auf die Erwählung Israels (Ex 19,5; Dtn 7,6;
14,2; 26,18; Ps 135,4; zur wörtlichen Urbedeutung Pred 2,8; 1. Chron 29,3).
Offenbar wird er hier exklusiv auf die Kerngemeinde angewandt und deutet an,
daß diese das wahre Israel verkörpert. Darin spiegelt sich die nachexilische
Situation in Juda. Zur väterlichen Liebe Jahwes zu seinem Sohn als Bild für sein
Verhältnis zu den Frommen vgl. Ps 103,13; Hos 11,1ff.; Jer 31,20 (Vergleich mit
18 einer Mutter: Jes 49,15). Daß der Sohn dem Vater dient, greift auf V. 14a zurück,
vgl. auch 18b. Nach dem Eingreifen Jahwes wird die weisheitliche Ordnung
wiederhergestellt sein, für welche der paradigmatische Gegensatz zwischen
Gerechtem und Gottlosen konstitutiv ist. Die Parallelformulierung in V. b greift
auf v. 14a zurück und rahmt dadurch den Unterabschnitt V. 14–18 im ganzen.

---

[79] Vgl. auch Anm. zur Übersetzung. Zu beachten ist auch die chiastische Struktur.
[80] Vgl. auch die babylonischen „Schicksalstafeln".

G,V und davon abhängige Übersetzungen beginnen hier ein neues Kapitel. 19
Doch mehr als ein neuer Unterabschnitt liegt nicht vor. Erneut wird vom Tage
Jahwes gesprochen, der als Gerichtstag über die Gottlosen geschildert wird.
Sogleich tritt wieder geprägte Sprache und Bildhaftigkeit auf. Eine poetisch
geformte, allerdings erweiterte Grundlage ist noch erkennbar.[81] Der kommende
Tag wird verglichen mit einem brennenden Backofen.[82] Das Verbum wird
häufig im Zusammenhang mit dem Zorn Gottes gebraucht (vgl. Jes 30,27. 33;
42,25; Jer 4,4; 7,20; Ps 2,11; 89,47). Zum Vergleich der Gottlosen mit Stoppeln,
die vom Feuer verzehrt werden, vgl. Ex 15,7; Jes 5,24; 47,14; Joel 2,5; Ob 18;
Nah 1,10. Zu den Übermütigen hat ein Ergänzer im Hinblick auf V. 15 die
Übeltäter[83] hinzugefügt. Die prosaische Ergänzung mit der Jahwespruchformel
und dem angehängten Relativsatz aus dem Munde Maleachis wendet den Spruch
vom kommenden Tag Jahwes auf die Hörer an: ihnen wird angekündigt, daß 20
dieser die Gottlosen restlos ausrotten wird (ein ähnliches Bild Am 2,9). Im
Gegensatz dazu wird ihnen, die nun direkt von Jahwe als die seinen Namen
fürchten angesprochen werden, die Sonne der Gerechtigkeit (des Heils) aufgehen. Das Aufgehen des Lichts, das die Finsternis vertreibt, kann Bild für Jahwes
Epiphanie sein (vgl. bes. Jes 60,1f.); die geflügelte Sonnenscheibe ist eine bekannte altorientalische Vorstellung. Ihre Flügel[84] repräsentieren Heilung (vgl.
Jer 8,15; 14,19; 33,6; Spr 4,22). Die alte Kirche deutete die Verheißung von der
„Sonne der Gerechtigkeit" messianisch und sah sie in Jesus Christus erfüllt.
Schön auch der Vergleich mit den Kälbern, die fröhlich hüpfen, wenn sie aus 21
dem Stall gelassen werden. Die Schlußaussage meint nicht, daß die Frommen
unmittelbar an der Vernichtung der Gottlosen teilnehmen werden. Diese werden vielmehr bereits durch den Jahwetag verbrannt sein (V. 19). Der Triumph
der Gerechten über die Gottlosen (V. 18) wird dadurch besiegelt, daß die
Gottesfürchtigen über deren Asche, die dann den Boden bedecken wird, hin-
wegschreiten werden (vgl. 2. Sam 22,43//Ps 18,43; Mi 7,10).

Im ganzen genommen spiegeln die Aussagen dieses letzten Disputationswor-
tes Maleachis ein Stadium in der Entwicklung der alttestamentlichen Diskussion
über das „Glück der Gottlosen", das in der Mitte liegt zwischen der alten
Auffassung der Weisheit über die sittliche Ordnung der Welt entsprechend dem
Tun-Ergehens-Zusammenhang und der sog. „Krise der Weisheit", die sich in Hi
und Pred in unterschiedlicher Art manifestiert.

Die Lösung, die Maleachi anbietet, steht etwa auf der gleichen Stufe wie die in
Ps 73,17 ff.: Die Ankündigung einer Wende, die durch Jahwes Eingreifen am
Tag Jahwes hervorgerufen werden wird und eine Vernichtung der Gottlosen zur
Folge haben wird, tröstet die angefochtenen Frommen über die in ihren Augen
ungerechten Verhältnisse der Gegenwart hinweg. Das richtige Verhältnis zwi-

---

[81] Siehe, der Tag kommt brennend wie ein Ofen (3+2). Und es werden die Übermütigen zu
Stoppeln, und sie verzehrt der kommende Tag (3+3).

[82] Vgl. M. Kellermann, BRL[2], 29f.

[83] Als Zusatz kenntlich am kollektiven Sing.

[84] Zum Ursprung der Vorstellung vgl. O. Keel, Die Welt der altorientalischen Bildsymbolik und
das Alte Testament, 1977[2], 22. Die Flügel meinen den Himmel, nicht die Strahlen der Sonne.

schen Gerechten und Ungerechten wird dann wiederhergestellt sein (V. 18). Ps 73,23–26 führen bereits einen Schritt darüber hinaus: Der Beter gelangt in der äußersten Anfechtung zu der Erkenntnis, daß es darauf letztlich gar nicht ankommt, daß vielmehr für ihn die unlösbare Gemeinschaft mit Gott das Entscheidende bleibt. Dennoch war das Wort Maleachis in seinem historischen Augenblick das Gebotene: Die angefochtene Gemeinde als ganze brauchte in ihrer äußeren und inneren Situation den Zuspruch ihres Gottes, der sie über die Zweifel an seiner Macht und seinem Willen zur Gerechtigkeit hinwegführte. Das Heil für die Frommen bleibt Jahwes letztes Ziel, auch wenn der Weg dahin durch oft unverständliche Situationen führt: Diese tröstende Botschaft auszurichten war dieser oft in seiner Bedeutung verkannte Prophet gesandt.

3,22–24: Schlußworte

22 Gedenket der Tora meines Knechtes Mose, dem ich am Horeb befohlen habe über ganz Israel Satzungen und Rechte.   23 Siehe, ich sende euch den Propheten Elia, bevor der Tag Jahwes kommt, der große und furchtbare. 24 Und er wird das Herz der Väter zu den Söhnen kehren und das Herz der Söhne zu ihren Vätern, damit ich nicht komme und das Land mit einem Bann schlage.

Lit.: A. Wiener, The Prophet Elijah in the Development of Judaism. London, 1978; W. J. Michel, I Will Send You Elijah: BiTod 22 (1984) 217–222.

Die Schlußworte des Maleachi-Buches werden von den meisten Auslegern als späterer Anhang beurteilt, von manchen als Schlußbemerkung zum Zwölfprophetenbuch oder sogar dem Prophetenkanon als ganzem (Rudolph; Deissler). Gegen die Herkunft von Maleachi sprechen die Unterschiede in der Form (von den vorausgegangenen sechs Disputationsreden weicht sie vollkommen ab) und der Terminologie („Siehe ich" kommt so[85] formuliert bei Maleachi nicht vor; er spricht auch nicht vom „Tag Jahwes"; der „große und furchtbare" Tag ist eine Reminiszenz an Joel 2,11 b). Genauer genommen sind es zwei voneinander unabhängige Sprüche: die Ermahnung V. 22 und die Ankündigung V. 23 f.

22   Die Mahnung, in G ganz am Schluß stehend, ist stark von dtn/dtr Terminologie bestimmt. „Gedenken" im Sinne von „Halten" der Tora begegnet allerdings nur hier (ähnlich jedoch Num 15,39f. (P); Ps 103,18; 119,52). „Tora Moses" bezeichnet Jos 8,32; 23,6; 1. Kön 2,3; 2. Kön 14,6; 23,25, vgl. 21,8 das Dtn, später (Esr 3,2; 6,18; 7,6; Neh 8,1; 2. Chr 23,18) bereits den ganzen Pentateuch. „Mein Knecht Mose" (bzw. „Mose, der Knecht Jahwes") ist ebenfalls dtr (Dtn 3,24; 34,5; Jos 1,2. 7. 13–15; 8,31 usw.). „Horeb" als Bezeichnung des Gottes-

---

[85] Mit selbständigem PP in der Langform.

berges (P: Sinai) ist vorwiegend dtn/dtr (Dtn 1,2. 6. 19 usw.; 1. Kön 8,9; 19,8; aber auch 2. Chron 5,10). „Ganz Israel" ist dtr und chr, ebenso „Satzungen und Rechte" (Dtn 4,1. 5. 8. 14. 45; 5,1. 31 u. ö.; 1. Chron 22,13; 2. Chron 19,10 u. ö.). Die Tora-Orientierung der Mahnung erinnert bereits an das spätere rabbinische Judentum; eine genaue Datierung ist unmöglich.

Die Ankündigung der Sendung Elias scheint ebenfalls eine recht späte Ergän-   23 zung zu sein. Gedacht ist offenbar an die Wiederkehr des historischen Elia als einer eschatologischen Gestalt. Voraussetzung ist, daß dieser nicht starb, sondern in den Himmel entrückt wurde (2. Kön 2,11). Er soll, ähnlich wie der Bote Gottes in 3,1 dem Kommen Gottes vorausgeht, als Vorläufer des Tages Jahwes kommen, ist aber weder mit jenem noch mit Maleachi selbst identisch. Die Vorstellung hat eine lange Nachgeschichte in Judentum und Christentum (vgl. Wiener), die hier nicht ausgeführt werden kann (vgl. nur Mt 11,14; 17,10f.; Luk   24 1,17; Joh 1,21. 25). Anschließend wird eine konkrete Aufgabe für Elia genannt, mit der er den Tag Jahwes vorbereiten und dessen sonst unausweichliche Folge: den Bann, mit dem Gott andernfalls das Land schlagen müßte (vgl. Sach 14,11), d.h. die völlige Vernichtung abwenden soll. Die Aufgabe ist verschieden verstanden worden: entweder (im Sinne von 1. Kön 18,37), Elia solle das Herz der Väter *zusammen mit*[86] dem Herzen der Söhne Jahwe zuwenden, oder, das Herz der Väter zu[87] den Söhnen und umgekehrt (so die meisten Ausleger). Dabei an die Überwindung des Generationenkonflikts (in hellenistischer Zeit? so Rudolph) zu denken, ist wohl eine zu moderne Vorstellung. Doch ist der Riß mitten durch die Familien, eine zerbrochene Sozialordnung traditionell ein Zeichen der Krise, die dem Gericht vorausgeht (Mi 7,1–17; Jer 9,1–5; Jub 23,16–23, vgl. Horst). Dies ist noch einmal ein eschatologisches Heilswort, mit dem das Buch schließt.

---

[86] Vgl. Gen 32,12; Ex 35,22; Num 31,8 u. ö., vgl. HAL s. v. 6 c).
[87] 'al='äl, (vgl. HAL s. v. 6 a).

Henning Graf Reventlow
Bibelautorität und Geist der Moderne

Die Bedeutung des Bibelverständnisses für die geistesgeschichtliche und politische Entwicklung in England von der Reformation bis zur Aufklärung. (Forschungen zur Kirchen- und Dogmengeschichte, 30). 1980. 716 Seiten, gebunden. ISBN 3-525-55135-5

"Die Entwicklungen in England von der Reformation bis in die Mitte des 18. Jahrhunderts hinein sind besonders exemplarisch dafür, in welcher Weise Auslegung und Applikation der Bibel jeweils eingebunden sind in die geistigen und gesellschaftlichen Tendenzen und Auseinandersetzungen der betreffenden Zeit. Dies ist die zentrale Fragestellung, die wie ein roter Faden das Werk durchzieht: die Motive, geistigen Voraussetzungen, philosophischen Hintergründe und kirchenpolitischen Ursachen der biblischen Exegese und besonders die Anfänge der Bibelkritik. Daß der Autor mit dieser aufklärenden Arbeit zugleich Fragen nach den Bedingungen, bewußten oder unbewußten, gegenwärtiger Bibelauslegung aufwirft, liegt nahe. .... Reventlows weit über den eigenen Fachbereich hinausgreifendes Werk ist Geistesgeschichte im umfassenden Sinne und dazu Auslegungsgeschichte der Bibel, Forschungsbericht, Nachschlagewerk und Literaturfundus. In einer Zeit zunehmender Spezialisierung und damit auch Begrenzung und Einengung greift man mit Freuden zu einem Werk von solch universaler Weite." *Ökumenische Rundschau*

Otto Kaiser
Der Gott des Alten Testaments

Theologie des AT 1: Grundlegung. (UTB 1747). 1993. 355 Seiten, kartoniert
ISBN 3-8252-1747-7

Der Band setzt mit der Frage ein, wie das Alte Testament zur christlichen Bibel geworden ist und ob es dies angesichts des radikalen Umbruchs seines Verständnisses in der Neuzeit bleiben kann. Nach einem religionsgeschichtlichen Rückblick zeigt Kaiser, wie die Gottesbezeugungen des Alten Testaments in seinen Geschichts-, Propheten- und Weisheitsbüchern trotz ihrer Verschiedenheit darin übereinstimmen, daß die Gottesbeziehung Israels unauflöslich ist und ihre konkrete Ausgestaltung darin enthält, daß Gerechtigkeit und heilvolles Leben einander entsprechen.
Der redaktions- und traditionsgeschichtliche Ansatz führt zu einer organischen Einbeziehung der deuterokanonischen Bücher in die Untersuchung. Dabei ergibt sich, daß das Alte Testament als Ganzes das Buch der Deutung des Exilsgeschicks Israels ist und seine Mitte in der Tora besitzt. In ihm geht das "Evangelium" der Erwählung Israels dem Gesetz voraus. Damit zeichnet sich eine Strukturanalogie zwischen den beiden Testamenten ab, die zugleich eine heuristische Funktion für das Verständnis der menschlichen Existenz als Gabe und Aufgabe hat.
Theologie des AT 2: Entfaltung (in Vorbereitung)

Vandenhoeck & Ruprecht · Göttingen / Zürich

Das Neue Testament Deutsch (NTD)

Neues Göttinger Bibelwerk. Herausgegeben von Peter Stuhlmacher und Hans Weder.
Bei Subskription auf die Neubearbeitungen 10 % Ermäßigung

1   **Eduard Schweizer · Das Evangelium nach Markus**
17., durchges. Aufl. (7. Aufl. dieser Bearb.) 1989. IV, 223 Seiten, kart.
ISBN 3-525-51304-6

2   **Eduard Schweizer · Das Evangelium nach Matthäus**
16., durchges. Aufl. (4. Aufl. dieser Bearb.) 1986. IV, 370 Seiten, kart.
ISBN 3-525-51306-2

3   **Eduard Schweizer · Das Evangelium nach Lukas**
20. Aufl. (3. Aufl. dieser Bearb.) 1993. IV, 264 Seiten, kart. ISBN 3-525-51362-3

4   **Siegfried Schulz · Das Evangelium nach Johannes**
16. Aufl. (5. Aufl. dieser Bearb.) 1987. IV, 266 Seiten, kart. ISBN 3-525-51312-7

5   **Jürgen Roloff · Die Apostelgeschichte**
18. Aufl. (2. Aufl. dieser Bearb.) 1988. IV, 389 Seiten, 1 Karte, kart. ISBN 3-525-51361-5

6   **Peter Stuhlmacher · Der Brief an die Römer**
14. Aufl. (1. Aufl. dieser Bearb.) 1989. VI, 237 Seiten, kart. ISBN 3-525-51372-0

7   **Friedrich Lang · Die Briefe an die Korinther**
16. Aufl. (1. Aufl. dieser Bearb.) 1986. IV, 382 Seiten, kart. ISBN 3-525-51368-2

8   **Jürgen Becker / Hans Conzelmann / Gerhard Friedrich**
Die Briefe an die Galater, Epheser, Philipper, Kolosser, Thessalonicher
und Philemon
17., durchges. Aufl. (4. Aufl. dieser Bearb.) 1990. IV, 295 Seiten, kart.
ISBN 3-525-51324-0

9/1 **Helmut Merkel · Die Pastoralbriefe**
13. Aufl. (1. Aufl. dieser Bearb.) 1991. IV, 114 Seiten, kart. ISBN 3-525-51373-9

9/2 **August Strobel · Der Brief an die Hebräer**
13. Aufl. (4. überarb. Aufl. dieser Bearb.) 1991. IV, 202 Seiten, 1 Faltblatt, kart.
ISBN 3-525-51374-7

10   **Horst R. Baltz / Wolfgang Schrage · Die "Katholischen" Briefe**
Die Briefe des Jakobus, Petrus, Johannes und Judas. 14. Aufl. (4. Aufl. dieser Bearb.)
1993. IV, 252 Seiten, kart. ISBN 3-525-51330-5

11   **Eduard Lohse · Die Offenbarung des Johannes**
15. Aufl. (8. Aufl. dieser Bearb.) 1993. IV, 127 Seiten, kart. ISBN 3-525-51378-X

4 Bände Leinen. ISBN 3-525-51335-6
12 Bände kart. zus. zum Vorzugspreis. ISBN 3-525-51338-0

Vandenhoeck & Ruprecht · Göttingen / Zürich